LUXURY BRAND MARKETING

럭셔리 브랜드 마케팅

지은이	고은주
펴낸이	한병화
펴낸곳	도서출판 예경
초판발행	2009년 5월 19일
3쇄발행	2013년 10월 30일
출판등록	1980년 1월 30일(제300-1980-3호)
주소	서울 종로구 평창2길 3
전화	02-396-3040~3
팩스	02-396-3044
전자우편	webmaster@yekyong.com
홈페이지	http://www.yekyong.com

ⓒ 고은주 2009
저작권법에 의해 보호받는 저작물이므로 무단 전재와 복제를 금합니다.
ISBN 978-89-7084-394-0 (03630)
책값은 뒤표지에 있습니다.

이 도서의 국립중앙도서관 출판시도서목록(CIP)은 서지정보유통지원시스템 홈페이지(http://seoji.nl.go.kr)와
국가자료공동목록시스템(http://www.nl.go.kr/kolisnet)에서 이용하실 수 있습니다.(CIP제어번호: CIP2013013507)

LUXURY BRAND MARKETING

럭셔리 브랜드 마케팅

고은주 지음

예경

LUXURY BRAND MARKETING

LUXURY
BRAND
MARKETING

차 례

Part 1. 럭셔리 마켓 트렌드

글로벌 럭셔리 마켓 | 10

일본의 럭셔리 마켓 | 13

한국의 럭셔리 마켓 | 17

중국의 럭셔리 마켓 | 21

아시아의 럭셔리 시장 전망 | 25

월드베스트 럭셔리 브랜드 선정 | 26

Part 2. 베스트 프랙티스

CHANEL | 32

GUCCI | 52

Cartier | 74

BOTTEGA VENETA | 98

ARMANI | 118

TIFFANY & CO. | 140

HERMES | 160

LOUIS VUITTON | 178

TOD'S | 198

Salvatore Ferragamo | 218

PRADA | 234

BURBERRY | 256

자료 출처 | 277

서 문

한국이 글로벌 럭셔리 시장에서 차지하는 비중은 프랑스, 일본, 미국 다음으로 세계 4위 시장으로 중요하다. 또한 한국 소비자는 패션성향과 브랜드 충성도가 높고 신상품을 초기에 수용하는 경향이 강하기 때문에, 한국은 중요한 테스트마켓으로 간주되고 있다. 그러나 현재까지 경제규모 세계 12위인 한국을 대표할 만한 글로벌 럭셔리 브랜드는 아직도 찾아보기 힘든 실정이다.

이에 반해, 1970년대 프랑스 럭셔리 브랜드의 OEM 생산국가였던 이탈리아는 현재는 조르지오 아르마니, 프라다, 토즈, 펜디, 페라가모 등 수많은 글로벌 럭셔리 브랜드를 보유한 패션선도 국가로 성장하였고, 이는 밀라노를 중심으로 관광 및 유통산업과 연계하여 장인정신을 가진 패션 브랜드를 전략적으로 육성하였기 때문이다.

한국도 우수한 제조기술력과 소싱력, 디자인 능력 등을 보유하고 있으므로, 이를 기반으로 한 글로벌 브랜딩 및 마케팅전략 수립에 대한 지원체제 및 인력양성 프로그램 등이 뒷받침된다면, 전세계 럭셔리 시장의 2/3 매출을 차지하는 아시아 시장에서 럭셔리 산업의 선도국가로서 국가이미지 향상과 국가경쟁력 향상에도 기여할 수 있을 것으로 기대된다.

따라서 저자는 본서를 통해 독자들이 럭셔리 시장 트렌드를 이해하는 데 조금이나마 도움이 되고, 럭셔리 브랜드 마케팅의 사례연구를 통해 한국을 대표하는 글로벌 브랜드를 기획하는 데 기초정보로 활용될 수 있기를 바란다.

본서는 2부로 구성되는데, 1부 럭셔리 마켓 트렌드는 2008년 11월 22일 서울시와 (사)한국마케팅과학회가 공동 주최한 글로벌 럭셔리 마케팅 심포지엄에서 저자가 강연했던 내용을 기초로 작성하였다. 아시아에서 최초로 개최한 글로벌 럭셔리 마케팅 심포지엄은 미국, 프랑스, 중국, 말레이시아, 홍콩, 타이완, 한국 등 10여 개국에서 500명이 넘는 산, 학, 연, 관의 종사자들이 참석하였고, 이는 럭셔리 마케팅 주제에 대한 관심과 교육의 필요성을 보여주었던 행사였다.

  2부 럭셔리 브랜드 마케팅 베스트 프랙티스는 2008년 9월 국내 최초로 연세대 대학원 교육과정에 개설된 '럭셔리 브랜드 경영' 강의 중의 토론 및 사례연구 과정에서 다루었던 수많은 자료들 중에 대표적인 글로벌 럭셔리 브랜드 12개의 사례를 선정하여 작성되었다. 럭셔리 브랜드 경영은 패션마케팅 종사자 및 전공자뿐만 아니라, 경영학, 국제학, 호텔경영, 공간마케팅, 스포츠경영, 디자인, 유통, 광고, 식품산업, 컨설팅 등 다양한 학문 및 산업 영역의 전공자들이 학제적 연구를 할 수 있는 분야로서 한국의 럭셔리 산업을 위한 발전전략을 연구하는 실무 및 학문적 특성을 보유하고 있는 분야이다.

  마지막으로 2008년 2학기 '럭셔리 브랜드 경영' 강의에 성실하고 열띤 토론으로 수업에 참여해준 수강생 여러분들의 제안들이 본 원고의 기초가 되었음을 밝히며 모두에게 감사의 마음을 전한다. 또한 이 책의 원고 정리를 처음부터 끝까지 도와준 김지영 양, 김경진 양을 포함한 모든 연세대학교 패션마케팅실의 연구원들에게 고마움을 전한다.

  한국을 대표하는 세계적인 글로벌 럭셔리 브랜드가 끊임없이 탄생되기를 기다리면서 독자 여러분의 많은 질책과 격려를 부탁드린다.

2009년 5월
연세대학교 패션마케팅 연구실에서
혜전(蕙田) 고은주

Part 1

럭셔리 마켓 트렌드

LUXURY MARKET TREND

1. 글로벌 럭셔리 마켓

시장 규모와 분포

현대 사회에서 럭셔리 시장의 비중은 갈수록 늘어나고 있다. 2007년 포춘지 Fortune Magazine에 따르면, 전 세계 럭셔리 시장의 규모는 2,200억 달러로 추정되고 시장의 신장률은 매년 약 8~10%를 나타내고 있다. 또한 2007년 '인터내셔널 헤럴드 트리뷴 럭셔리 비즈니스 컨퍼런스 International Herald Tribune Luxury Business Conference'에서는 아시아가 앞으로 럭셔리 시장의 중심지가 될 것이라고 예고했다. 특히 일본은 세계 럭셔리 시장에서 가장 큰 비중인 41%를 차지하며, 다음으로 미국 17%, EU 16%의 순으로 나타났다. 그림1 일반적으로 우리가 알고 있는 미국과 EU, 일본을 제외하면 아시아 시장이 가장 많은 고액순자산보유자 HNWI, high-net-worth individuals를 가지고 있어 향후 럭셔리 시장에서 주요 역할을 할 것으로 보인다. 그림2 아시아 지역에서 럭셔리 소비의 신장률은 매년 증가하고 있으며 그 비중 또한 타 지역들과는 비교가 안 될 정도이다.

이와 같이 럭셔리 브랜드 시장이 아시아 지역에서 꾸준히 성장하고 있다는 것은 그만큼 아시아 지역 소비자들의 구매력 역시 함께 성장하고 있음을 의미한다. 현재

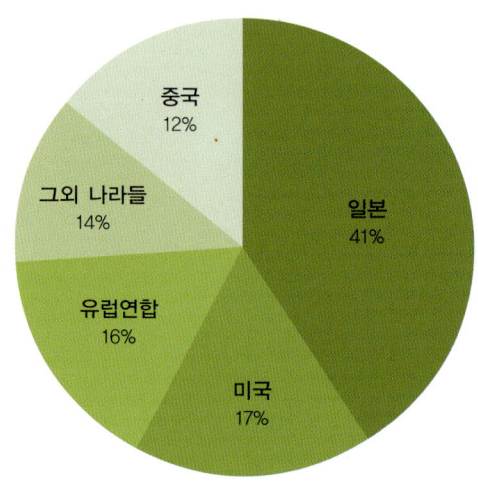

그림 1 | 세계 럭셔리 시장의 분포

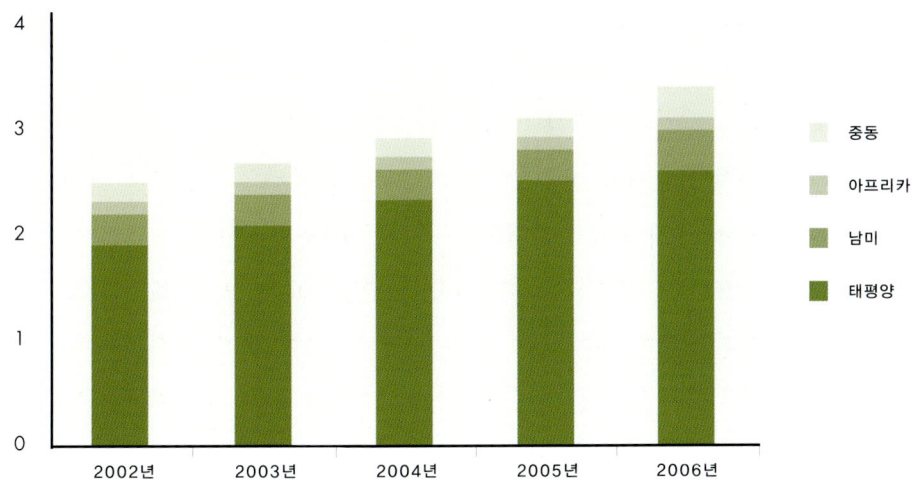

그림 2 | 고액순자산보유자(HNWIs)의 분포 (단위: 백만 명)

까지는 일본이 가장 큰 시장이기는 하나 한국과 중국에서도 럭셔리를 고집하는 부유층이 갈수록 늘어나고 있다. 이제는 아시아의 럭셔리 시장이 전 세계 시장의 절반에 육박하고 있을 정도다. 2002년 시노베이트 사가 아시아의 대표 국가인 한국, 홍콩, 싱가포르에서 3천 73명의 소비자를 대상으로 '럭셔리 브랜드에 대한 소비자 인지도 조사'를 실시하였는데, 응답자 절반(45%) 정도가 하나 이상의 럭셔리 브랜드를 인지하고 있는 것으로 나타났고, 그 중에서도 구찌Gucci, 루이 비통Louis Vuitton, 샤넬Chanel의 인지도가 가장 높았다.

소비자 트렌드

최근 전 세계가 경기침체로 흔들리고 있음에도 불구하고 아시아의 럭셔리 시장은 갈수록 성장하고 있다. 주요 타깃 소비자는 화이트칼라 직종에 종사하는 25세에서 39세 사이의 아시아 여성들이다. 이와 같이 경제력을 갖춘 소비 선도자층이 자신들의 욕구를 채우기 위해 럭셔리 브랜드를 지속적으로 구매하는 것이 소비자 구매력 확대로 이어져 아시아에서 럭셔리 대중화가 뚜렷하게 이루어지고 있다. 국가별 럭셔리 제품 소비에 대한 소비자들의 태도를 살펴보면, 대부분의 아시아 지역 소비자들(홍콩 84%, 싱가포르 79%)은 럭셔리 소비를 사치라고 생각하지 않았다(Barclays Wealth Insights, 2007). 반면, 유럽이나 북미 지역에서는 럭셔리 제품 구매를 사치성 구매라고 인지하는 소비자들이(41%) 상대적으로 더 많은 것으로 나타났다.

그렇다면 아시아 지역에서 소비자들이 럭셔리를 소비하는 궁극적인 이유는 무엇일까? 일반적으로 소비자들이 럭셔리를 구매하는 이유는 브랜드에 대한 품질 신뢰 또는 과시욕 때문이라고 알려져 있다. 하지만 국가별로 정치, 경제, 사회, 문화적 특성 등이 다르고, 이는 럭셔리 브랜드의 구매동기에도 영향을 미치면서 국가별 구매동기가 다르게 나타나고 있다. 그림3 한국이나 중국 소비자의 경우에 럭셔리 브랜드를 소비함으로써 자신의 사회적 위치를 보여주기를 원하고 또한 이러한 자기과시를 통해 자신감을 가진다. 일본은 럭셔리 브랜드의 소비를 통해 과시보다는 브랜드에 대한 확신을 보여주기 원한다. 미국은 자신이 알고 있는 가치를 보여주기 원하며, 영국은 브랜드 구매와 사용 그 자체로 즐거움을 느낀다.

또한 아시아 국가들 간에도 럭셔리 소비에 대한 라이프스타일 발전 단계가 상이하다. 그림4 1단계는 초기 단계이고, 2단계는 경제 발전과 함께 럭셔리 브랜드의 제품

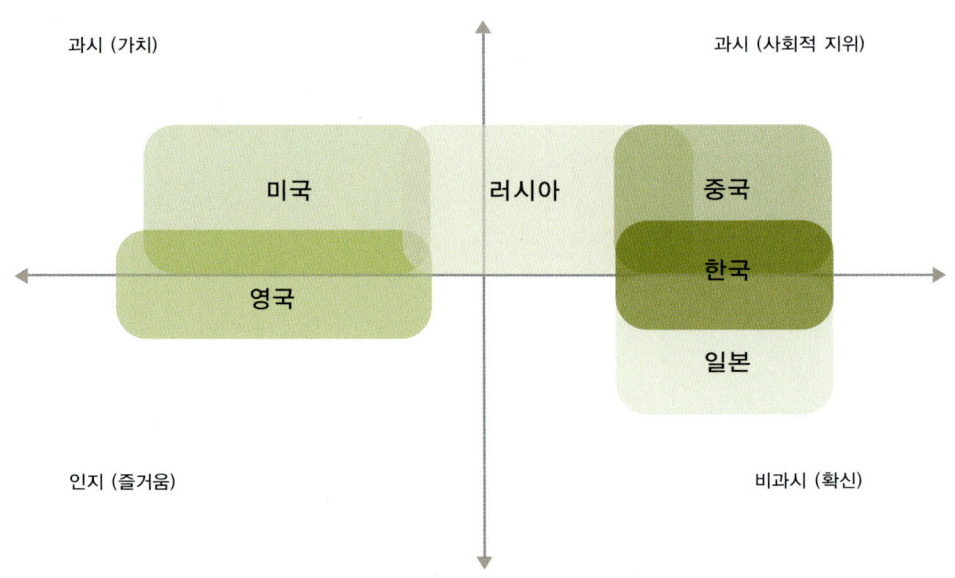

그림 3 | 국가별 럭셔리 제품의 구매동기 비교

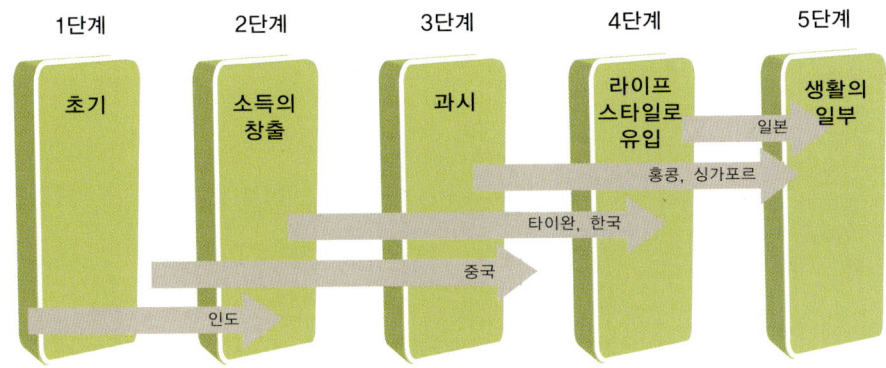

그림 4 | 럭셔리 소비에 대한 라이프스타일의 발전 단계

을 구매할 수 있는 소득이 생기는 단계이며, 3단계는 럭셔리 소비를 통한 과시 단계, 4단계는 럭셔리 소비가 라이프스타일에 들어오는 단계이며, 5단계는 생활(라이프스타일) 자체에 럭셔리 소비가 함께 공존하는 단계이다. 예를 들면, 일본의 20대 여성 소비자 대다수가 루이 비통 가방을 소유하고 있으며 일상생활에 착용하는 것과 같은 것이다. 이와 같이 글로벌 럭셔리 브랜드가 새로운 글로벌 시장에 진출할 경우, 국가별 소비자의 라이프스타일 특성과 구매동기에 대한 조사와 이해가 필수적이며, 분석 결과에 따라 차별화된 브랜드 커뮤니케이션 전략이 요구된다.

따라서 다음 2-4절에서는 아시아의 가장 중요한 시장으로 주목받고 있는 일본, 한국, 중국의 럭셔리 시장의 규모와 특성, 유통 및 소비자 트렌드를 살펴보고, 5절에서는 아시아 주요 3개국의 럭셔리 시장을 비교하고 전망을 살펴본 후, 6절에서는 2부 럭셔리 브랜드 마케팅 사례연구에서 다룬 12개의 브랜드를 선정하게 된 배경을 설명하기로 한다.

2. 일본의 럭셔리 마켓

시장 규모와 특성

일본의 럭셔리 시장은 아시아를 넘어 전 세계에서 가장 큰 규모의 시장으로 평가되

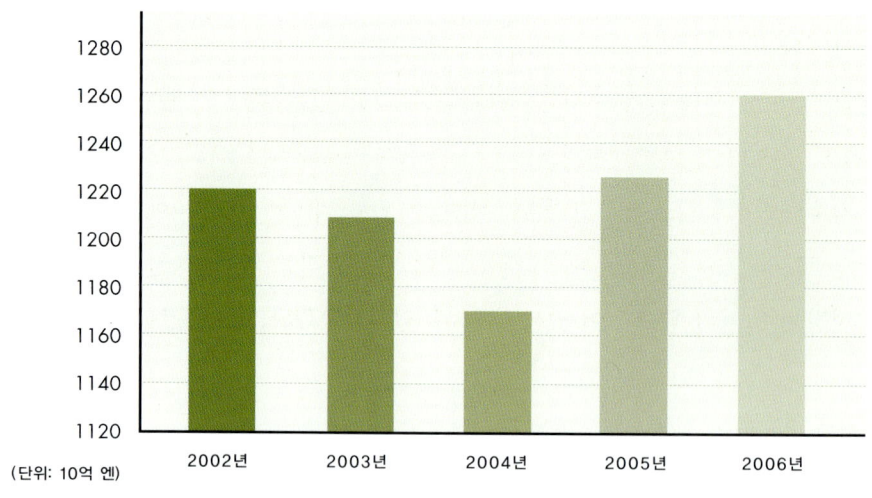

그림 5 | 일본의 럭셔리 시장 규모

면서 럭셔리 브랜드들이 앞다투어 일본 시장을 공략하기 위해 도쿄를 중심으로 매장을 확보해왔다. 후지 경제 연구소의 자료에 따르면(KOTRA, 2007. 9. 27), 2003년 이후 하락세를 거듭하던 일본 럭셔리 시장은 2006년 이후 다시 상승세로 돌아섰고, 2007년 일본 럭셔리 시장의 규모는 1조 2660억 엔에 이른다. 그림5

일본 럭셔리 시장의 품목별 규모를 살펴보면, 가방류(44.5%)가 가장 높으며 그 뒤로 여성복(21.1%)과 구두(13.3%), 남성복(11.5%), 넥타이(2.8%), 스카프(2.4%), 벨트(2.2%), 레저용품(1.6%)의 순으로 나타났다. 품목별 규모를 살펴볼 때, 절반에 가까운 비중을 차지하는 가방류(핸드백과 가죽제품)가 고급 럭셔리 제품 중에서 대표적인 구매 고려 대상군임을 알 수 있다.

일본의 럭셔리 시장 트렌드를 살펴보면, 전 세계의 경기침체가 일본 럭셔리 시장에도 큰 영향을 미치고 있음을 알 수 있다. 2000~2005년 일본 수입명품 시장은 큰 변화 없이 성장률이 정체되는 현상을 보였다. 국제 원자재 가격의 상승으로 인한 제품의 가격 상승 또한 일본 럭셔리 시장을 위축시켰다. 최근 일어난 서브프라임 사태에 따른 경제상황의 악화는 일본의 주요 럭셔리 소비층인 신흥부유층이 명품 소비를 꺼리게 하는 현상으로 이어졌고, 이로 인해 앞으로 일본의 명품 시장은 성장이 둔화될 것으로 보인다.

　일본의 젊은 여성들에게 가장 큰 인기를 누리고 있는 루이 비통Louis Vuitton의 경우도, 매출액이 전년 1/4분기 대비 4% 감소했으며, 고급 액세서리 브랜드인 티파니Tiffany의 경우에도 7% 감소했다고 한다. 이 밖에도 구찌Gucci, 까르띠에Cartier를 비롯한 많은 유명 럭셔리 브랜드들이 매출 감소로 어려움을 겪고 있는 것을 볼 때, 일본의 럭셔리 시장이 얼마나 위축되어 있는지 알 수 있다(KOTRA, 2008. 6. 14).

유통 트렌드

일본 시장에서 럭셔리 브랜드의 주요 유통채널은 백화점 중심에서 플래그십 스토어Flagship store로 옮겨가고 있다. 백화점의 매출이 점점 줄어들고 있는 반면, 긴자를 중심으로 한 플래그십 스토어들의 매출은 30% 이상 늘어난 것으로 나타났다. 그 중 오모테산도는 떠오르는 명품거리로 플래그십 스토어들의 개점이 늘고 있다. 사진1, 2 그 외

사진 1 | 오모테산도의 프라다 매장

사진 2 | 오모테산도의 루이 비통 매장

면세점과 아울렛 유통을 통해서도 럭셔리 제품이 유통되고 있다.

후지경제연구소(KOTRA, 2007. 9. 27)의 조사에 따르면, 일본 럭셔리 시장은 주 구매층인 젊은 여성들에게 인기가 높은 루이 비통이 가장 매출이 높고, 에르메스^{Hermes}와 구찌가 그 뒤를 따르고 있는 것을 알 수 있다. 표1 또한 디젤의 매출 성장률은 18%, 불가리는 14%로 타 브랜드에 비해 상대적으로 높게 나타났다. 선두를 유지하고 있는 루이 비통의 경우 일본 시장에 대한 연구와 반응조사, 분석 등을 철저히 하는 것으로 유명하다. 루이 비통은 본사의 임원을 일본에 파견하여 현지의 시장분석을 하고 이를 토대로 한 프로모션이 가능하도록 하고 있다.

최근에 일본 럭셔리 시장에서 가장 주목받고 있는 브랜드는 보테가 베네타^{Bottega Veneta}이다. 보테가 베네타의 경우, 2005년 이래 품질에 대한 입소문을 타고 최근 일본 시장에서 보기 드물게 성장 중에 있는 브랜드라고 할 수 있다. 일본 시장에서 독특한 가죽가공 제품에 대한 평가가 높으며, 중장년층의 인기를 모으고 있다. 최근 2~3년간 일본 수입명품 시장에서 인기를 얻고 있으며, 2006년에는 전년대비 73% 매출 신장률을 보였다.

표 1 | 브랜드별 매출액과 성장률

기업명	루이 비통	에르메스	구찌	티파니	까르띠에	코치	갭	샤넬	불가리	디젤
매출액(억엔)	1596	625	535	525	520	557	420	377	333	244
성장률(%)	+4	+2.5	+1.9	+4.2	+4.4	+4.4	+6.3	+0.5	+14	+18

소비자 트렌드

일본의 럭셔리 소비자 성향을 살펴보면, 제품의 가치판단 기준이 럭셔리 브랜드 중심에서 소비자의 개성으로 이동하고 있음을 알 수 있다. 과거에는 구매에 대한 실패 위험이 적은 럭셔리 브랜드를 선호했으나, 현재는 소비자가 브랜드에 상관없이 제품을 평가하고 있어 싸고 좋은 제품, 개성있고 독특한 제품을 추구하는 경향이 강하다. 또한 고가제품과 저가제품을 조화롭고 개성있게 코디하는 믹스앤매치^{Mix & match}

경향이 지속적으로 증가하고 있다. 예를 들어, 남성의 경우 200,000엔 럭셔리 브랜드 재킷에 2,000엔짜리 유니클로 버튼다운 셔츠를 받쳐 입거나, 여성의 경우 브랜드 원피스에 모조보석 액세서리를 착용하기도 한다. 이는 소비자들의 소비심리가 위축됨으로써 고가의 상품이 고품질을 보장할 것이라는 편견에서 탈피

사진 3 | 일본 소비자가 선호하는 럭셔리 브랜드의 모조품들

하여 개인의 개성을 반영해줄 수 있는 독특한 아이템을 구매하고 착용하는 트렌드를 반영한 것이다.

또한 일본 소비자는 진품만을 좋아하는 것으로 알려져 왔으나, 최근에는 모조품 구매에 대해 관대해지고 있다. 일본 내각부가 2008년 발표한 모조품에 관한 일본 국민의식 조사에 따르면, 52%가 명품 브랜드나 영화 등의 모조품 구입을 '어쩔 수 없다'고 생각하고 있는 것으로 나타났다(KOTRA, 2008. 10. 28.). 이는 2년 전 조사 결과인 45.2%보다 7%가량 상승한 수치이다. 이와 같이 일본 소비자들의 성향도 시간에 따라 조금씩 바뀌고 있으며, 럭셔리 브랜드를 받아들이는 자세 또한 변하는 것을 볼 수 있다. 이러한 소비시장 환경의 변화에도 불구하고 럭셔리 패션 시장에서 일본이 차지하는 큰 비중은 지속될 것이다.

3. 한국의 럭셔리 마켓

시장 규모와 특성

한국의 럭셔리 시장 규모는 30억 달러로 우리나라의 전체 패션 시장 규모인 180억 달러의 1/6이나 차지하고 있으며, 전체 글로벌 럭셔리 시장의 4%를 차지하고 있다(삼성디자인넷, 2009. 1. 5). 아시아 지역 중에서도 럭셔리 패션 시장의 주요 국가가 된 한국은, 최근의 경기침체와 무관하게 럭셔리의 매출이 매년 증가하고 있다. 2007년

사진 4 | 서울 청담동에 위치한 럭셔리 브랜드의 플래그십 스토어들

기준 백화점 신장률이 평균 1.8%인 데 비해 명품 브랜드 신장률은 18.8%나 되었다. 특히 2007년 주요 백화점의 경우 럭셔리 상품의 매출 증가율을 품목별로 살펴보면, 의류가 13.8%, 가방 및 신발류가 39.1%, 보석 및 시계가 112%나 증가하였다.

한국 럭셔리 시장의 주요 트렌드는 럭셔리의 대중화 현상이다. 전반적으로 소비자의 구매력이 높아지고 럭셔리 브랜드의 유통채널이 다양화되면서 세계적인 럭셔리 제품들이 보다 빠르게 한국 시장에 보급되었다. 한국의 소비자들이 원하는 때에 편리한 장소에서 럭셔리 제품을 구입할 수 있게 되었다. 2008년 한국에는 120개가 넘는 럭셔리 패션 브랜드가 입점하였다. 럭셔리 브랜드의 주요 고객은 40대 이상의 구매력이 있는 소비자층부터 20~30대의 젊은 소비자층까지 다양해졌다. 특히, 20대 소비자들이 럭셔리 브랜드의 제품을 구매하는 비중이 지속적으로 증가하고 있다. 또한 중고 럭셔리 제품에 대한 판매도 온라인과 오프라인 유통망을 통해 활성화되고 있으며, 럭셔리의 모조품 판매도 럭셔리 시장의 성장세만큼이나 지속적으로 성장하고 있다. 부유층 소비자들은 희소성이 있는 최고 가격의 상품을 구매하고 있고, 럭셔리 브랜드의 세컨드 브랜드인 DKNY, 코어스Kors, 마크 바이 마크 제이콥스Marc by Marc Jacobs와 같은 매스티지Mastiage 브랜드도 한국 소비자들에게 많은 인기를 얻고 있으며 앞으로도 더 성장할 것으로 보인다.

유통 트렌드

병행수입이 활발해짐에 따라 럭셔리 브랜드들은 백화점, 플래그십 스토어, 면세점, 아울렛 등의 오프라인 판매망은 물론 웹사이트를 통한 온라인 판매망을 구축하는 등 유통채널을 다각화하고 있다. 특히 한국 시장에서 럭셔리 브랜드의 가장 중요한 유통채널은 롯데, 신세계, 현대, 갤러리아 백화점의 명품관이다. 최근에는 청담동, 도산공원 등 럭셔리 패션 지역의 플래그십 스토어를 통한 유통이 점점 중요시되고 있다.사진4 타 국가보다 발전된 각종 인터넷 종합쇼핑몰과 명품전문몰을 통한 유통이 활성화되어 있으며, 온라인과 오프라인이 연계된 중고명품 쇼핑몰도 증가하고 있다.사진5

현재 한국에서 가장 인기 있는 럭셔리 브랜드의 순위를 조사한 결과(W 매거진,

2008. 9.), '럭셔리' 하면 연상되는 패션 브랜드로 샤넬(32.5%)이 1위를 차지하였으며, 2위는 루이 비통(9.3%), 3위는 구찌(9.0%)로 나타났으며, '클래식' 하면 연상되는 브랜드로 샤넬(21.3%), 버버리(13.8%), 랄프 로렌(10.3%)의 순으로 나타났다.

2008년 20대에서 30대 사이의 한국 여성 소비자 1,208명을 대상으로 조사를 한 결과, 의류로는 마크 제이콥스Marc Jacobs, 시계는 까르띠에Cartier, 액세서리는 티파니Tiffany, 신발은 지미 추Jimmy Choo가 가장 선호하는 브랜드로 선정되었다. 주요 구매 경로는 백화점(43.4%), 인터넷 및 홈쇼핑(20.9%), 멀티샵(13.1%), 할인매장(5%) 순으로 나타났다. 특히 조사 응답자 중 21%의 소비자가 인터넷 또는 홈쇼핑을 애용하는 것으로 나타났다. 이는 인터넷 유통망의 상대적인 비중이 상당히 높은 것이며, 향후 럭셔리 브랜드의 유통망으로서 인터넷과 홈쇼핑의 비중이 지속적으로 증가될 것으로 전망된다.

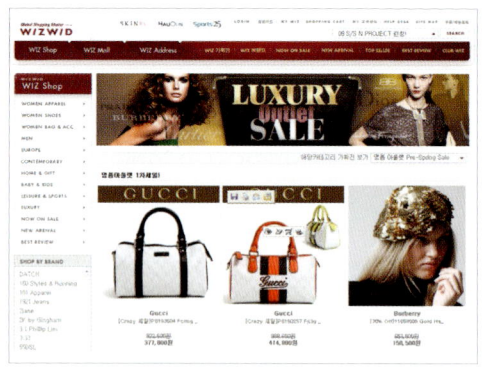
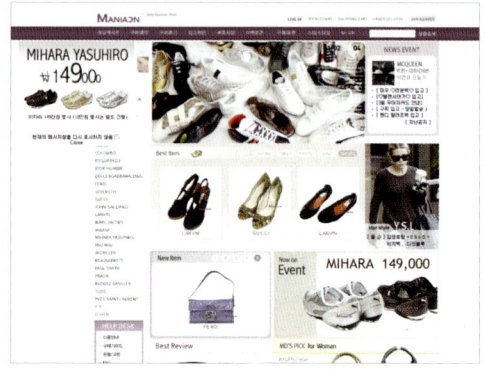

사진 5 | 럭셔리 브랜드의 인터넷 쇼핑몰

소비자 트렌드

한국의 럭셔리 소비자 성향을 살펴보면, 한국 소비자들은 패션 트렌드에 민감하고, 타 국가의 소비자들에 비해 새로운 브랜드에 대한 수용도가 높고, 경제적으로 여유가 있는 소비자들은 보다 고가의 희소성 있는 상품을 추구한다. 럭셔리 소비자의 주요 타깃은 20대에서 30대 사이의 여성들이며 이들은 의류보다는 가방이나 신발, 선글라스, 시계와 같이 구입이 용이한 상품을 선호한다. 한국의 소비자들은 품질이나 브랜드에 있어 해외에서 수입해온 럭셔리 브랜드를 일반 브랜드보다 높이 평가하며 보다 세련된 스타일로 인지한다.

또한 럭셔리를 구매하는 젊은 고객층이 눈에 띄게 증가하고 있다. 계속되는 경기침체에도 불구하고 젊은 소비자들 사이에 럭셔리 상품의 선호 현상이 지속됨에 따라, 럭셔리 브랜드들은 점차 20대 초반에서 30대 사이의 직장 여성과 새로운 럭셔리 소비층으로 부상하고 있는 직장 남성들을 타깃으로 합리적인 가격의 감각적인 상품을 제공하기 위한 노력을 기울이고 있다. 가격 면에서 접근성이 용이한 엔트리 아이템Entry Items의 개발이 활발하다.

한국의 명품 구매자들의 성향을 살펴보면 '노노스족'의 등장을 볼 수 있다. '노노스'란 '노 로고 노 디자인No Logo No Design'의 약자로 브랜드 로고를 내세우지 않고 디자인만을 이용해서 만든 독특한 제품들을 말한다. 기존 명품이 자신의 가치를 외적으로 드러내는 데 비해 노노스는 로고를 숨김으로써 브랜드보다는 디자인, 소재 등 실용성에 무게를 두고 있다. 앞으로 럭셔리의 대중화가 더 커질 것으로 전망되는 이상 노노스족 역시 성장할 것이라고 예상된다. 하나의 예로 루이 비통이 2004년 F/W 제품에서 자사 로고 'LV'를 드러내지 않는 상품을 내놓음으로써 브랜드만의 품격을 통해 경쟁 브랜드와 차별화하고 희소가치를 높이는 전략을 사용한 것을 볼 수 있다. 멀리서도 한눈에 알아볼 수 있는 로고의 럭셔리 상품은 더 이상 소비자들의 인기 순위에 포함되지 않는다. 로고 없이 디자인으로 차별되는 로고리스Logo Less 전략을 사용하는 럭셔리 브랜드들이 뜨고 있는 추세이다.

4. 중국의 럭셔리 마켓

시장 규모 및 특성

중국은 한국과 일본과 함께 세계에서 세 번째로 큰 명품 시장이다. 중국의 2007년 명품 시장 현황을 살펴보면 80억 달러 이상의 매출액을 달성하였으며, 이는 전 세계 명품 매출의 18%를 차지한다. 그림6 상품군 별로 명품이 차지하는 비율을 살펴보면 의류가 32%, 향수와 화장품이 23%, 이어서 시계와 액세서리가 20%를 차지하는 것을 볼 수 있다(China Report Hall, 2007). 그림7 골드만 삭스Goldman Sachs에 따르면, 중국이 2015년에는 전 세계 럭셔리 시장에서 29%를 차지하고 앞으로 지속적으로 성장할 것이라고

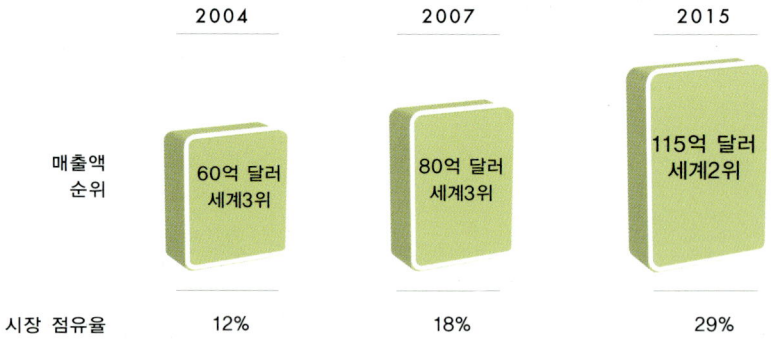

그림 6 | 중국의 럭셔리 시장 규모

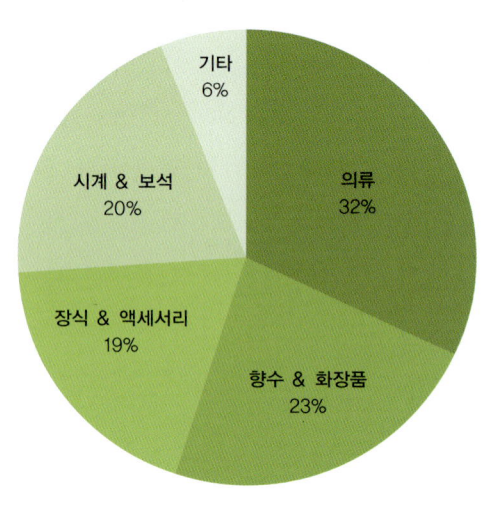

그림 7 | 중국의 럭셔리 시장 상품군 분포 비율

전망하였다(Grail Research, 2008). 중국은 일본이나 한국과 달리 빠르게 성장하고 있는 국가이다. 2015년에는 115억 달러가 넘는 매출을 기록할 것으로 예상되고, 중국의 656개가 넘는 도시들을 합치면 2,860개의 국가에 해당하는 광범위한 시장으로 자리 잡을 것이다(KPMG, 2008).

중국 럭셔리 시장에서 품목별 시장점유율 분포를 보면(Grail Research, 2008), 우선

2007년 의류 및 액세서리 시장에서 샤넬이 15%로 가장 큰 시장 점유율을 차지하였고, 시세이도가 12%, 루이 비통이 11%로 높게 나타났다. 또한 럭셔리 시계의 시장 점유율은 롤렉스(34%), 던힐(18%), 디올(17%), 베르사체(10%), 구찌(10%) 순으로 나타났다.

유통 트렌드

티파니, 까르띠에, 불가리, 루이 비통, 버버리, 디올, 샤넬, 프라다 등과 같은 세계적으로 유명한 럭셔리 브랜드들의 80% 이상이 중국에 집중적으로 투자를 하고 있다. 주로 베이징이나 상하이와 같은 주요 도시에 매장들이 위치하고 있으며 앞으로는 주요 도시뿐만 아니라 난징, 항조우와 같은 중소도시에도 럭셔리 브랜드 매장을 오픈할 예정이다. 루이 비통의 경우 상하이의 플라자 66 (上海恒隆广场), 난징거리 (上海南京路), 베이징의 China World Shopping Mall(北京国贸商城), Central Plaza(北京购物中心) 등에 진출해 있으며, 2006년에는 청두에도 매장을 오픈하였고 2009년 현재 총 24개의 매장이 진출해 있다. 사진6 조르지오 아르마니의 경우 중소도시로 가장 진출을 많이 한 브랜드로서, 상하이와 베이징뿐만 아니라 선양, 진안, 닝보, 청두에 매장을 개장하여 중국 전역에 총 69개 매장이 있다. 중국의 럭셔리 브랜드들도 한국과 같이 쇼핑몰이나 백화점, 플래그십 스토어, 아울렛 등 유통채널의 다각화를 진행하고 있다.

사진 6 | 중국의 럭셔리 브랜드의 플래그십 스토어

소비자 트렌드

중국인들은 일반적으로 가족이나 친구를 위한 선물로서 럭셔리 상품을 많이 구입한다. 특이한 점은 다른 아시아 국가들과는 달리 90% 이상의 럭셔리 상품 판매가 아직도 남성들에 의해 결정된다는 것이다. 또한 일본이나 한국 소비자와 달리 중국 소비자들은 몇몇 소수의 브랜드에 대해서만 인지도를 가지고 있어 선택의 폭이 제한되어 있음을 알 수 있다. 중국인들은 흔히 접할 수 있고 구매했을 때 보다 많은 사람들의 인정을 받을 수 있는 상징성이 뚜렷한 브랜드를 선호한다. 또한 해외 수입품을 매우 선호하는 경향이 있으며 대부분의 소비자들은 럭셔리 상품 구매를 자신에 대한 보상으로 인식한다. 요약하면 럭셔리 상품을 구매함으로써 자신의 지위 및 성공을 간접적으로 나타낼 수 있다고 생각하는 것이다. 중국 소비자들의 해외여행이 증가하면서 럭셔리 브랜드 제품에 대한 구매 역시 증가하고 있다. 또한 모조품 시장이 세계에서 가장 크며 모조품에 대한 구매도 많다.

KPMG(2007)는 중국의 소비자들을 크게 네 가지로 분류할 수 있다고 하였다. 첫 번째, 전통적인 엘리트층으로 대부분 35세 이상의 연령대로 이들이 선호하는 상품군이 정해져 있다. 가족의 다른 구성원들을 위해서도 럭셔리 상품을 구매하며 또한 주기적으로 구매하기 때문에 세련되고 트렌드에 맞는 상품을 선호한다. 두 번째, 새로운 명품 애호가들인 기업인, 직업인이나 스타들로 전통적인 엘리트층보다는 연령대가 낮으며 저축보다는 구매력을 행사하는 데에 중점을 둔다. 이들은 쉽게 자신들이 원하는 럭셔리 상품을 구매한다. 세 번째, 권력 있는 여성들로 비즈니스 여성들을 포함한 부유층의 부인들이 이 그룹에 속해 있다. 이들의 구매력은 날이 갈수록 증가하고 있으며 남성들보다 더 높은 학력이나 직업을 가질수록 그들의 구매력 역시 같이 높아진다. 마지막은, 작은 구매력 행사자들로 브랜드에 대한 인지도가 가장 높은 그룹이다. 이들은 브랜드의 로고와 가치에 상당한 비중을 두고 있으며 비록 아직은 구매를 할 수 없다고 하여도 언젠가 여유가 생기면 럭셔리 상품을 구매하게 될 그룹이다.

5. 아시아의 럭셔리 시장 전망

아시아 럭셔리 시장의 대표 국가인 일본과 한국, 중국을 비교해보면, 럭셔리 시장의 발전 정도와 소비자의 특성 면에서 차이가 있다. 일본의 경우 세계에서 가장 큰 럭셔리 시장 규모를 갖고 있는 가장 중요한 시장으로서, 일찍이 럭셔리 시장이 자리잡고 성장함에 따라 소비자들의 럭셔리 브랜드에 대한 인식이 가장 높다. 최근 럭셔리 브랜드의 시장성장률이 감소하고 있는데, 이는 소비자들이 최고가의 럭셔리 브랜드 제품을 선호하기보다는 브랜드와 상관없이 합리적인 가격에 개성과 차별된 독특한 상품을 선호하기 때문이다. 이에 럭셔리 브랜드의 세컨드 브랜드에 대한 선호도가 증가하고 있으므로, 럭셔리 브랜드에서는 세컨드 브랜드의 확장전략과 소비자들을 위한 브랜드의 차별화, 개별화 전략에 더욱 노력을 기울여야 할 것으로 생각된다.

한국의 경우, 럭셔리 시장의 규모는 일본과 중국에 비해 상대적으로 작으나, 시장성장률이 매우 높고 지속적으로 증가하고 있으며, 새로운 패션 브랜드의 시장성과 성공가능성을 검증하기 위한 가장 좋은 테스트 마켓으로 고려되고 있다. 한국의 소비자들이 패션과 브랜드에 민감하며 새로운 상품과 브랜드에 대한 도입 및 확산이 상당히 빠르기 때문이다. 또한 인터넷과 모바일 라이프스타일이 발달되어 있어 새로운 유통망 디자인과 IT와 접목한 상품기획 및 프로모션전략의 개발과 상품 테스트가 가능한 시장으로 고려되고 있다.

중국은 럭셔리 시장의 초기 단계로 시장성숙도는 상대적으로 낮으나 2007년 세계에서 3번째로 큰 마켓으로 성장했으며, 지속적인 시장성장률을 고려해보면 럭셔리 시장에서 매우 중요한 마켓이다. 중국 소비자들은 럭셔리 브랜드의 모조품에 대한 구매가 타 국가에 비해 상대적으로 많은 편이나, 구매력이 증가하면서 럭셔리 제품의 구입률 역시 지속적으로 증가하고 있다. 베이징, 상하이 등의 대도시 중심으로 럭셔리 유통이 전개되고 있으나, 수많은 중소도시로 진출할 수 있는 가능성이 매우 높은 시장이다. 중국 내에서도 지역별 소비자들의 특성이 매우 다르므로, 상권별 특성에 대한 이해와 체계적인 분석을 통한 차별화된 마케팅 전략이 고려된다.

6. 월드 베스트 럭셔리 브랜드 선정

100년이 넘는 긴 세월이 흘러도 오랜 시간 동안 변함 없이 우리들에게 사랑받는 브랜드들이 있다. 자고 일어나면 하루에도 몇 백 개의 브랜드가 생겨나고 또 없어질 정도로 브랜드의 홍수 속에 살고 있지만 많은 럭셔리 브랜드들은 막강한 브랜드 파워와 브랜드 자산을 바탕으로 세계적인 경제적 불황에도 흔들리지 않고 자신들의 자리를 지켜가고 있다.

브랜드 자산 데이터베이스인 브랜즈Brandz는 매년 세계 100대 브랜드를 선정하여 발표하고 있다. 표2 브랜즈의 데이터를 바탕으로, 밀워드 브라운 옵티머Millward Brown Optimor는 5만여 개 브랜드에 대해 100만 명의 소비자 설문조사를 실시하여 브랜드 가치를 산출하였다. 그 결과, 2008년에는 구글Google이 전년도에 이어 브랜드 가치가 861억 달러로 1위를 차지했으며, 제네럴 모터스GE가 714억 달러, 마이크로소프트Microsoft가 708억 달러, 삼성의 브랜드 가치는 119억 달러로 58위에 랭크되었다.

브랜즈는 각 산업별 톱10 브랜드 랭킹도 함께 발표하였다. 럭셔리 산업 분야의

표 2 | 브랜즈 럭셔리 브랜드 TOP 10

순위	브랜드명	브랜드 가치(백만 달러)	국가
1	Louis Vuitton	25,739	프랑스
2	Hermes	9,631	프랑스
3	Gucci	9,341	이탈리아
4	Cartier	9,285	프랑스
5	Chanel	8,656	프랑스
6	Rolex	6,280	스위스
7	Hennessy	5,401	프랑스
8	Armani	5,120	이탈리아
9	Moet & Chandon	4,954	프랑스
10	Fendi	4,666	프랑스

랭킹에서 1위를 차지한 브랜드는 루이 비통Louis Vuitton으로 브랜드 가치가 2위인 에르메스Hermes보다 상당히 높은 257억 달러를 기록하였으며, 3위는 구찌Gucci가 차지하였다. 세계적인 럭셔리 브랜드 카테고리의 가치는 대략 4천억 달러에 이른다. 이 수치는 이머징 마켓 소비자들 중 특히 '뉴럭셔리New Luxury'를 찾는 소비자들에 의해 가속화되어 2010년에는 2조 달러로 증가할 것으로 전망된다.

또한, 브랜드 컨설팅 그룹인 인터브랜드(비지니스위크, 2008. 8.)가 2008년 월드 베스트 글로벌 브랜드로 선정한 브랜드는 표3과 같다. 브랜드 가치가 가장 높은 브랜드는 루이 비통이 차지했고, 2위는 구찌, 3위가 샤넬로 나타났다.

럭셔리 브랜드들은 어떻게 이처럼 높은 브랜드 자산을 형성하고 뛰어난 성장 가능성을 지니고 있는 것으로 평가되는 것일까? 럭셔리 브랜드들이 오랜 세월 동안 꾸준한 사랑을 받아오며 글로벌 브랜드로 성장하여 불황에도 불구하고 높은 수익을 낼 수 있었던 비밀을 밝혀보기 위해 총 12개의 럭셔리 브랜드를 분석 사례로 선정하였다.

이 브랜드들은 포브지(2008. 6. 9)와 인터브랜드(비지니스위크, 2008. 8)가 베스트 글로벌 브랜드로 선정한 월드 베스트 브랜드 중심으로 선정되었으며, 이들을 구체적으로 살펴보면 포브지와 인터브랜드에서 공통으로 베스트브랜드 1~5위를 차지한 루이 비통과 구찌, 샤넬, 에르메스와 까르띠에(인터브랜드에서 6위)를 포함하여 포브지에서 8위를 차지한 아르마니, 인터브랜드의 7위 티파니, 8위 프라다, 11위 버버리, 15위 페레가모, 그리고 그 밖에 최근 급성장하고 있는 구찌 그룹의 보테가 베네타와 제화 브랜드로 토즈가 있다.

루이 비통은 럭셔리 브랜드와 관련한 모든 순위에서 1위를 차지하는 브랜드로 브랜드 가치와 자산이 가장 높은 브랜드로 평가되고 있다. 마켓 리서치 회사인 리엘슨 컴퍼니Lielsen Company가 실시한 온라인 조사 결과에 따르면 구찌가 소비자가 선정한 최고의 럭셔리 브랜드로 꼽힌 바 있다. 샤넬은 오늘날 가장 잘 알려진 패션 브랜드 중 하나로서 1909년 가브리엘 샤넬이 브랜드를 설립한 이래 꾸준한 인기를 얻고 있다. 에르메스는 최고의 장인정신을 바탕으로 하여 명품 중의 명품이라는 평가를 받고 있는 브랜드이며, 프랑스의 까르띠에와 미국의 티파니는 럭셔리 주얼리 산업을 이끄

표 3 | 2008년 인터브랜드 럭셔리 브랜드 랭킹

순위	브랜드	2008년 브랜드 가치 (백만 달러)	2008년 브랜드 가치 (백만 유로)	국가
1	Louis Vuitton	21,602	16,718	프랑스
2	Gucci	8,254	6,388	프랑스
3	Chanel	6,355	4,918	프랑스
4	Rolex	4,956	3,836	스위스
5	Hermes	4,575	3,541	프랑스
6	Cartier	4,236	3,278	프랑스
7	Tiffany & co	4,208	3,257	미국
8	Prada	3,585	2,775	이탈리아
9	Ferrari	3,527	2,730	이탈리아
10	Bulgari	3,330	2,577	이탈리아
11	Burberry	3,285	2,542	영국
12	Dior	2,038	1,578	프랑스
13	Patek Philippe	1,105	855	스위스
14	Zegna	818	633	이탈리아
15	Ferragamo	722	559	이탈리아

는 브랜드이다. 페레가모와 토즈는 럭셔리 슈즈의 대명사로 인식되고 있으며, 프라다는 현대적인 감각의 디자인과 혁신적인 소재로 10억 달러 비즈니스를 창출하는 회사가 되었다. 버버리는 영국을 대표하는 럭셔리 브랜드로 영국인의 브랜드에서 세계인의 사랑을 받는 브랜드로 발돋움하였고, 아르마니는 70대의 나이에도 디자이너 겸 브랜드의 최고경영자로 활동하고 있는 조르지오 아르마니에 의해 시작되어 현재 7개가 넘는 서브 브랜드를 소유하고 있다. 마지막으로 보테가 베네타는 많은 럭셔리 브랜드들이 철수하고 있는 일본 시장에서 보기 드물게 놀라운 성장세를 보이고 있는 브랜드이다.

선정된 베스트 사례들을 대상으로 브랜드가 성공하게 된 역사와 배경, 그들이 추구하는 이미지와 컨셉, 그리고 그것들을 어떻게 제공하며 표현하고 소비자와 커뮤니케이션하고 있는지를 알아보는 것에 중점을 두고 브랜드 현황을 조사, 분석하여 럭셔리 브랜드들이 앞으로 나아가야 할 방향과 미래 전략을 제안해 보고자 한다.

　이 책에서 제공하는 럭셔리 브랜드의 마케팅 전략을 벤치마킹함으로써, 한국의 브랜드가 글로벌 럭셔리 브랜드가 되기 위한 기초 정보로 활용되고, 체계적인 브랜드의 기획 및 관리를 통해 글로벌 경쟁력을 갖추는 데 필요한 정보가 될 수 있기를 기대한다.

Part 2

베스트 프랙티스

BEST PRACTIES

패션은 지나가도 스타일은 남는다.

가 브 리 엘   샤 넬 | Gabrielle Chanel

CHANEL | 샤 넬

About CHANEL ••

오늘날 샤넬이라는 브랜드는 단순한 럭셔리 브랜드 네임을 넘어 패션의 대명사로 일컬어지고 있다. 많은 여성들의 '꿈의 브랜드'로 자리매김을 하고 있는 샤넬은 그 오랜 역사만큼이나 현재에도 높은 매출액을 유지하고 있고 전 세계 곳곳에 널리 알려져 있는 글로벌 브랜드이다. 또한 샤넬은 여성 기성복뿐 아니라 화장품, 향수, 액세서리 등 다양한 사업 분야에 진출해 있다. 샤넬의 의류나 가방, 핸드백 등은 고가이기 때문에 일반 소비자들 누구나 쉽게 살 수 없지만, 향수나 화장품 등은 여성이라면 누구나 하나쯤은 가지고 있는 제품이다. 이처럼 샤넬은 누구나 쉽게 접근할 수 없는 영역과 누구나 소유할 수 있는 영역을 동시에 갖는 양면성을 가지고 있다. 이어서 샤넬의 역사와 샤넬이 추구하는 이미지와 컨셉에 대한 조사를 바탕으로 샤넬의 비즈니스 현황을 분석하고 나아가 럭셔리 브랜드로서 샤넬이 나아가야 할 미래의 전략을 제안해 보고자 한다.

History

_Timeline

1883	8월 19일 프랑스 소뮈르에서 가브리엘 샤넬 출생
1910	파리 깡봉가 21번지에 '샤넬 모드'라는 이름으로 모자 가게 오픈
1913	스포츠 룩, 저지 소재의 의상 라인 소개
1915	비아리츠에 최초의 패션 부티크 오픈
1921	샤넬은 깡봉가 31번지에 자리 잡고 곧 자신의 첫 번째 향수 '샤넬 N°5' 런칭
1924	첫 번째 인조보석 아틀리에 오픈
1926	리틀 블랙 드레스 소개
1928	웨스터민스터 공작과의 스코틀랜드 여행에서 영감을 얻어 첫 번째 트위드 수트 디자인 소개
1929	샤넬은 자신의 '꾸뛰르 하우스' 내에 액세서리 부티크 오픈
1932	첫 번째 보석 컬렉션 소개
1935	샤넬의 유명세 절정기에 다다름
1954	샤넬은 71세의 나이로 다시 오트 꾸뛰르 하우스 오픈
1955	샤넬은 금색 체인이 달린 누빔 숄더백을 런칭, '2.55백' 완성
1957	"20세기의 가장 영향력 있는 디자이너"에게 수여하는 패션의 오스카상 수상
1970	자신의 생일인 8월 19일의 날짜를 딴 향수 'N°19' 런칭
1971	1월 10일 마드모아젤 샤넬 사망, 사후 컬렉션 성공
1974	오드뚜왈렛 '크리스탈' 런칭
1978	세계 시장에 프레타 포르테와 액세서리 런칭
1981	남성용 오드뚜왈렛 '안티우스' 런칭
1983	칼 라거펠드가 샤넬의 오트 꾸뛰르, 프레타 포르테, 액세서리를 아우르는 패션 아트디렉터로 참여
1984	향수 '코코' 런칭
1987	샤넬 시계 런칭
1990	남성용 향수 '에고이스트' 런칭
1996	샤넬 향수 '알뤼르' 런칭

1997	방돔 광장 18번지에 '샤넬 프라이빗 홀' 오픈
1998	향수 '알뤼르 옴므' 런칭
1999	새로운 스킨케어 라인 '프레씨지옹' 런칭
2000	남성용과 여성용의 첫 번째 시계 'J12' 런칭
2001	향수 '코코 마드모아젤' 런칭
2003	향수 '샹스'와 고급 주얼리 라인 '콜렉씨옹 프리베' 런칭
2004	향수 '알뤼르 옴므 스포츠' 런칭. 바즈 루어만이 감독하고 니콜 키드만이 출연한 '샤넬 N°5' 광고 제작
2005	뉴욕 메트로폴리탄 미술관에서 샤넬 전시회 개최. 핸드백 '뉴 마드모아젤' 런칭, J12 '뚜르비용'과 J12 '수퍼레제라' 런칭

사진 1 | 샤넬의 상징적인 아이템들

사진 2, 3 | 샤넬의 창시자 가브리엘 샤넬과 혁신적인 크리에이티브 디렉터 칼 라거펠드

샤넬의 역사는 창시자인 가브리엘 샤넬Gabrielle Chanel의 시대와 칼 라거펠드Karl Lagerfeld의 시대로 나누어서 살펴볼 수 있다. 가브리엘 샤넬은 1883년 8월 19일 프랑스 소뮈르에서 태어나, 1910년 파리 깡봉가 21번지에 '샤넬 모드'라는 이름으로 모자 가게를 오픈한다. 1915년에는 비아리츠에 최초의 패션 부티크를 오픈하고 1921년에는 자신의 첫 번째 향수 '샤넬 N°5'를 런칭하였으며, 이후 샤넬은 다양한 스타일을 제안하였다. 1926년에는 리틀 블랙 드레스, 1928년에는 트위드 수트를 선보이고, 1929년에는 의류뿐만 아니라 액세서리 부티크도 오픈하였다. 1935년 샤넬은 절정기를 맞이하였다. 1955년에는 샤넬의 대표적인 핸드백인 '2.55백'을 완성하였으며 여성용은 물론 남성용 향수도 런칭하였다. 의류, 액세서리, 향수 등 다양한 분야에서 괄목할 만한 성과를 낸 샤넬은 1957년 "20세기의 가장 영향력 있는 디자이너"에게 수여하는 패션의 오스카상을 수상하였다. 이러한 샤넬의 파란만장한 생애는 1971년 1월 10일 그녀가 숨을 거둠과 함께 막을 내리지만, 그녀의 사후에도 샤넬 컬렉션의 명성은 퇴색되지 않았다.

가브리엘 샤넬의 사후 샤넬의 명성은 칼 라거펠드에 의해 이어졌다. 칼 라거펠드는 1983년 샤넬의 오트 꾸뛰르, 프레타 포르테, 액세서리를 아우르는 패션 아트디렉

사진 4 | 여성들에게 활동성을 선사한 샤넬

터로 참여하여 1984년에 많은 여성들을 사로잡은 향수 '코코Coco'를 런칭한다. 1987년에는 샤넬 시계를 런칭하고, 1996년에는 샤넬의 대표적인 향수 '알뤼르Allure'를 선보인다. 이후 샤넬은 향수뿐 아니라 스킨케어 제품 라인도 확장하였다. 2000년에는 뜨거운 반응을 일으킨 샤넬의 손목시계 'J12'를 런칭하였고, 2003년에는 향수 '샹스Chance'와 고급 주얼리 라인 '콜렉씨옹 프리베Collection Privee'를 런칭하고, 이듬해 향수 '알뤼르 옴므 스포츠Allure Homme Sport'를 런칭하였다. 바즈 루어만 감독이 연출하고 니콜 키드먼이 출연한 '샤넬 N°5' 광고를 제작하여 프로모션에 전력을 기울였으며, 2005년 뉴욕 메트로폴리탄 미술관에서 가장 영향력 있는 럭셔리 패션 브랜드로서 전시회도 개최하였다.

Brand Concept

샤넬의 창시자인 가브리엘 샤넬의 말에서 샤넬의 브랜드 컨셉을 엿볼 수 있다.

"아무것도 하지 않는 것보다 무언가 해서 실패하는 편이 낫다고 생각해왔다."
"사람들은 내가 옷 입는 모습을 보고 비웃었지만 그것이 바로 내 성공 비결이다. 나는 누구와도 같지 않았다."

"나는 세계에서 가장 유명한 스타일을 창조해냈다."

"그 누구도 넘볼 수 없게 하려면 항상 그 누구와도 달라야 한다."

"하늘에서나 거리에서나 어디에서든지 찾아볼 수 있는 패션처럼, 샤넬 마크는 세계 어디에 가도 눈에 띄게 될 것이다."

샤넬은 패션 분야에서 고급 여성복 haute couture 의 장을 개척했다는 점에서 역사적으로 인정받고 있다. 1800년대 말에서 1900년대 초의 복식은 여성의 허리를 강조하는 스타일로 그 당시의 여성들은 항상 코르셋을 착용해야만 했다. 샤넬은 이렇게 억압되어 있던 여성들에게 자유를 가져다 주었다는 점에서 큰 의의를 지닌다. 뿐만 아니라 여성들의 치맛단을 끌어올려 활동성을 선사했다.

샤넬은 단순히 여성의 해방을 이끌어낸 혁명적인 브랜드만은 아니다. 샤넬은 여성들에게 활동성을 부여하면서도 우아한 여성미를 잃지 않았다. 이렇게 샤넬은 당대의 혁신적인 아이템을 통해 여성이 고유의 아름다움을 유지하면서도 보다 자유롭게 활동할 수 있도록 하였다. 샤넬은 새로운 소재의 발견으로 저지의 혁명을 일으켰고 대중을 위한 검은색을 유행색으로 제안하였으며, 최첨단 마케팅 전략으로 복제를 허용하고 액세서리 시장을 확대하여 코스튬 주얼리에 의한 가치의 전환을 이루었다.

Brand Identity

샤넬은 물리적 특성으로 여성을 위한 토털 룩을 강조하고 직관적이고, 대담하고, 창의적이며, 완벽주의자, 그리고 억제된 세련미의 내면적 개성을 소비자들에게 전달하려고 한다. 샤넬과 소비자는 외면적인 관계에서는 영속성과 돋보임 그리고 정중함을, 내면적으로는 단순하고 세련되며 해방된 문화를 공유하게 된다. 샤넬을 소비하는 소비자는 현대적이고 우아한 여성이 된다는 느낌을 받게 되고, 내면적으로는 샤넬 제품을 갖게 되었을 때 스스로 해방된 여성의 라이프스타일을 따른다는 자부심을 갖게 된다.

Brand Name and Logo

샤넬의 브랜드 네임은 브랜드 창시자인 가브리엘 샤넬의 이름을 따서 만들어졌다. 브랜드 로고는 샤넬이라는 브랜드 이름을 대문자로 사용하여 주로 검정색과 흰색의 배합으로 사용한다. 이렇게 브랜드 네임을 그대로 로고화한 것 외에 샤넬의 이니셜인 C를 180도 회전하여 겹쳐놓은 로고도 샤넬의 상징이다.

사진 5 | 샤넬의 로고

Brand Color

브랜드 로고에서도 알 수 있듯이, 샤넬의 컬러는 검정색과 흰색이다. 가장 영향력 있는 럭셔리 패션 브랜드로서 샤넬의 입지는 굳건하기 때문에 고객들은 기본적인 색감인 검정색과 흰색을 샤넬만의 고유 컬러로 인식하기도 한다.

Package

상품의 포장에도 샤넬의 컬러인 검정색과 흰색이 사용된다. 샤넬의 봉투나 상자, 더스트백dust bag 역시 검은색을 바탕으로 하고 흰색의 샤넬 로고를 중앙에 프린팅해 놓았다. 특히 쇼핑백에는 샤넬 로고와 함께 샤넬만의 흰색 카멜리아camellia 꽃을 달아두는데, 샤넬의 열렬한 팬 중에는 이 쇼핑백을 아끼는 사람이 있을 정도이다.

Brand Strategy

Product

_상품 라인 및 특징

샤넬의 상품 라인으로는 가방, 신발, 의류, 가죽 소품, 액세서리, 아이웨어, 향수를 포함한 화장품이 있다. 샤넬은 끊임없는 혁신 속에서도 고유의 컨셉을 고수하여 브

사진 6, 7 | 샤넬의 카멜리아 꽃과 샤넬 패키지

랜드 아이덴티티를 유지한다. 시대의 변화에 따라 시즌별로 다양한 변화와 창조적인 시도가 이루어지고 있지만, 브랜드 컬러인 검정색과 흰색, 그리고 브랜드 로고를 적절하게 조합함으로써 고급스럽고 여성스러운 이미지를 전달하는 것은 변함없이 유지되는 상품 전략이다. 여성스러움과 우아함이라는 샤넬의 브랜드 아이덴티티는 샤넬의 상품을 통해 고객들에게 전달되고 이것이 많은 공감을 이끌어내면서 샤넬이라는 하나의 스타일로 탄생하였다.

_대표 상품

샤넬은 오랜 기간 동안 럭셔리 패션 브랜드의 주도적인 위치를 유지하면서 샤넬만의 전형적인 스타일을 개발해왔다. 이제는 샤넬의 상징이자 샤넬의 전형적인 아이템으로 자리잡았지만 당시에는 혁신적 아이템으로 여겨졌던 몇 가지는 다음과 같다.

- **카디건 수트** Cardigan Suit | 카디건 형태의 활동성이 높고 여성적인 재킷으로 성공한 커리어 우먼의 필수 아이템으로 자리잡았다.
- **리틀 블랙 드레스** Little Black Dress | 검정색 미니 원피스로서 1925년 처음 소개된 후 현재

까지 여성들의 필수 아이템으로 사랑받고 있다.

● **투톤 슈즈** Two-tone Shoes | 신발의 앞코 부분을 다른 색으로 배치함으로써 여성성을 더하며 발이 작아 보이는 효과가 있다.

사진 8, 9 | 샤넬의 상징 카디건 재킷

이와 같은 샤넬의 전형적인 아이템들은 시대를 초월하여 여성들의 꾸준한 사랑을 받고 있으며 샤넬만의 여성스럽고 우아한 이미지가 표현되어 있다. 샤넬의 상징이 된 전설적인 아이템들은 샤넬의 브랜드 가치와 시너지 효과를 낸다.

Price

샤넬은 다른 럭셔리 패션 브랜드에 비해서도 고가의 가격대를 유지하고 있다. 한국의 경우, 샤넬의 유명한 2.55백은 300만 원대에서 400만 원대이다. 2.55백뿐만 아니라 패브릭이나 PVC 소재 이외의 가죽 소재로 만든 대부분의 가방 라인은 300만 원대 이상이다. 샤넬의 구두 역시 타 브랜드에 비해 높은 가격대로, 대부분 100만 원선이다. 지갑류의 가죽 소품 역시 80만 원대가 평균가격이다.

이렇게 샤넬은 하이엔드 브랜드로서 고가의 가격정책을 쓰고 있다. 여성이라면 누구든지 샤넬의 핸드백이나 구두, 의류를 갖기를 원하지만 모두가 구매할 수 있는

사진 10 | 블랙 미니 드레스를 입은 모델들과 칼 라거펠드

것은 아니다. 하지만 샤넬의 상품 중 큰 부분을 차지하는 화장품은 하이엔드 가격 정책을 쓰고 있지 않다. 샤넬의 화장품은 보통의 화장품 브랜드보다 약 10 - 20% 정도 고가이고, 시슬리나 라프레리와 같은 고가 화장품 브랜드에 비해서는 상대적으로 저가라고 할 수 있다. 따라서 샤넬의 화장품은 타 상품군에 비해 보급률이 높다. 이렇게 샤넬은 본래의 영역인 의류나 가방 등의 라인에 대해서는 꾸준한 하이엔드 포지션을 유지하고, 브랜드 확장으로 영역을 넓힌 화장품 라인에 대해서는 합리적인 가격대를 제시하고 있다. 이러한 정책을 통해 샤넬은 본래의 품격을 유지하면서 비교적 후에 진출한 화장품 시장에서의 영역을 넓혀가기 위해 노력하고 있다.

샤넬은 또한 가격인하가 없는 브랜드로 유명하다. 샤

사진 11 | 샤넬의 대표적인 투톤 슈즈

넬의 노세일^{No-sale} 정책 역시 브랜드 이미지와 명성을 확고히 하기 위한 수단으로 활용되고 있다.

Place
_유통망

샤넬은 프랑스, 이탈리아, 독일, 영국 등의 유럽 지역과 캐나다, 미국을 비롯하여 한국, 일본, 중국, 홍콩과 같은 아시아 지역에 진출해 있다. 샤넬의 플래그십 스토어는 각 국가의 고급 상권에 위치하고 있는데, 이는 샤넬의 품격을 유지하기 위한 전략으로 샤넬의 플래그십 스토어 위치 선정은 다른 럭셔리 브랜드에게 영향을 주기도 한다. 샤넬 매장에 근접하여 위치하게 되면, 그에 따라 브랜드 이미지의 제고나 고객 유치의 증가와 같은 파급효과를 볼 수 있기 때문이다.

샤넬은 온라인 판매를 실시하고 있지 않는데, 이는 온라인 판매 시 브랜드 이미지에 손상을 입을 수도 있다는 정책적 입장에 의한 것이다. 샤넬의 브랜드 가치는 이

사진 12, 13 | 긴자 지역의 샤넬 플래그십 스토어

미 최상의 수준에 도달해 있기 때문에 소비자의 수요가 있다고 해도 온라인 판매로부터의 이익이 현실화되지 않는 한, 온라인 판매가 실시될 때까지는 상당한 시간이 걸릴 것으로 보인다.

_주요 플래그쉽 스토어

샤넬은 2004년 세계 최대 규모의 부티크Boutique를 포함하고 있는 '샤넬 긴자 빌딩'을 일본 긴자에 오픈하였다. 지하 1층부터 지상 10층 중에 1층~3층 부분이 부티크로 되어 있으며 총 매장 면적은 1,250평방미터이다. 설계는 유명 건축가인 피터 마리노Peter Marino가 맡았으며, 정면 외벽의 프리버 라이트 글래스와 내부에 설치된 70만 개의 LED로 샤넬의 대표적인 아이템 등을 영상으로 연출하는 특징을 보이고 있다. 또한 긴자 매장은 근접한 위치에 세계적인 브랜드의 매장들이 들어서 있어 동반 홍보효과도 얻을 수 있다.

Promotion

_제한적인 커뮤니케이션

외부 광고매체 등을 통한 마케팅 방법을 차단해왔던 샤넬은 전통적으로 고객과 직접 접촉하여 메시지를 전달하는 방법인 패션쇼만을 고수해왔다. 인터넷과 케이블 등의 정형화된 공중파 방송과 잡지 이외의 커뮤니케이션 기회가 늘어나면서 2004년부터 1:1 대응 방식의 개별 광고(패션쇼나 신상품에 대한 이메일 고지)나 케이블에 커머셜 필름(짧은 영화 방식을 취해 제작 후 광고로 편집한 것)을 내보내기 시작하였다. 최근에는 다양한 문화 행사 등에 고객을 초대하여 고객을 관리하는 시스템을 구축하기 시작하여 브랜드 스토리, 역사 등을 모티브로 한 행사에 고객이 직접 참여하여 브랜드의 가치를 직접 느낄 수 있도록 하고 있다.

_전시회

샤넬은 패션 브랜드임에도 불구하고 여러 차례의 박물관 전시회를 가졌다. 2005년

사진 14 | 2008년 런칭한 샤넬의 모바일 아트

뉴욕의 메트로폴리탄 미술관에서 '샤넬 전'이 열렸는데 이 전시회는 샤넬의 아이콘적인 디자인과 디테일에 초점을 맞춰 브랜드의 역사를 주제별로 고찰하였다. 또한 2007년에는 모스크바의 푸쉬킨 국립미술관에서 가브리엘 코코 샤넬의 20세기 이후 샤넬의 작품세계를 조명하는 전시회가 열렸다. 2008년 2월 샤넬의 현재 크리에이티브 디렉터 칼 라거펠드에 의해 런칭된 샤넬의 '모바일 아트 전'은 홍콩, 도쿄, 뉴욕, 런던, 모스크바, 파리의 6개국을 거쳐 2010년까지 진행되고 있다. 이와 같이 샤넬이라는 브랜드가 예술작품을 전시하는 미술관에서 다수의 전시회를 개최할 수 있었던 것은 샤넬이 패션 브랜드를 넘어서 사회 문화적인 측면에서 영향력을 행사했기 때문이라고 이해할 수 있다. 샤넬은 여성을 위한 혁신적인 스타일을 지속적으로 제안해 왔으며, 그 스타일은 당대의 여성은 물론 수세대가 지난 현대 여성들까지도 매료시키고 있다. 샤넬의 전시회는 이러한 샤넬의 영향력을 증명하는 자리임과 동시에 그 영향력을 더욱 확대시킬 수 있는 프로모션의 장이 되고 있다.

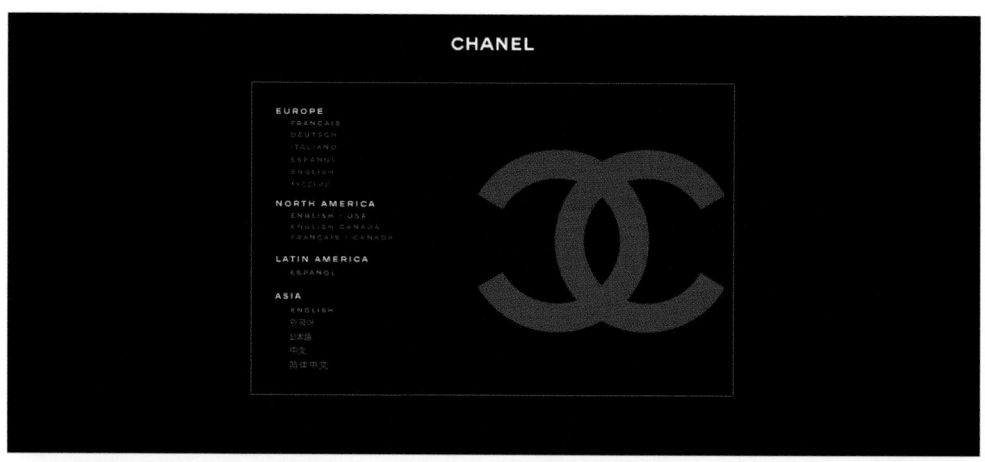

사진 15 | 샤넬 웹사이트 www.chanel.com
사진 16 | 제품별 카테고리 페이지

Web Communication

현재 샤넬은 공식 웹사이트를 통한 온라인 판매는 실시하고 있지 않지만, 의류 및 액세서리, 향수 및 화장품, 주얼리 및 시계 등의 카테고리를 나누어 상품의 소개를 하고 있다. 또한 소비자들은 웹사이트에서 시즌별 패션쇼를 감상할 수 있다. 웹사이트의 전반적인 분위기는 샤넬의 상징인 검은색과 샤넬 로고로 조성되어 있으며, 고객들은 웹사이트를 통해 샤넬의 브랜드 아이덴티티를 다시 한 번 확인할 수 있다. 샤넬은 온라인상에서는 소비자들에게 오프라인 매장이 지닌 품격을 전달할 수 없다는 점 때문에 온라인 판매를 미루고 있다. 그렇지만 패션상품의 유통망으로서 온라인 시장이 가지는 잠재력을 고려할 때, 하이엔드 포지션과 브랜드 가치를 유지할 수 있는 온라인 판매전략을 수립하는 것이 요구된다.

Key Success Factors

1. 확고한 브랜드 아이덴티티

지금까지 살펴보았듯이 샤넬은 20세기 초반 여성들에게 활동성과 자유를 가져다주는 동시에 우아한 여성성을 돋보이게 하는 브랜드이다. 즉 우아함을 지닌 당당한 여성이 샤넬이 추구하는 여성상이라고 할 수 있겠다. 이와 같이 명확한 브랜드 아이덴티티는 가브리엘 샤넬이 당대에는 생소했던 아이템을 출시한 때부터 획기적인 크리에이티브 디렉터 칼 라거펠드가 취임하여 한 단계 더 도약한 현재에까지 지속적으로 유지되고 있다. 꾸준하고도 확고한 브랜드 아이덴티티의 유지는 오랜 세월이 흘러도 샤넬이 여성들의 꿈의 브랜드로 불리게 하는 힘이 되었다.

2. 브랜드 확장 속에서도 브랜드 지위 유지

샤넬의 제품군은 웹사이트에 분류되어 있듯이, 의류 및 액세서리, 향수 및 화장품, 주얼리 및 시계의 크게 세 가지 카테고리로 나눌 수 있다. 샤넬이 브랜드 내부에서 분류한 카테고리별 독립적인 시장을 생각해볼 때, 각각의 시장에서 샤넬은 주도적인 위치에 있다. 즉, 의류 및 액세서리 범주에서는 물론, 향수 및 화장품, 주얼리 및 시계의 모든 범주에서 다른 럭셔리 브랜드보다 우위를 차지한다. 의류 및 액세서리보다 향수 및 화장품이 상대적으로 저렴한 가격대로 책정되어 있으나, 글로벌 소비자들이 선호하는 샤넬의 고급 이미지를 그대로 유지하고 있다. 이렇게 각각의 카테고리마다 다른 마케팅 전략과 가격책정을 시행함으로써 소비자를 매료시키는 힘은 샤넬이 최고의 브랜드로 성장할 수 있는 데 필수적인 요소이다.

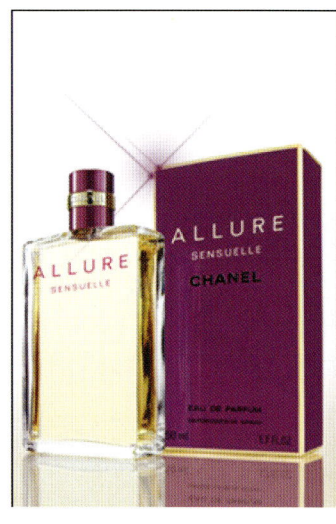

사진 17 | 샤넬 알뤼르 향수   사진 18 | 샤넬 주얼리

Brand Future

1. 무리한 브랜드 확장 지양

최근에 랄프 로렌, 불가리, 아르마니 등 여러 럭셔리 브랜드들이 부티크나 액세서리, 화장품 이외에도 토털 라이프 브랜드를 지향하며 홈, 레스토랑, 나아가 호텔 사업으로까지 뛰어들며 사업 영역을 확장하고 있다. 다른 영역으로 사업을 확장하면 브랜드 규모가 커져 매출이 증가하고 인지도도 높아져 소비자들에게 브랜드를 잘 각인시킬 수 있지만, 럭셔리 브랜드의 경우 지나친 대중화의 우려가 있다. 샤넬은 하이엔드 포지션을 유지하면서도 고유의 브랜드 컨셉인 현대적이고 우아하며 절제된 세련미를 지닌, 일하는 여성을 위한 여성 토털 브랜드의 입지를 지켜나가야 한다. 이를 통해 토털 라이프 브랜드를 지향하는 여러 브랜드들과 분명한 차별성을 유지할 수 있을 것이다. 샤넬이 브랜드 확장을 고려한다면 고유의 컨셉과 이미지를 유지하면서 이를 바탕으로 고급 스파, 뷰티 문화 공간 등 우아하고 현대적인 커리어우먼에 포커스를 맞춘 토털 문화 공간을 제안할 수 있을 것이다.

2. 하이엔드 포지션 유지

20세기에 진입하면서 기존에 오랜 전통을 바탕으로 한 럭셔리 브랜드 이외에도 마크 제이콥스Marc Jacobs, 지미 추Jimmy Choo, 비비안 웨스트우드Vivienne Westwood 등 디자이너 브랜드들이 럭셔리 브랜드를 지향하며 고가격의 제품으로 소비자들에게 어필하고 있다. 그뿐만 아니라 자라Zara, 에이치엔엠H&M, 탑샵Top Shop 등 매스 브랜드들이 럭셔리 브랜드 소비자들을 공유하며 성장해 나가고 있다. 이와 같은 오늘날의 시장에서 럭셔리 브랜드로서 샤넬의 자리를 지키기 위해서는 다른 브랜드들과는 다른 포지셔닝을 필요로 한다. 샤넬은 현재 하이엔드 브랜드로서 확고한 자리를 차지하고 있기 때문에 매출에 연연하기보다는 브랜드 아이덴티티를 유지하며 타 브랜드와 차별화된 포지셔닝, 커뮤니케이션 전략을 구사하는 것이 필요할 것이다.

3. 문화적 요소를 강화한 마케팅

샤넬은 현재 세계 주요 도시에서 모바일 아트 전을 개최하며 적극적인 마케팅 활동을 펼치고 있다. 샤넬은 이와 같은 전시회에 유명인들을 초청하며 자연스럽게 브랜드를 언론에 홍보하면서 소비자들에게 어필하고 있고 또한 샤넬이 문화에 관심을 가지는 브랜드라는 인식을 심어주고 있다. 소비자들은 브랜드가 행하는 문화 마케팅으로 인해 스스로 좋은 문화적 경험을 했다고 느끼고 물건 구매를 문화 활동의 연장이라고 생각한다. 샤넬의 문화 마케팅 또한 새로운 고객층에게 다가감과 동시에 기존의 고객들이 문화적으로 자부심을 느낄 수 있게 해준다. 샤넬의 주 고객층인 고소득 인구의 라이프스타일에 어울리면서 샤넬만의 새로운 감각을 보여줄 수 있는 문화 마케팅을 선보일 수 있다면 샤넬 브랜드 아이덴티티를 유지하고 홍보하는 데 효과적일 것이다. 그 구체적 방법으로는 현재 행하고 있는 전시회 형태인 모바일 아트 전 외에도 미술전시회, 음악회 등을 협찬, 후원하거나 보다 적극적으로 개최하는 것 등이 있을 수 있다.

4. 젊은 소비층 확보

과거 럭셔리 브랜드는 주로 30대 이상의 고객층이 과시용으로 구매하는 경우가 많았다. 그러나 오늘날 20~30대의 젊은 층은 매스 브랜드와 동시에 럭셔리 브랜드도 많이 구매 하고 있다. 이 소비자들은 과거처럼 한가지 브랜드 제품을 머리부터 발끝까지 걸치는 토털 룩을 지향하기보다는 럭셔리 브랜드 제품과 매스 브랜드 제품을 어울리도록 적절하게 착용하는 이른바 믹스 앤 매치$^{Mix\ and\ Match}$를 선호한다. 브랜드들은 젊은 고객층의 현재와 그리고 미래의 구매력을 인식하고 이들에게 어필할 수 있는 전략을 마련해야 한다. 샤넬의 액세서리나 구두, 핸드백 등은 젊은 소비자들에게도 매력적으로 느껴지고 구매욕구를 높일 수 있는 제품이 많았으나 의류의 경우는 30~40대 고객층이 주요 타깃이다. 따라서 20~30대를 위한 일부 의류 상품의 기획과 구성이 젊은 소비층을 확보하고 증대하기 위한 하나의 대안이 될 수 있을 것이다.

법복을 포기하고 패션을 입다, 샤넬 No.1

샤넬의 현 CEO 모린 시케Mauren Chiquet는 로스쿨 입학시험(LSAT) 시험장에 앉아 있었다. 시험 시간 절반이 지났을 무렵, 그녀는 문제를 풀던 손을 멈췄다. "내가 있어야 할 곳은 법정이 아니야. 나는 파리로 가야 해."

곧바로 파리로 날아간 그녀는 로레알에 입사했다. 시케가 2003년 5월 샤넬에 입사하기 전까지 그녀는 경력 대부분을 대중 브랜드인 갭GAP에서 쌓았다. 1994년 갭의 서브 브랜드인 올드 네이비의 출범에 참여했으며, 매출액 50억 달러 달성에 공헌한 아이템들은 부사장이던 그녀의 머리에서 쏟아져 나왔다. 2002년 바나나 리퍼블릭 사장으로 승진한 그녀는 결국 샤넬에 합류한다. 당시 그녀는 럭셔리 브랜드 업계의 내로라하는 후보 10여 명을 제쳤다. 대중적 브랜드에서 이름이 높았던 시케의 샤넬 입성은 업계에 놀라움을 불러일으켰다. 그녀의 비즈니스 분석력과 창의적 사고가 샤넬의 임원들을 사로잡은 것이다.

디자이너의 창의성을 앞세우는 대부분의 럭셔리 브랜드들과 마찬가지로 샤넬도 소비자 반응을 상품에 반영하는 데 인색했다. 시케는 소비자 리서치 부문 예산을 3배로 늘렸고, 조사 결과 순자산 100만 달러 이상인 '신흥 부유층New Wealth'이 샤넬의 새로운 타깃으로 떠올랐다. 그녀는 최신 패션에 대한 이들의 요구와 취향이 살아있도록 샤넬의 이미지를 보다 모던하게 가꾸는 데 공을 들이고 있다. 시케는 브랜드를 더 소수의 취향으로 만들기를 원한다. 뉴욕의 널찍한 사무실에서 새 향수의 시판을 앞두고 가진 전략회의에서 짧게 깎은 머리에 최고급 샤넬 재킷과 프리미엄 진을 입고 블랙 샤넬 부츠를 신은 그녀는 "이 향수를 얼마나 많이 팔 수 있는지에 대해서는 생각하지 맙시다. 얼마나 소수가 특별하게 이걸 지닐 수 있는지 얘기해 봅시다"라고 말했다.

그녀는 자신의 정신적 스승으로 끊임없이 변화와 혁신을 추구했던 코코 샤넬과 갭의 전 CEO 미키 드렉슬러를 꼽는다. "미키는 옷이 가득한 방에 들어서면 한눈에 그의 가슴을 뛰게 하는 옷을 집어낸다. 그는 고객의 눈으로 옷을 본다. 대중적 브랜드이건 럭셔리 브랜드이건 기본은 같다. 샤넬 매장에 들어선 고객의 가슴을 뛰게 만드는 상품으로 그들을 사로잡을 것이다."

조선닷컴, 2007. 1. 26.

"패션은 비즈니스다."
톰 포드 | Tom Ford

GUCCI | 구 찌

About GUCCI

구찌오 구찌가 1921년 처음으로 말안장과 가죽 액세서리를 출시한 이후 수많은 사람들로부터 변함없는 사랑과 관심의 대상이 되어온 구찌는 이제 가족 경영체제에서 완전히 탈피하여 경쟁시장의 논리에 입각하여 합리적이고 미래지향적인 경영체제를 갖춘 모습으로 21세기 패션을 주도하고 있다.

오늘날 구찌의 이름 뒤에는 '1백 년 전통'이라는 수식어와 '명품 중의 명품'이라는 찬사가 붙고 있다. 현재 명품 브랜드의 대표로서 상류층의 사랑을 독차지하는 브랜드로 발돋움하였으며, 단계적으로 핸드백, 의류, 향수, 시계, 선글라스 등 다양한 상품군을 소개하며 전 세계적으로 이탈리아 상품의 품격과 품질을 대변하는 토털 브랜드로 확실히 자리매김하였다.

이처럼 구찌가 명품 브랜드의 대표로 자리잡을 수 있었던 것은 정통성을 기반으로 한 클래식한 패션, 디자이너 브랜드의 일관성, 현대적 패션과의 조화를 통해 구찌만의 실용적이고 고급스러운 스타일을 완성하였기 때문이며 이를 위한 마케팅 노력의 결과라고 할 수 있다.

History

_Timeline

1921	구찌오 구찌가 이탈리아의 피렌체 지역에 고급 가죽제품 매장인 '구찌' 설립
1938	로마 매장 설립
1947	대나무 손잡이가 달린 여성용 핸드백 히트
1953	첫 해외 진출, 뉴욕 매장 설립
1970	홍콩과 도쿄 등에 매장을 열고 국제적 이미지 강화
1979	20,000여 개의 제품 라인으로 구성된 액세서리 컬렉션을 소개, 수많은 라이센스 계약과 전세계 1,000개가 넘는 매장들로 인해 브랜드 자산 하락
1989	마우리지오 구찌가 구찌 그룹의 대표가 됨
1993	바레인계 투자회사인 Investcorp에서 구찌가의 지분 100% 인수
1994	도미니코 데졸레가 최고경영자 자리에 오름, 미국 출신 디자이너 톰 포드가 크리에이티브 디렉터로 영입
1996	구찌의 퍼블릭 컴퍼니화
1997	구찌 타임피스 재런칭
1999	구찌와 PPR의 전략적 제휴 성사
2005	마크 리가 새로운 CEO로 부임
2006	프리다 지아니니를 새로운 구찌의 크리에이티브 디렉터로 선임
2009	파트리지오 디마르코가 CEO로 부임

구찌의 역사는 1921년 구찌오 구찌 Guccio Gucci가 이탈리아의 피렌체에 러기지 샵을 오픈하면서 시작되었다. 이후 기사 문양 가방, 트렁크, 장갑, 신발 및 벨트 컬렉션으로 인기를 얻으며 사업이 번성하였고 1940년대에는 대나무 가방 Bamboo Bag을 개발하여 왕실과 유명인사에게 인기를 끌었다. 1950년대부터 구찌는 뉴욕, 밀라노 등지에 매장을 오픈하면서 해외 진출을 시작하였다. 1960년대에는 런던, 팜비치, 파리, 베

벌리힐스 등 해외 진출을 가속화하였으며 재키, 그레이스 켈리Grace Kelly, 리즈 테일러Liz Taylor 등 유명인사의 사랑을 받으며 큰 명성을 누렸다. 1993년 경영 부실로 경영권을 Investcorp에 양도하게 되었지만 1994년 크리에이티브 디렉터Creative Director로 톰 포드Tom Ford를 영입하고 CEO로 도미니코 데졸레Domenico de Sole가 부임하면서 100% 상장한 완전한 주식회사의 모습을 갖추게 되었다. 이때부터 구찌는 본격적인 기업 재정비를 시작하였는데 150명 이상의 직원을 정리하고 10개 이상의 결재 라인을 3단계로 정리하였으며 7개로 분리되어 있던 구찌 회사들을 최초로 통합하였다. 또한 직원들에게 스톡옵션을 제공하는 차별적인 정책을 마련하면서 조직 정비 1년 만에 매출이 4천만 달러에서 1억 2천만 달러로 증가하였다. 1997년 11월 구찌는 세브린 몬트레 그룹Severin Montre Group이 보유했던 20년 기한의 시계 라이선스를 1억 7천만 달러에 다시 사들여 구찌 타임피스Gucci Timepiece로 재런칭하였다. 1999년에는 LVMH가 구찌 주식의 34%를 매입하고 구찌를 인수 합병하려 했으나, 고급백화점 사업을 운영하던 프랑스 지주 기업인 PPRPinault-Printemps-Redoute 측이 구찌 주식의 40%를 매입하여 LVMH의 위협으로부터 경영권을 유지할 수 있게 되었다. 이후 5년간 구찌 주식의 42%를 유지하는 조건으로

사진 1 | 이탈리아 피렌체의 첫 번째 구찌 스토어

사진 2 | 톰 포드

구찌와 PPR의 전략적 제휴가 이루어졌고 입 생 로랑$^{Yves\ Saint\ Laurent}$, YSL 보테^{Beauté}, 세르지오 로시$^{Sergio\ Rossi}$를 인수하였다.

2003년에는 톰 포드와 도미니코 데졸레 체제가 퇴각하고, 2004년에는 단계적으로 구찌의 주식 보유량을 늘인 PPR 그룹에 100% 인수되어 개인소유의 회사로 전환하였고 그룹 경영진은 여성복에 파키네티^{Fachinetti}, 남성복에 존 레이$^{John\ Ray}$를 임명했으며, 액세서리 책임자로는 프리다 지아니니$^{Frida\ Giannini}$를 선임하였다. 2005년 보테가 베네타$^{Bottega\ Veneta}$와 발렌시아가^{Balenciaga}가 손익분기점을 돌파하면서, 인수한 명품 브랜드들의 재무성과가 지속적으로 상승하였고, 2006년 프리다 지아니니가 구찌의 새로운 크리에이티브 디렉터로 선임되었다. 2005년 마크 리$^{Mark\ Lee}$가 CEO로 부임하고 그에 이어 2009년 1월부터 보테가 베네타의 CEO 겸 사장직을 맡고 있는 파트리지오 디마르코$^{Patrizio\ Di\ Marco}$가 새로운 CEO가 되었다.

Brand Concept

구찌의 브랜드 컨셉은 전통의 현대화와 실용주의 정신으로 요약될 수 있다. 구찌는 전통과 현대의 조화에서 부활의 계기를 찾았으며, 1990년대 구찌의 수석 디자이너였던 톰 포드는 구찌의 낡은 이미지를 젊고 신선하며 섹시한 방향을 재창조하여 "73세의 구찌를 23세의 젊은이"로 만들었다. 구찌의 실용주의 정신은 일부가 아닌 대중을 향한 제품 정책으로 패션을 비즈니스라고 여기며 대중을 향한 기성복에 더 큰 관심을 두고 있다. 모든 화려한 것들을 표현하는 최우선의 요소를 편안함과 단순함에서 찾아 많은 사람에게 사랑을 받고 있는 것이다.

Brand Identity

구찌는 패셔너블한 젊은 럭셔리를 대표하는 브랜드로 스타일리시하고 섹시한 느낌의 브랜드 개성으로 트렌드 세터$^{Trend\ Setter}$들에게 많은 사랑을 받고 있다. 구찌는 전통과 혁신의 균형, 특별함, 이탈리아의 장인정신을 바탕으로 현대적이고 세련된 브랜드 아이덴티티의 구축하고 이를 기반으로 브랜드 전략을 펼쳐 나가고 있다.

사진 3 | 구찌 로고

Brand Name & Logo

구찌의 브랜드명은 창시자인 구찌오 구찌의 이름을 따서 만든 것으로 브랜드의 정통성을 나타내고 있다. 구찌의 로고는 창업자 구찌오 구찌의 이니셜인 GG를 사용하고 있으며, 브랜드의 상징을 넘어서 구찌의 전통과 명품으로서의 가치를 상징한다. 기존에는 제품 외부에 커다란 로고를 부착하는 경우가 35~40%에 달했지만 최근 들어 브랜드 이미지가 대중화되는 것을 방지하기 위하여 10~15%로 크게 줄여 로고의 사용을 제한하고 있다.

말 재갈 모양의 호스비트Horse Bit 아이콘도 브랜드의 대표 상징으로 다양한 제품에 응용되고 있다.

사진 4 | 호스비트 아이콘

Brand Color

주요 컬러로 짙은 다크브라운을 사용하며 구찌 하우스의 전통과 현대적인 미를 잘 조화시킨 그린-레드-그린 웹 패턴도 구찌의 브랜드 컬러를 대표한다.

Package

구찌의 새로운 패키지는 브랜드 컬러인 브라운을 사용하여 브랜드의 자연적이면서도 럭셔리한 감각을 느낄 수 있도록 디자인되었다.

사진 5 | 그린-레드-그린 웹 패턴의 지갑
사진 6 | 새로운 구찌의 패키지

Brand Strategy

Product

_상품라인 및 특징

구찌의 제품 라인은 클래식한 아이템과 시즌 컬렉션으로 구성되는 핸드백과 슈즈를 중심으로 여행용 및 비즈니스를 위한 작은 가죽제품과 액세서리를 비롯하여 지갑과 관련된 제품, 벨트 등의 라인이 있다. 남녀 기성복을 비롯하여 그 밖에 라이선스 제품으로 향수, 스카프, 시계, 안경 제품이 있다.

_대표 상품

구찌 핸드백의 특징으로는 대나무 핸들을 들 수 있는데 최근 이 대나무 핸들은 헤리티지Heritage를 현대적으로 해석하면서 제안되었다. 구찌의 재키 백Jackie Bag은 케네디 대통령의 부인이었던 재클린 케네디 오나시스가 애용하여 1960년대 큰 인기를 끌었던 구찌의 메인 디자인이다.

사진 7 | 구찌 대나무 핸들

클래식하고 모던한 실루엣이 특징이며 1999년 재등장한 후 다시 인기를 모으고 있다. 오스틴 백Austin Bag은 오동통한 초생달 모양으로 실크처럼 부드럽고 얇은 가죽을 가리키는 '갈라 실크' 가죽으로 만들어졌다.

슈즈 라인 중에 비트 모카신Bit moccasin은 발등 부분이 V자형 가죽 조각으로 봉제된 구두에 재갈Horse Bit을 붙인 로퍼로 구찌의 로퍼를 대표하는 아이템이며 뉴욕의 메트로폴리탄 미술관에도 소장되어 있다.

사진 8 | 재키 백

구찌의 여성 및 남성 기성복Ready-to-Wear 컬렉션은 연 4회 제안되고 향수 라인은 라이선스 제품으로 개별적 생산, 유통된다. 구찌의 향수 라인은 엔비Envy, 러쉬Rush와 프리다 지아니니 시대에 개발된 신상품 구찌 바이 구찌GUCCI by GUCCI, 액센트Accent, 노빌레Novile 등이 있다. 그 밖에 스카프나 시계, 안경 제품이 있는데, 안경은 라이선스 제품으로 별도로 생산, 유통되며 모두 이탈리아에서 제작되고 시계는 스위스에서 제작된다.

지난 2008년에는 스페셜 컬렉션인 "8-8-2008 Limited Edition"을 선보이면서 구찌 최초로 제작된 디지털 시계, GG 로고로 장식된 자전거, 가죽에 엠보싱으로 GG 로고를 새긴 빨간색 라 펠레 구찌시마La Pelle Guccisima로 된 마종Mah Jong 세트, 가죽 팬더 인형 등을 소개하였다.

_브랜드 확장

구찌 그룹의 CEO인 로버트 폴렛Robert Polet은 구찌가 단지 핸드백을 판매하는 기업이 아니라 꿈을 파는 기업이라고 말한 바 있다. 구찌는 새로운 제품 카테고리에 동일한 브랜드명을 적용하는 브랜드 확장전략을 사용하여 비즈니스의 범위를 패션산업에서 애완용품, 초콜릿, 바Bar까지 넓혀나가고 있다.

사진 9 | 구찌의 SLG(Small Leather Good) 라인
사진 10 | 비트 모카신
사진 11 | 향수 Gucci ENVY me
사진 12 | 8-8-2008 Limited Edition

사진 13 | 구찌 초콜릿   사진 14 | 이탈리아 밀라노에 위치한 구찌 바

    그러나 구찌도 1990년도 초반에는 무분별한 라이선스 전략을 사용하여 브랜드 아이덴티티의 희석화로 인한 위기를 맞은 바가 있다. 라이선스 전략을 대폭 수정하여 구찌를 살려내기 위해 많은 시간과 돈을 투자하면서 제품과 유통망 관리에 심혈을 기울인 결과 현재는 구찌만의 아이덴티티를 되찾을 수 있었다.

    위기에서 벗어난 구찌는 확고한 브랜드 아이덴티티를 지켜 나가면서 신중한 브랜드 확장을 통해 고객들에게 보이지 않는 무형의 가치를 제공하며 계속해서 브랜드를 성장시키고 있다.

Price

구찌는 저가격 세일을 통해 매스티지 브랜드로 인식되어 브랜드 인지도를 떨어뜨리는 실패를 경험하고 기타 럭셔리 브랜드들과 마찬가지로 고가격 전략을 펼치고 있다.

    구찌의 핸드백은 70만 원대에서부터 600만 원이 넘는 제품까지 가격대가 다양하다. 지갑이나 작은 가죽제품의 경우는 20만 원대에서 50만 원대에 판매되고 있고 슈즈는 30만 원에서 70만 원 정도에서 시작하여 100만 원 이상까지 다양하다. 구찌의 향수 제품은 대부분 10만 원 안팎의 가격에 판매된다. 의류 제품의 경우 티셔츠나 팬츠류는 10만 원대에서부터 50만 원대 사이이고 재킷의 경우 50만 원대에서 100만 원대, 코트는 200만 원대에서 300만 원대 사이에 판매된다.

Place

_유통망

구찌는 현재 전 세계 총 60개국의 275개 매장을 전개 중이다. 주요 럭셔리 마켓에는 직영점의 전개를 목표로 프랜차이즈 매장, 면세점, 주요 백화점 및 전문점Specialty Store 의 엄선된 유통채널을 전개하고 있다. 향수, 안경, 시계 등의 제품은 라이선스 비즈니스로 별도의 유통채널을 사용하고 있다. 구찌의 이커머스E-commerce 사업은 2000년 웹사이트 오픈 이래로 시범적으로 가동 중이며 2004년과 2005년에 비약적으로 성장하여 매년 200~300%의 성장을 보이고 있다. 뉴욕에 본사를 두고 미국 시장에서 활발한 비즈니스를 전개하고 있으며 추후 아시아 시장에도 "e-shopping"을 오픈할 예

사진 15 | 구찌의 온라인 스토어

정이다.

_주요 플래그십 스토어

뉴욕의 5번가에 위치한 구찌의 플래그십 스토어는 구찌의 아이덴티티를 상징하는 또 하나의 아이콘이다. 2008년 2월에 오픈한 3층으로 된 4만 6천 평방피트 규모의 매장은 세계 최대의 구찌 플래그십 스토어이다. 이 매장은 크리에이티브 디렉터인 프리다 지아니니가 고안한 새로운 디자인으로 구찌의 컬러인 다크 로즈우드와 대리석 등을 그대로 사용하면서 자연광 컨셉을 전체적인 분위기에 투영하였다.

이탈리아의 로마 콘도티Condotti가에 위치한 구찌 매장은 70주년을 기념하여 스토어를 리뉴얼하였다. 프리다 지아니니는 구찌의 유산과 역사를 바탕으로 21세기를 위한 새로운 디자인 컨셉을 제안하고 있으며 이 매장도 그 노력의 결과로 구찌가 새로운 역사를 써나가는 무대로 탈바꿈하였다. 이 매장은 새로운 디자인의 독창성과 우아함, 브랜드의 역사적 의미가 있는 스토어로서 리미티드 에디션과 아카이브Archive

사진 16 | 뉴욕의 5번가에 위치한 구찌의 플래그십 스토어

의 아이템을 전시한다.

Promotion

_셀리브리티 마케팅

구찌는 셀리브리티Celebrity 마케팅 기법을 사용하여 제품을 홍보한다. 과거의 재클린 오나시스Jackie O, 오드리 헵번Audrey Hepburn, 리즈 테일러Liz Taylor, 그레이스 켈리Grace Kelly부터 시작되어 2000년대에 마돈나Madonna, 샤론 스톤Sharon Stone, 리한나Rihanna에 이르기까지 세계적 스타와 명사들의 인정을 받으며 이들 탑 셀리브리티들이 구찌의 아이콘이 되고 있다.

　스타와 관련된 제품들 역시 구찌의 시그니처 아이템이 되었는데 1966년 구찌가 모나코 공국의 공작부인이 된 그레이스 켈리를 위해 만든 플로라 실크 스카프와 재키 백을 빼놓을 수 없다. 이렇듯 구찌는 스타들과 명사들이 애호하는 브랜드로 소문이 나면서 할리우드의 멋을 대변하게 됨과 동시에 유명인사들이 즐겨 사용하는 제품이라는 설명 자체가 최고의 홍보가 되었다.

사진 17 | 로마 콘도티가에 위치한 구찌 매장 입구 리뉴얼 전
사진 18 | 로마 콘도티가에 위치한 구찌 매장 입구 리뉴얼 후

사진 19 | 재클린 오나시스와 구찌 백
사진 20 | 유니세프 후원행사에 참여한 마돈나

_제한된 미디어 광고

구찌는 고소득 상류층 독자들을 많이 확보하고 있는 고급 패션지나 회원제 잡지 등

사진 21 | 08 spring/summer 지면광고

의 고급 인쇄매체를 선호하고 대중들에게 노출되는 횟수와 매체 수준을 적절하게 통제하는 제한된 광고를 통해 독자들에게 구찌 브랜드에 대한 호기심, 흥미를 지속적으로 유발하면서 고급스러움을 유지하고 있다.

_스토어 오프닝 행사

뉴욕 5번가에 구찌 매장 오픈을 기념하여 뉴욕 거리를 GUCCI 프로모션으로 도배하고 한정상품 'GUCCI loves NY'를 출시하였다.

_브랜드 홍보를 위한 기획 상품

《구찌 바이 구찌 Gucci by Gucci》는 450페이지의 지면을 통해 구찌의 역사와 전통을 소개하는 책자로서 이탈리아 장인정신과 우수한 품질, 구찌 스타일의 공헌을 기념하기

사진 22 | 뉴욕 거리의 구찌 프로모션

위해 구찌를 사랑했던 유명인사들과 대표 제품 사진들을 담아 제작되었다. 이 한정판 책자는 '라 펠레 구찌시마La Pelle Guccissima' 케이스에 담겨서 제공되며 구찌 매장에서 독점적으로 판매된다.

_유니세프 후원 활동

구찌는 럭셔리 브랜드를 대표하는 브랜드 중 하나로서 사회활동에도 적극적으로 참여하고 있다. 2005년부터 유니세프Unicef 후원을 위한 '홀리데이 액세서리 컬렉션Holiday Accessory Collection'을 디자인하여 매출의 일정 비율을 기부하고 있는데 현재까지 약 500만 달러를 기부하였다. 2008년에는 대규모의 '화이트 타투 컬렉션White Tattoo Collection'을 출시하고 흑인 미녀가수인 리한나Rihanna를 캠페인 모델로 선정하여 전 세

사진 23 | 구찌 바이 구찌

사진 24 | 화이트 타투 컬렉션
사진 25 | 2008년 11월 구찌의 유니세프 후원 캠페인

계 20여 개국에 출시하여 매출의 25%를 기부하였다.

Web Communication

구찌는 브랜드 아이덴티티를 잘 담고 있는 웹사이트를 통해 고객들과 적극적인 커뮤니케이션을 하고 있다. 구찌의 웹사이트는 2009년 1월 www.top100fashion.com에서

사진 26 | 구찌의 웹사이트 www.gucci.com

시행된 "Top 100 Fashion Site" 투표에서 15위를 차지할 정도로 럭셔리 브랜드들의 웹사이트 중에서는 가장 훌륭하게 평가되고 있다. 제품 소개와 매장 소개는 물론이고 광고 캠페인, 컬렉션, 카탈로그, 동영상 등 다양한 컨텐츠를 제공하고 있다. 구찌는 미국 등 특정 지역을 대상으로 웹사이트를 통한 온라인 판매도 전개하고 있다.

Key Success Factors

1. 성공적인 브랜드 턴어라운드 Turnaround

1994년 크리에이티브 디렉터로 톰 포드를 영입하면서 제품 개발, 조직 개편, 생산과 물류 시스템 개혁, 가격정책 개혁, 유통 개혁에 이르는 방대한 턴어라운드 계획을 성공적으로 실시하였다. 도미니코 데졸레와 톰 포드는 패션에 집중하는 것이 구찌를 위한 올바른 전략이라고 판단하고 이 전략을 토대로 회사의 정책 윤곽을 수정하였다. 또한 고객의 정보를 수집하고 시장의 수요에 관심을 기울이기 위하여 머천다이징 부서 Merchandising Function를 만들기도 하였다.

구찌의 새로운 경영진은 광고비를 두 배로 늘리고 회사 내에서 광고를 제작하며 회사의 전체적인 이미지를 재구성하는 데 초점을 두었다. 이후 브랜드 이미지가 일단 정립된 다음에는 제품에 초점을 맞춘 광고들을 좀더 많이 선보이기 시작하였다. 또한 크리에이티브 디자이너인 톰 포드를 스타로 만들어 그의 스타성이 구찌를 살릴 수 있도록 하는 홍보전략도 활용하고 있다.

2. 통합적 마케팅

구찌는 획기적인 디자인 컨셉을 제안하였고, 뉴 컨셉을 글로벌 시장에서의 모든 커뮤니케이션과 상품 개발에 통합적으로 이용하여, 일관된 브랜드 아이덴티티 전략을 유지해왔다.

3. 셀리브리티 마케팅

그레이스 켈리에게 헌정한 플로라 실크 스카프, 재키 오가 사랑한 재키 백, 오드리 헵번, 마리아 칼라스, 윈저 공작부인, 피터 셀러스 등의 스타들과 명사들이 애호하는 브랜드로 소문이 나면서 할리우드의 멋을 대변하기 시작하였다.

Brand Future

1. 지역별 차별화 계획

구찌는 지역별 성장 계획으로 아시아 태평양 지역에 집중하고 있으며, 일본 시장에서는 새로운 조직 정비에 따른 발전 기반을 마련하고 맞춤 상품Customized Product을 제작할 계획이다. 또한 중국 시장이 거대한 럭셔리 시장으로 성장해감에 따라 중국 시장을 집중적으로 개발하려는 노력이 시작되었다. 리미티드 제품Limited Product을 개발하여 중국과 홍콩에서만 제한적으로 판매하고 있으며, 광고 모델도 홍콩의 유명배우인 황효명Huang Xiaoming을 선정하여 현지화Localization에 힘쓰고 있다. 중국 매장의 경우 평균 300평 이상의 대형 규모를 유지하며 최고급 이미지를 지향하고 있다. 유럽 시장에서는 중요 지역의 매장 리뉴얼 및 확장을 통한 성장을 도모하고 북미 지역에서는 매출효율을 증가시킬 계획을 가지고 있다. 지역별 차별화와 함께 일관된 글로벌 브랜드 마케팅 커뮤니케이션에 대한 노력도 지속되어야 할 것이다.

2. 프리다 지아니니

톰 포드의 이미지를 벗고 구찌의 새 아이콘으로 프리다 지아니니를 성공적으로 알림과 동시에 또 하나의 스타 디자이너로 만들기 위한 각종 마케팅 및 홍보에 집중하고 있다. 새로운 이미지와 가치 추구는 끊임없이 지속되어야 할 과제라고 보여진다.

3. 브랜드 확장

구찌 브랜드의 미래 전략으로는 새롭게 떠오르는 젊은 소비자들을 공략하기 위해 원래의 브랜드 컨셉을 확장하여 캐주얼 느낌을 가미한 약간 낮은 가격대의 세컨드 브랜드를 런칭하는 방법이 있을 수 있다. 또 다른 방안으로는 초고가 제품의 출시를 통해 종전의 제품들보다 더욱 고급스러운 초고가의 제품군을 선보이는 것이다. 구찌는 프리미엄 가격책정의 실패로 명품 브랜드로서의 이미지 실추를 경험하고 최근 대중매체를 통해 명품과 친숙해진 중산층들 사이에서는 구찌라는 브랜드는 예전처럼 희소성이나 고급스러운 이미지를 유지하기가 어려워졌다. 새로운 디자인과 품질의 제품을 특별히 기획해 한정적으로 초고가로 판매한다면, 일반인들과 차별화되기를 원하는 극소수의 부유층을 만족시켜 구찌의 고급스러운 이미지 제고에 다시 한번 긍정적인 영향을 미칠 것이라고 기대해볼 수 있다.

사진 27 | 구찌의 새로운 크리에이티브 디렉터 프리다 지아니니

구찌의 톰 포드Tom Ford 이야기

패션디자이너 중 최고의 연봉을 받는 디자이너로 톰 포드가 거명되었다. 그는 패션계에서는 어느 누구보다 테크놀로지의 변화를 통해 미래를 예견하는 능력이 있기 때문에 사실 그의 높은 연봉은 디자인력보다 이 점을 더 높이 평가한 것이 아닐까 생각한다.

    1923년 구찌오 구찌가 피렌체에 첫 매장을 오픈한 이래 구찌는 70여 년이 넘는 세월 동안 이탈리아 제품의 품격과 품질을 나타내는 브랜드의 대명사로 자리잡아왔다. 하지만 그 긴 기간 동안 순탄한 항로만을 달려온 것은 아니다. 1980년대에 구찌는 구찌가 사람들의 세력 다툼과 재정적인 문제, 고급스럽지만 발전 없는 디자인으로 점차 그 명성을 잃어가고 있었다. 이렇게 저물어가던 구찌오 구찌를 본래의 궤도로 돌려놓은 디자이너가 바로 톰 포드이다. 칼 라거펠드의 합류로 샤넬이 다시금 활력을 찾은 것처럼, 젊은 디자이너 톰 포드는 럭셔리함으로 대표되는 기존의 구찌 컨셉에 현대적인 이미지를 더해 트렌디하면서도 모던함을 이끌어냄으로써 구찌를 새로운 세계로 끌어올렸다.

    미국 출신의 톰 포드는 다채로운 경력의 소유자이다. 뉴욕 대학에서 인테리어와 건축을 공부했고 CF 광고에 출연하는 등 배우의 길을 걷기도 했다. 디자이너 중에서 유독 눈에 띄는 그의 외모가 이 사실을 뒷받침해준다. 이후 그는 다시 파슨스 스쿨에서 패션 공부를 시작하면서 디자이너로 자신의 진로를 정하게 된다. 이 당시 톰 포드는 디자이너가 되기 위해 패션계의 거목인 캐시 하드윅에게 한 달간 매일 전화를 걸었다고 한다. 피곤해진 하드윅은 마침내 면담에 응했고, 첫만남에서 좋아하는 디자이너가 누구냐고 물었다. 톰

포드는 주저없이 조르지오 아르마니와 샤넬이라고 대답했다. 훗날 하드윅이 무슨 이유로 아르마니를 좋아하냐고 묻자 포드는 "그때 당신이 아르마니를 입고 있지 않았습니까?"라고 대답한 재미있는 일화가 있다.

  순발력 있고 자신감 넘치는 톰 포드가 구찌에서 처음 맡은 분야는 여성 기성복 라인이다. 점차 실력을 인정받아 크리에이티브 디렉터로 승진하면서 의류, 가방, 향수 등은 물론이고 디스플레이와 광고에 이르기까지 모든 것을 담당하며 창조적인 이미지와 사업성을 이룩하는 데 중추적 역할을 해냈다. 그는 작업을 할 때 70년간 이어진 구찌의 모든 스타일북을 뒤지고 사진이나 샘플 등에서 힌트를 얻어 '구찌'라는 튼튼한 뿌리를 기반으로 그 위에 젊은 감각을 더해 독자적인 패션 스타일을 선보였다. 최첨단의 디자인 속에 구찌의 전통을 혼합해놓은 그의 작품들은 선풍적인 인기를 끌며 구찌를 발전시키는 또 다른 원동력이 되었다. 그는 패션이 꼭 필요한 이유를 묻는 답변에 이렇게 덧붙인다. "생활에 지친 사람들이 옷 하나로 살맛이 날 수도 있고, 이 구두만 신는다면 왠지 인생이 달라질 것 같은 느낌이 사람 사는 데에는 중요하다." 그래서인지 그는 어떤 옷이나 상품보다는 분위기를 위주로 목표를 잡아 작업을 한다.

http://blog.naver.com/yy1809?Redirect=Log&logNo=140037512419

"왕의 보석상, 보석의 왕"
에드워드 7세 | Edward VII

Cartier | 까르띠에

About Cartier

까르띠에는 네덜란드 출신의 보석세공사 루이 프랑수아 까르띠에(1819~1904)가 프랑스 파리의 몽토르고이 거리에 세운 보석 판매회사로 "왕의 보석상, 보석상의 왕"이라고 불린다. 까르띠에는 지난 156년 동안 뛰어난 장인의 기술과 고집스러운 예술가의 혼으로 4대에 걸쳐 그 명성을 이어오고 있으며 보석과 오브제 아트의 세계 최고의 디자인 및 제조업체로 자리매김하고 있다. 최고의 디자인과 세팅 기술로 세계 보석의 유행을 이끌어가는 회사로 널리 알려져 있고, 시계와 액세서리, 필기류와 라이터, 아이웨어, 향수 등도 세계적인 인기를 누리고 있다.

History

_Timline

1847	창업자 루이 프랑수아 까르띠에가 몽토르고이가 31번지 보석 작업장 인수
1853	사업을 확장하여 이탈리아 대로 9번가로 사업장 이동
1874	루이 프랑수아 알프레드가 회사 경영 인수
1899	뤼 드 라 빼 13번지로 사업장 이전
1902	런던과 뉴욕에 지사 설립
1904	에드워드 7세로부터 '영국 황실의 보석상'이란 명예 부여받음, '산토스' 시계 탄생
1919	'탱크' 디자인 탄생
1923	'S' 부서를 만들고 보석의 대중화 시작
1933	'보이지 않는 보석받침'으로 특허 취득
1942	루이 까르띠에 3세와 자끄 까르띠에 별세
1979	까르띠에 몽드를 창립하여 까르띠에의 사업권 통합
1982	미쉘린 카누이, 보석디자인 총책임자에 임명
1984	까르띠에 현대미술재단 설립, 한스 나델호퍼가 저서 《까르띠에》 출간
1989-1990	파리 프티 팔레 미술관의 요청으로 "더 아트 오브 까르띠에" 전시 개최
1994	라스파이 261번가에 유명 건축가 장 누벨이 건축한 새로운 본사 개관
1996	'쏘 프리티 드 까르띠에'와 '머스트 드 까르띠에' 향수 라인 소개
1997	3개 시리즈로 구성된 까르띠에 프리베 콜렉션 출시
2008	서울에서 "더 아트 오브 까르띠에" 개최. 9월 서울에 4번째 까르띠에 메종 설립

까르띠에의 역사는, 1847년 아돌프 피카르Adolphe Picard의 견습생이었던 루이 프랑수아 까르띠에Louis-François Cartier, 1819-1904가 몽토르고이가 31번지에 자리한 보석 작업장의 책임을 맡으면서 시작된다. 1853년 까르띠에는 황제 나폴레옹 3세의 사촌인 마틸

사진 1 | 까르띠에의 빨간 시계박스로 장식한 뉴욕 까르띠에 메종의 외관

드 공주Princess Mathilde의 후원으로 사업을 확장하였으며, 파리 상류층 심장부였던 이탈리아 대로 9번가로 또 한번 사업장을 옮긴다. 1856년 나폴레옹의 프랑스 지배가 마감되면서 파리에는 파티와 무도회가 끊이지 않았다. 두 번째의 프랑스 왕정은 각 산업분야의 사업을 장려하였다. 루이 프랑수아 까르띠에는 유지니 황후Empress Eugenis의 관심을 받으며, 가문의 전통을 세우기 위하여 아들인 루이 프랑수아 알프레드Louis-Francois-Alfred, 1841~1925에게 기술을 가르쳐 사업에 참여시킨다. 1874년에 회사를

사진 2 | 까르띠에의 창시자인 루이 프랑수아 까르띠에

사진 3 | 까르띠에 현대미술재단

인수받은 알프레드는 1898년에 자신의 첫째 아들인 루이와 동업을 시작한다.

    1899년 알프레드는 우아함과 고급스러움의 중심부였던 뤼 드 라 빼 Rue de la Paix 13번지로 옮겨 새로운 사업장을 열었고, 그곳에서 미래의 대망을 세우게 된다. 그 이후로 자신의 세 아들에게 까르띠에를 맡김으로써 국제적 도약의 발판을 마련한다. 알프레드의 세 아들 중 가장 뛰어난 사업감각과 천재적인 창조력을 지닌 루이 Louis, 1875~1942는 뤼 드 라 빼 거리에 있던 사업장을 관할하였다. 1902년 루이는 형제들인 자끄 Jacques, 1884~1942와 피에르 Pierre, 1878~1965에게 각각 런던, 뉴욕에 지사를 세우도록 하였다. 두 줄로 이루어진 흑진주 목걸이와의 교환 조건으로 얻은 뉴욕 5번가의 모튼 플랜트 빌딩 Morton Plant Building은 훗날 까르띠에 인터내셔널사의 본부가 된다.

    웨일즈 Wales의 왕자에 의해 "보석상의 왕이요, 왕의 보석상"이라 칭송된 까르띠에는 장차 왕의 대관식에 쓰일 보석이 박힌 27개 왕관의 제작을 위임받는다. 1902년에 왕위를 계승한 에드워드 7세 Edward Ⅶ도 1904년 '영국 황실의 보석상'이란 명예를 까르띠에에 부여한다. 이와 같은 명예는 그 후 스페인, 포르투갈, 루마니아, 이집트 왕실, 올리언즈 일가, 모나코 왕국, 그리고 알바니아 왕실에까지 이어졌다. 런던에 지사를 세운 자끄는 페르시아만의 아름다운 진주를 찾기 위해 여행을 떠난다. 마침내 인도에 당도한 자끄는 인도의 마하라자 Maharaja(왕)의 부탁을 받아 다양한 색채의 보석들과 까르띠에 디자인을 접목시키는 재창조 작업을 하게 된다. 또한 자끄는 피

에르와 역사적으로도 유명했던 유서포브^{Yussupov} 왕자의 전설적인 진주의 다량 구매를 담당하기도 했다. 루이는 파리에서 러시아로 귀족 고객들을 확보하고, 러시아의 상트페테르부르크에서 여러 차례의 전시회를 열기도 했다. 루이는 플라티늄을 도입, 보석계의 혁신을 가져왔고, 그것은 루이 13세 스타일을 새롭게 한 '화환^{garland}' 스타일을 완벽의 경지에까지 올려놓았다. 위대한 걸작품의 창조자이며 심미안과 사업감각을 두루 갖춘 루이는, 시계 제작에 있어서도 독특한 기교와 기술적인 완성을 예술적인 감각과 접목시켜 고급 액세서리 제작에 적용시켰다. 그는 보석 전문가로서의 잠재력을 최대한 발휘할 수 있는 식견과 사업가적 기질을 모두 갖추고 있었으며, 그의 주위에는 번뜩이는 아이디어로 많은 영감을 제공해준 최고의 공예가인 디자이너 찰스 자끄$^{Charles\ Jacqueau}$를 비롯하여 모리스 쿠에$^{Maurice\ Couet}$, 에드몬드 예거$^{Edmond\ Jaeger}$ 등이 있었고, 잔 투상$^{Jeanne\ Toussaint}$과 같이 헌신적인 협력자도 있었다. 그는 전통적인 디자인이나 희귀한 발견물 어느 것에도 구애받지 않고 그것들을 자신의 창조물에 자연스럽게 조화시켜 성공을 거두었고, 그 모든 것이 고유의 스타일 즉 까르띠에 스타일로 연결된다.

　다양한 문화권의 영향을 받은 찰스 자끄는 특별히 이집트, 페르시아, 러시아와 동양 문명에 관심이 높았으며 러시아 발레에서 많은 영감을 받기도 한다. 루이 까르띠에가 지닌 본능적인 감각에 힘입어 자끄는 강한 색채감을 오닉스, 산호와 같은 새로운 재료를 적용하여 보다 기하학적인 모양의 보석을 디자인했고, 1925년 이후 계속 진행 중이던 '아르데코$^{Art\ Deco}$'의 새로운 스타일을 선보인다.

　최초의 산토스 시계는 1904년 브라질의 비행사인 알베르토 산토스 듀몽$^{Alberto\ Santos\text{-}Dumont}$을 위한 선물로 만들어진 것이다. 산토스 시계 이후 1907년에 에드몬드 예거와 공동작업으로 만들어 특허를 받은 손목시계 버클과, 1919년 제1차 세계대전을 승리로 이끈 군용차량에서 이름을 딴 '탱크' 디자인이 탄생하게 된다. 코코 샤넬의 친구이자 놀랄 만큼 숙련된 기술의 소유자인 잔 투상은 뛰어난 능력을 인정받아 루이 까르띠에와 함께 일하게 된다. 사람들은 루이 까르띠에의 보석을 샤넬, 디올, 발렌시아가, 스키아파렐리와 같은 오트 꾸뛰르$^{Haute\ Couture}$처럼 필수적인 부분으로 인식하게 되었다.

1923년 찰스 자끄는 새로운 스타일의 고급 액세서리 디자인을 위해 'S'라 불리는 부서를 만들었다(원래는 머스트 드 까르띠에의 아이템). 이는 그들의 제품을 보석으로부터 보다 대중적으로 확장하기 위한 첫 번째 시도가 된다. 1933년 루이 까르띠에가 잔 투상에게 최고 보석류에 관련된 일을 위임하기 전부터 사실 업무의 상당 부분이 계속 그녀에 의해 운영되고 있었다. 그 해 루이 까르띠에는 "미스터리 세공"으로 널리 알려진 '보이지 않는 보석받침invisible mounting'을 발명하여 특허를 얻는다. 1928년부터 1930년 사이 아르데코 스타일로부터 벗어나 소위 '백색의 시기'라 불리는 표류 기간이 등장했다. 당시 자연주의로의 회귀를 갈망하던 잔 투상은 윈저 공작부인Duchess of Windsor, 바바라 허튼Babara Hutton, 그리고 니나 다이어Nina Dyer와 같은 최고의 고객을 위해 꽃, 잎사귀와 같은 식물상, 팬더와 호랑이 같은 동물상을 만들기 시작했다.

루이 까르띠에와 그의 동생 자끄는 모두 1942년에 세상을 떠난다. 루이 까르띠에와 자끄 형제의 죽음으로 인해 까르띠에의 사업권이 전 세계로 나뉘어진 후, 까르띠에는 가장 규모가 큰 가스라이터 제조공장을 운영하던 로베르 오끄Robert Hocq의 손으로 넘어간다. 1968년 오끄는 까르띠에의 이름을 사용한 타원형 고급 라이터를 만들어냈다. 이 타원형 라이터는 당시 시장을 강타하여 큰 성공을 거둔다. 1969년 알랭 도미니크 페랭Alain-Dominique Perrin이 까르띠에의 라이터 회사인 Briquest Cartier S.A 사에 동참한다. 1972년에는 조셉 카누이Joseph Kanoui에 의해 소집된 한 투자가 그룹은 파리 까르띠에를 담당하기로 하고 로베르 오끄를 회장으로 선출했다. 1972년 로베르 오끄는 알랭 도미니크 페랭과 함께 '머스트 드 까르띠에Must de Cartier'의 컨셉을 발전시켰고 그를 머스트 드 까르띠에 회사의 이사로 선출하여 회사 개발을 위임시킨다. 첫 번째 머스트 드 까르띠에 매장이 비아리츠Biarriz에서 오픈했고 이어서 싱가포르에서 오픈했다. 1974년에는 투자가 그룹이 런던 까르띠에를 매입했고 도쿄에 머스트 드 까르띠에 매장을 오픈했다.

1976년 다른 투자가 그룹은 조셉 카누이에 의해 소집되어 뉴욕 까르띠에를 매입하고 경영권을 로베르 오끄에게 위임시킨다. 1979년은 까르띠에 인터내셔널인 까르띠에 몽드Cartier Monde 창립을 통해 전 세계에 분할되어 있던 까르띠에의 사업권을 통합하는 커다란 역사적 성취를 보여준 해였다. 비로소 파리, 런던, 뉴욕의 까르띠에가 하나로 통합 관리되기 시작하였다. 1972년 12월 불의의 자동차 사고로 로베르 오끄가 세상을 떠난 후, 조셉 카누이가 새로운 까르띠에 몽드의 회장으로 선출된다. 1980년에는 나탈리 오끄Nathalie Hocq가 Cartier Paris S.A의 회장으로 선출된다. 1981년 '까르띠에Cartier'는 '머스트 드 까르띠에Must de Cartier'와 합병되었고 알랭 도미니크 페랭이 까르띠에 파리 S.ACartier Paris S.A와 까르띠에 인터내셔널의 회장으로 선출된다.

1982년 미쉘린 카누이Micheline Kanoui는 보석 디자인의 총책임자로 임명되었고 그녀의 첫 번째 컬렉션인 '뉴 쥬얼리New Jewellery'를 선보인다. 카누이와 페랭은 수년에 걸쳐 구입해온 까르띠에의 서명이 새겨진 골동품을 가지고 까르띠에 컬렉션을 만들기로 결정하였다. 파리, 런던, 그리고 뉴욕에 소장된 자료를 토대로 제네바에 보관되어 있는 유산은 수십 년 이상 개발해온 까르띠에 스타일을 반영하는 새로운 상품들이 추가되면서 지속적인 확장을 해나갔다. 1984년 알랭 도미니크 페랭은 까르띠에의 21세기 진입을 견고히 하기 위하여 그리고 그 결의를 증명하기 위해 까르띠에 현대미술재단Cartier Foundation Contemporary Art을 설립한다. 까르띠에는 현존하는 예술가들과 연합하여 전 세계로 그 범위를 확장해 기업 이미지를 확고히 했으며 현대적 후원의 확실한 본보기가 된다. 그 해 작가 한스 나델호퍼Hans Nadelhoffer는 많은 기록과 참고자료를 조사하여 까르띠에의 역사를 정확하게 기록한 저서 《까르띠에Cartier》를 펴냈다. 이 책에는 까르띠에가 발전시켜온 예술적 자취와 까르띠에의 세계가 담겨져 있다. 이 책은 여러 나라의 언어로 번역되었다.

1986년 프랑스 문화부는 알랭 도미니크 페랭을 기업후원을 위한 공식대표로 임명한다. 1988년 까르띠에는 피아제Piaget와 보메 메르시에Baume & Mercier의 대주주가 되고, 엘드버그Aldeberg 매장의 체인을 인수한다. 1989년과 1990년에는 세계적인 명성을 가진 파리 프티 팔레 박물관Petit Palais Museum의 요청으로 '까르띠에의 예술The Art of Cartier'이라는 주제를 가지고 컬렉션을 소개하게 된다. 1991년과 1992년에는 견고하고 세련된 고급시계 제조 기술을 겨루는 최초의 시계 박람회SIHH가 제네바에서 개최되어 까르띠에의 유명한 팬더 펜Panther Pen이 선을 보였고 5번째의 새로운 보석 컬렉션이 '인도로 가는 길Sur la Route des Indeas'이라는 주제를 가지고 소개된다.

1993년 10월 까르띠에는 알프레드 던힐Alfred Dunhill, 몽블랑Montblanc, 피아제, 보메 메르시아, 칼 라거펠드, 끌로에Chloe, 술카Sulka, 헥케트Hackett, 시거Seeger, 제임스 퍼디 앤 선스James Purdey & Sons와 손잡고 방돔 럭셔리 그룹Vendome Luxury Group을 구성한다. 1994년 까르띠에 S.A와 까르띠에 현대미술 재단Cartier Foundation Contemporary Art은 라스파이 261번가에 프랑스의 유명한 건축가인 장 누벨Jean Nouvel이 디자인한 건물에 새로운 본사를 개관한다. 까르띠에는 'Gold on Black'의 가죽제품을 선보였고 제네바에서 개최된 제4회 국제 고급시계 박람회SIHH에서 아르데코ArtDeco, 상트페테르부르크Saint Petersburg, 진주Pearls를 주제로 하여, '산토스 듀몽 시계 90주년'을 기리며 플래티늄과 핑크 골드로 한정 생산되는 세 가지의 새로운 정장용 시계를 선보인다. 새로운 보석 컬렉션인 '까르띠에의 메달 장식Charm d'Or de Cartier'과 '나투라Natura'도 함께 선보인다. 1995년에는 제네바에서 개최된 제5회 국제 고급시계 박람회에서 '비 플랑Bi-Plan' 시계 컬렉션을 소개한다. 같은 해 도쿄의 테인 미술관Teien Museum에서 개최된 "라르 드 까르띠에L'Art de Cartier Pen"라는 전시회에서는 파샤Pasha 시계와 파샤 C 시계를 비롯하여 루이 까르띠에 펜Louis Cartier Pen이 첫선을 보인다.

1996년 '쏘 프리티 드 까르띠에So Pretty de Cartier'라는 대담한 느낌의 향수와 '머스트 드 까르띠에Must de Cartier'라는 고전적인 오드뚜왈렛이 소개된다. 제네바에서 열린, 제6회 국제 고급시계 박람회는 '탱크 프랑세즈Tank Francaise' 시계 컬렉션의 첫선을 보이는 기회가 되었고, 남성용 까르띠에 가죽 컬렉션의 검정색 파샤도 선을 보였다.

같은 해 로잔 에르미타지 재단Lausanne Hermitage Foundation은 까르띠에 일가에 의해 만들어진 150년간의 예술 창조를 보여주는 "까르띠에, 보석의 화려함Cartier Splendors of Jewellery"이라는 전시회를 개최한다. 1997년 까르띠에는 3개 시리즈로 구성된 까르띠에 프리베Cartier Privee 컬렉션을 출시함으로써 150주년을 기념한다. 각각의 시리즈는 한정 생산되었는데 3개의 컬렉션은 유명한 까르띠에의 삼색 금반지를 상징하고 150개는 150주년 기념 해를 의미하며 1847개는 까르띠에가 탄생한 해인 1847년을 상징하는 것이다.

 2008년 4월부터 7월까지 서울에서 까르띠에 소장품 전시회 "디 아트 오브 까르띠에The Art of cartier"가 개최되었으며 뒤이어 유럽과 미국에서도 선보일 예정이다.

Brand Concept

까르띠에의 브랜드 컨셉은 그들이 세운 전통을 바탕으로 최고의 품질과 장인정신을 지켜나가는 일이다. 150년이 넘는 세월 동안 세계의 왕족과 귀족을 대상으로 비즈니스를 전개해온 까르띠에는 끊임없는 변화와 창조정신으로 빠르게 변화하는 현대에 이르기까지 시간과 공간을 초월하는 미의 기준이 되어왔다. 최근 까르띠에는 브랜드를 대중화하기 위해 보다 다양한 제품군으로 브랜드를 확장하여 그들의 역사와 전통, 장인정신을 담고 있다. 또한 그들이 창조하는 문화를 세계 각국의 사람들이 공유할 수 있도록 글로벌 시장으로 무대를 넓혀가고 있다. 까르띠에는 인간과 문화에 대해 끊임없는 관심을 보이며 이들의 제품이 단순히 아름다움과 부의 상징으로 머무르지 않게 하기 위해 소비자들과 소통하여 까르띠에의 새 역사를 써나가고 있다.

Brand Identity

까르띠에는 고품질의 주얼리, 시계 브랜드로서 전문적이고 고전적이며 화려하지 않은 우아함을 가지고 있다. 귀족을 위한 보석으로서 프랑스의 장인정신을 대표해오던 브랜드는 세련됨과 부의 상징이 되고 있다. 까르띠에는 이와 같은 고급스러운 하이엔드high-end 럭셔리 브랜드 이미지를 전달하기 위해 통일된 요소들을 다양한 아이덴티티 제품에 적용하여 효과적인 커뮤니케이션을 하고 있다.

Brand Name & Logo
까르띠에는 브랜드의 창시자인 루이 프랑수아 까르띠에의 이름을 브랜드명으로 사

사진 4 | 까르띠에의 로고와 심볼

사진 5 | 까르띠에의 시그니처가 된 빨간 가죽 케이스

용하여 브랜드의 탁월성과 전통성을 전달하고 있다. 로고는 까르띠에의 이니셜인 C를 두 개 겹쳐놓은 모양의 디자인을 사용하고 있다.

Package

시계를 위한 가죽 케이스에서부터 레터^{letter}에까지 통일된 요소들을 사용함으로써 까르띠에만의 고급스럽고 섬세한 장인정신을 전달하려 하였다. 이 가죽 케이스는 까르띠에를 즉각적으로 연상시키는 표식을 대표한다.

Brand Strategy

Product

_상품 라인 및 특징

까르띠에는 초기에 하이엔드 보석으로 시작하였지만 점차 사업영역을 늘려 현재에는 고급 주얼리와 시계를 중심으로 액세서리, 앤티크 오브제, 가죽제품, 아이웨어, 향수, 스카프, 필기류와 라이터를 포함하는 제품 라인을 보유하고 있다.

 보석의 진정한 아름다움을 예술적 영감으로 끌어올린 까르띠에 하우스는 놀라운 장인정신으로 만들어낸, 그 누구도 저항할 수 없는 매력적인 제품들로 전 세계를 사로잡고 있다. 까르띠에의 창조적인 수공예 작업은 첫출발부터 지금까지 장인정신의 대명사로 불리고 있으며 161년 전부터 현재까지 까르띠에가 존재할 수 있었던 힘이 되었다. 까르띠에의 정교하고 완벽한 기술은 이를 흉내낸 모조 상품들이 그대로 재현할 수 없을 정도로 뛰어나며 까르띠에의 공방에서만이 이 최고의 디자인과 퀄리티가 보장된다.

_대표 상품

까르띠에의 대표 제품으로는 기능성이 뛰어난 둥근 숫자판의 '파샤' 시계와, 사각 문자판이 특징인 '탱크' 시계가 잘 알려져 있다. 단순히 시간을 알려주는 시계가 아니라 다이아몬드만큼이나 부유함을 상징하는 액세서리의 의미를 지니며 불멸의 디자인으로 칭송되고 있다. 사랑과 우정, 충성의 상징인 3골드의 트리니티 링,

사진 6 | 까르띠에 향수 '델리시스 드 까르띠에'
사진 7 | 까르띠에 안경

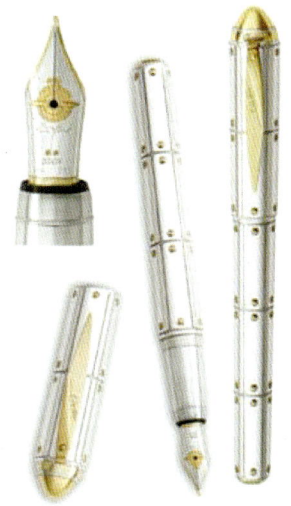

사진 8 | 까르띠에 마르첼로 핸드백
사진 9 | 까르띠에 펜

사진 10, 11, 12 | 까르띠에 공방

연인의 손을 빌려 드라이버로 착용하는 러브 브레이슬릿 등의 심플하면서도 유니크한 디자인으로 유명하다.

Price

까르띠에는 고급스러운 브랜드 이미지를 유지하기 위해 본사의 수직 통합 시스템 아래 직접 가격정책을 관리하고 있다. 대부분의 하이엔드 주얼리와 시계, 보석들은 고가이지만 패션 액세서리나 가죽제품은 고객들이 형편에 따라 합리적인 가격에 살 수 있도록 저렴한 가격에 제공하고 있다.

까르띠에 제품은 100만 원대에서부터 100억 원대까지 다양하다. 까르띠에의 베스트셀러인 트리니티 반지는 100만 원대부터 시작하고 탱크 시계는 400만 원대부터 시작하며 사용되는 재질이나 디테일에 따라 고급 라인일수록 가격대가 상승한다.

2008년 까르띠에 메종 서울을 기념하여 만들어진 전 세계에 하나밖에 없는 리미티드 에디션 '미니 마르첼로 Mini Marcello' 핸드백의 가격은 120만 원이고 2007년 출시된 리미티드 에디션 '델리시스 드 까르띠에 Delices de Cartier' 향수의 가격은 2,100달러이다.

사진 13 | 파샤
사진 14 | 탱크
사진 15 | 리미티드 에디션 "델리시스 드 까르띠에" 향수

Place

_유통망

까르띠에는 현재 북미, 중남미, 유럽, 아프리카, 아시아, 오세아니아, 카리브 해안 지역에 직영 157개, 프랜차이즈 79개에 이르는 전 세계 200개가 넘는 부티크와 독자적인 유통망을 지니고 있다. 기존에는 유럽 시장의 고객들을 중심으로 비즈니스를 전개하였으나 현재 중국을 비롯한 아시아의 명품 수요가 실체화되고 있음에 따라 아시아 시장으로의 진출에 주력을 다하고 있다.

중국은 현재 가장 급속도로 성장하는 새로운 시장으로 떠오르고 있다. 현재 까르띠에는 중국에 총 20개의 매장을 가지고 있으나 그 숫자는 2008년 말까지 26개에서 27개로 늘어날 것으로 전망된다. 2008년 11월에는 뉴델리New Delhi에 인도 첫 번째 까르띠에 매장을 오픈하였다. 까르띠에는 과거 인도의 왕자를 위해 목걸이를 디자인해왔기 때문에 인도는 까르띠에에게 있어 특별한 장소이다. 까르띠에는 중동 지역에도 매장을 가지고 있으며 2008년까지 전 세계 390개의 매장을 운영하고 있다. CEO 버나드 포나스Bernard Fornas의 "지역별 차별화Geographical Diversification" 전략에 따라 새로운 지역에 새로운 시장 확장을 모색 중이다. 향후 4~5년 사이에 전 세계의 까르띠에 매장은 450개로 증가될 계획이다.

사진 16 | 까르띠에 메종, 파리   **사진 17** | 까르띠에 메종, 서울
사진 18 | 까르띠에 메종, 뉴욕   **사진 19** | 까르띠에 메종, 런던

_주요 플래그십 스토어

까르띠에는 세계 곳곳의 유명 거리에 대형 단독점을 내어 브랜드 아이덴티티를 보여주며, 런던, 파리, 뉴욕, 서울 4곳의 까르띠에 메종 Cartier Maison 을 통해서는 까르띠에만의 특성을 알리고 있다. 각 매장은 나라별 특성을 잘 반영하면서도 브랜드 고유의 분위기와 매장 구성을 공통되게 유지하고 있으며, 시즌별로 플래그십 스토어에 브랜드 표식 등을 사용하여 외관에 변화를 주고 있다.

Promotion

_스토리텔링 마케팅

까르띠에는 제품에 얽힌 스토리를 꾸준히 홍보하여 고객에게 물건 이상의 의미를 계속해서 부여하는 스토리텔링 마케팅 방법을 적극적으로 활용한다. 유명한 시인인 친구 장 꼭또에게 선물하기 위한 사랑, 우정, 충성의 의미를 지닌 트리니티 링, 까르띠에의 친구이자 비행사인 뒤몽을 위해 제작한 최초의 남성시계 산토스, 리처드 버튼Richard Burton이 엘리자베스 테일러Elizabeth Taylor의 환심을 사기 위해 선물했던 69.49캐럿의 '버튼-테일러' 물방울 다이아몬드 등 브랜드에 얽힌 이야기들을 통해 상품에 대한 호기심과 갈망을 자아내고 있다.

_지면 광고

커뮤니케이션 전략은 특정 브랜드의 상품이 명품으로 인정받는 데에 있어 중요한 요소로 장인정신을 바탕으로 만들어진 제품에 의미를 부여하는 과정이다. 다른 럭셔리 브랜드와 마찬가지로 까르띠에는 주로 잡지를 통한 지면광고로 브랜드 이미지를 전달하고 소비자들에게 신상품을 소개한다. 깔끔함과 품위를 기본으로 하며 은근한 화려함과 열정을 표현하는 것이 까르띠에의 전형적인 광고 스타일이다.

_온라인 커뮤니티 마이스페이스를 이용한 광고 캠페인

까르띠에는 '러브 바이 까르띠에Love By Cartier' 제품 라인의 브랜드 페이지를 마이스페이스의 영어, 프랑스어,

사진 20 | 트리니티 링
사진 21 | 테일러-버튼 물방울 다이아몬드

사진 22 | 산토스 시계

사진 23, 24 | 까르띠에의 지면 광고

이탈리아어, 스페인어, 그리고 일본어 페이지에 올렸다. 까르띠에의 마이스페이스 페이지는 일 년 동안 포스트되어 있을 예정이며, 피닉스Phoenix, 그랜드 내셔널Grand National, 로우 리드Lou Reed를 포함한 12명의 가수들의 음악도 함께 올려놓았다. 마이스페이스는 주로 젊은 사람들이 즐겨 이용하는 커뮤니티 사이트로 럭셔리 브랜드의 광고로는 적합하지 않을 수도 있다. 하지만 까르띠에는 젊은 소비층의 네트워크 사이트인 마이스페이스뿐만 아니라 제한된 엘리트 집단의 네트워크 사이트인 어스몰월드Asmallworld를 통해서도 광고 캠페인을 펼치고 있다.

사진 25 | 마이스페이스의 LOVE 페이지

사진 26 | 까르띠에 소장품전

_전시회

까르띠에는 보석류 및 시계를 비롯한 장신구, 화병, 조형물 등을 포함한 1,200종류의 소장품 컬렉션을 가지고 있으며 전시를 통해 전 세계 소비자들에게 실용성이 가미된 공예의 화려함과 함께 장인정신을 엿볼 수 있는 기회를 제공하고 있다. 한국에서는 2008년 4월 22일부터 7월 13일까지 3개월에 걸쳐 덕수궁미술관에서 까르띠에 역사상 가장 큰 규모의 소장품전이 열렸다. 까르띠에 컬렉션은 프랑스 파리 프티 팔레 미술관1989, 상트페테르부르크 에르미타슈 미술관1992, 영국 대영박물관1997, 뉴욕 메트로폴리탄 미술관1997-98, 상하이 박물관2004, 모스크바 크레믈린 박물관2007과 같이 명성 있는 기관에서 이미 개최한 바 있다. 이번 전시는 아시아 시장에 까르띠에를 소개하기 위한 목적으로 개최되었으며 한국 소비자들의 큰 호응을 얻었다.

Web Communication

까르띠에의 웹사이트는 1999년 처음 문을 열었다. 2006년 리뉴얼을 통해 새롭게 태어난 까르띠에 웹사이트에서는 까르띠에 하우스, 영감, 컬렉션의 3가지 콘텐츠로 구성되어 있어 까르띠에의 역사와 함께 제품에 대한 정보를 얻을 수 있다.

2008년 5월 15일부터는 일본을 시작으로 세계 최초의 까르띠에 온라인 스토어인

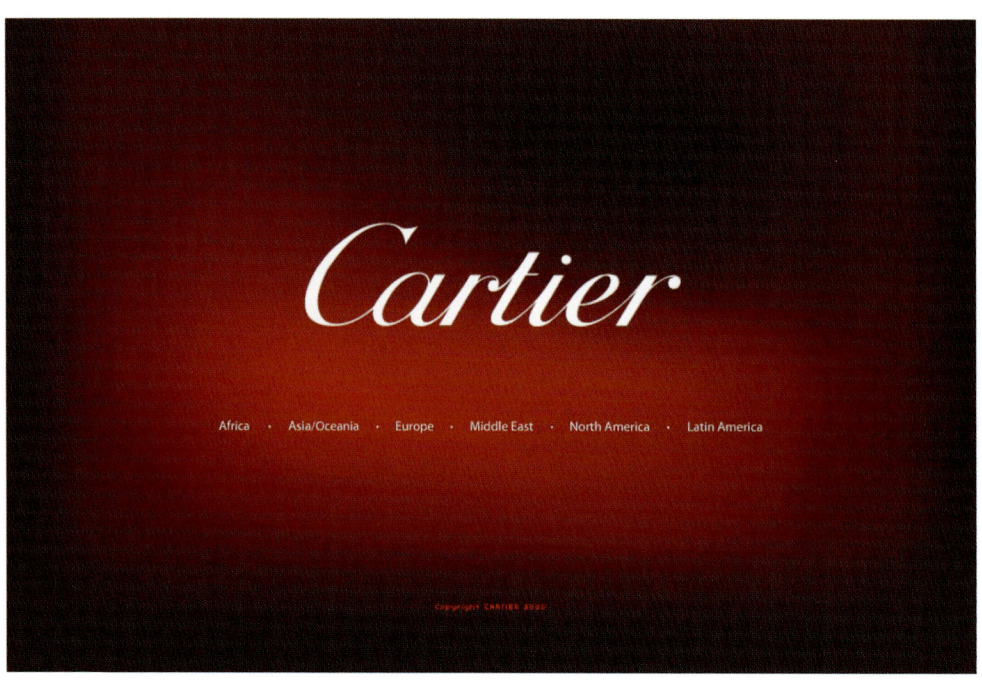

사진 27 | 까르띠에 웹사이트 www.cartier.com

www.cartier.jp를 열었다. 까르띠에가 고급 주얼리와 시계 제품의 명성과 그 전통을 중요시 여기고 있는 브랜드임에도 불구하고 온라인 스토어와 같은 새로운 마케팅 환경에 적응하려는 노력을 시도하였다는 점은 혁신적이라고 할 수 있다. 기존에는 럭셔리 브랜드의 유통채널로 사용되지 않았던 인터넷이라는 매체를 새로운 채널로 삼게 되었다는 점은 까르띠에의 비즈니스가 새로운 발걸음을 내디뎠다고 할 수 있다. 까르띠에의 온라인 매장은 고객들이 오프라인 매장을 직접 방문하면서 느낄 수 있는 분위기와 서비스를 그대로 느낄 수 있도록 하는 것에 중점을 두고 있다. 까르띠에 온라인 스토어는 경쟁사와 차별화될 수

사진 28 | 까르띠에 일본 온라인 스토어 웹페이지

있도록 기획되었으며, 까르띠에 온라인 스토어에서는 하이엔드 주얼리 대신에 시계나 작은 액세서리, 가죽제품, 안경, 라이터, 펜 등 보다 저렴한 상품군 위주로 판매를 한다.

Key Success Factors

1. 럭셔리한 브랜드 아이덴티티

까르띠에는 100년을 넘는 긴 역사와 전통을 이끌어가는 품질과 철저한 장인정신을 바탕으로 161년 동안 보석의 왕 자리를 지키고 있으며 산토스, 탱크 등의 대표 제품과 더불어 빨간 시계박스와 같은 다양한 브랜드 아이덴티티 표식을 사용하여 유럽의 품위와 럭셔리한 감각을 대표하는 강력한 브랜드 아이덴티티를 구축하고 있다.

2. 고급스러움과 희소 가치를 높이기 위한 수작업

까르띠에는 브랜드 가치를 제고하기 위한 홍보 활동이 없더라도 상품의 탁월한 품질 그 자체만으로도 희소성 있는 브랜드라고 할 수 있다. 까르띠에는 모조제품이 모방할 수 없는 장인정신과 탁월한 기술에 있어 다양한 특허를 보유하고 있다. 까르띠에의 보석이나 시계 제품은 장인들을 통해 수공예로 만들어짐으로써 희소 가치가 있으며, 특별한 행사를 기념하기 위해 세계적으로 몇 개밖에 만들어지지 않는 한정품은 그 소장 가치를 더한다. 또한 까르띠에는 무리한 확장을 하지 않고 고유의 영역에서 대표 자리를 지켜가면서 명품 브랜드의 생명인 희소 가치를 더해가고 있다.

3. 트렌드를 이끄는 창조정신

까르띠에는 창조적 정신과 브랜드 고유의 컨셉을 바탕으로 오랜 기간 동안 트렌드를 이끌어왔으며 시대적 변화에 따른 신제품과 소재 개발에 힘쓰고 있다. 또한 다양한 매체를 통해 꾸준히 까르띠에의 감성을 이야기하고 사회적 이슈를 이끌어내며 브랜드 파워를 키워나가고 있다.

Brand Future

1. 온라인 사업 투자

럭셔리 브랜드들이 점차적으로 기존에 사용하지 않았던 유통채널인 온라인 스토어와 같은 새로운 마케팅 환경에 관심을 가지면서 럭셔리 브랜드의 이커머스 E-Commerce 사업 분야는 큰 성장세를 보이고 있다. 유통환경의 변화와 소비자의 변화에 발맞추어 까르띠에 역시 2008년 일본에서 온라인 스토어를 통한 제품 판매를 시작하였다. 지속적인 투자와 개발을 통해 세계 각국의 소비자들을 위한 온라인 쇼핑을 제공하고 브랜드 웹사이트를 통해 브랜드를 더욱 활발히 홍보하는 동시에 소비자와 커뮤니케이션할 수 있도록 온라인 사업에 큰 노력을 기울여야 할 것이다.

2. 글로벌 확장

아시아 시장이 새로운 럭셔리 시장으로 급속도로 성장하고 있다. 까르띠에의 주요 시장은 유럽을 중심으로 발달해 있고 아시아 시장에서는 일본과 대한민국에서만 높은 브랜드 인지도를 얻고 있다. 많은 럭셔리 브랜드들이 아시아 시장을 공략하여 확장을 하고 있음에 따라 까르띠에도 중국, 인도, 중동 지역으로의 글로벌 확장을 통해 인지도를 상승시키고 새로운 고객층을 확보하는 노력이 필요할 것이다.

3. 무형의 가치 제공

최근 급변하는 소비자들의 욕구에 발맞추어 나가기 위한 방안으로 많은 브랜드들이 브랜드 확장을 통한 무형의 가치 제공에 관심을 가지고 있다. 브랜드 아이덴티티의 희석을 초래하는 지나친 확장은 지양해야 하겠지만 브랜드 아이덴티티를 해치지 않으면서 고객들에게는 보다 많은 무형의 가치를 전달할 수 있는 방향으로의 브랜드 확장을 통해 고객을 만족시킬 수 있는 방법을 강구해 보아야 한다. 더불어 까르띠에의 '혼수 컬렉션 Bridal Collection'과 같이 소비자의 니즈를 파악한 라인의 개발을 통해 보다 차별화되고 전문화된 제품과 서비스로 고객에게 새로움을 줌과 동시에 타 브랜드와의 경쟁에서도 선점 우위를 유지할 수 있는 전략을 펼쳐야 할 것이다.

4. 현시대의 스토리텔링 마케팅

까르띠에는 제품에 담긴 스토리를 전달하는 스토리텔링 마케팅으로 사람들의 호기심을 자극하고 갈망과 동경의 대상이 되어왔다.

미래의 럭셔리 브랜드 마케팅 키워드로 브랜드에 스토리를 담아내는 스토리텔링 마케팅의 중요성이 부각되고 있다. 까르띠에도 이와 같은 방법을 사용하여 지속적으로 브랜드 가치를 쌓아가기 위해서는 까르띠에의 제품 생산과 커뮤니케이션 방법에 과거에서부터 이어져오는 현시대의 스토리를 담는 것이 중요한 전략이 될 것이다. 현시대의 스토리를 담아낼 수 있는 제품을 만들어 나감으로써 기존의 역사와 전통을 이어가고 럭셔리 브랜드로서의 입지를 더욱 굳건히 해갈 수 있을 것이다.

까르띠에의 티아라

● 스 토 리 1

웨일즈 왕자에 의해 "보석상의 왕이요, 왕의 보석상"이라는 칭송까지 받은 까르띠에는 장차 왕의 대관식에 쓰일 보석이 박힌 왕관의 제작을 위임받는다. 1902년에 왕위를 계승한 에드워드 7세도 1904년 '영국 황실의 보석상'이란 명예를 까르띠에에게 부여한다. 이와 같은 명예는 그 후 스페인, 포르투갈, 루마니아, 이집트 왕실, 올리언즈 일가, 모나코 왕국, 그리고 알바니아의 왕실에까지 이어졌다.

까르띠에는 1902년 영국 포틀랜드 공작부인인 위니프레드 안나를 위해 다이아몬드 티아라를 제작하였는데 이 티아라에 얽힌 재미있는 일화가 있다. 어느 날 저녁 포틀랜드 공작은 파티에 참석하기 위해 화장을 하는 부인에게 빨리 서두르라고 재촉하기 위해 부인의 방으로 들어갔다. 부인에게 인사를 하고 나서 포틀랜드 공작은 옆에 있던 의자에 털썩 주저앉았고 순간 공작부인의 방안은 비명소리로 가득 찼다. 공작이 의자 위에 놓인 까르띠에의 다이아몬드 티아라를 보지 못했던 것이다. 이 때문에 티아라는 산산조각이 났고, 공작은 엉덩이에 부상을 입고 말았다. 하지만 다행히도 티아라는 수선되었으며, 공작도 크게 다치지는 않았다.

● 스 토 리 2

노고트의 마가렛 공주가 1905년 스웨덴의 구스타프 아돌프 6세와 결혼할 때 이집트의 총독은 까르띠에가 제작한 티아라를 선물하였다. 1920년 마가렛 공주가 사망하고 1935년 잉그리드 공주가 덴마크의 프레데릭 9세와 결혼하면서 티아라는 덴마크 왕실에 넘어오게 된다. 후에 잉그리드 왕비의 세 딸, 마그레테(1967), 베네딕트(1968), 앤-마리(1964) 공주가 결혼할 때 모두 이 티아라를 착용했으며 앤-마리 공주의 결혼식 이후 그리스 왕실로 넘어가게 된다. 1998년 베네딕트 공주의 장녀인 알렉산드라 공주와 1999년 그리스의 알렉시아 공주의 결혼식에서도 이 티아라가 모습을 나타냈다.

http://cafe.naver.com/sjjewelry   http://blog.naver.com/carrotcamdy/

"나는 내 옷의 로고를 모두 잘라냅니다."
토마스 마이어 | Tomas Maier

| 보테가 베네타

BOTTEGA VENETA

About BOTTEGA VENETA ..

럭셔리 패션 브랜드 시장은 일정 수준 이상의 경제력을 갖춘 집단을 고객층으로 하기 때문에 경제적 불황의 영향을 가장 적게 받는 분야 중의 하나라고 할 수 있다. 또한 가격의 합리성보다는 고객의 감성 충족이라는 요소를 중시하는 본질상 럭셔리 패션 시장은 경기의 영향을 적게 받을 수밖에 없다. 우리나라의 럭셔리 패션 시장 역시 2000년 이후 꾸준한 성장세에 있다. 국내의 확대된 럭셔리 패션 시장에서 특히 괄목할 성장을 보이고 있는 럭셔리 브랜드가 바로 보테가 베네타이다. 보테가 베네타는 구찌 그룹에 속해 있는 이탈리아 럭셔리 브랜드로서 구찌 그룹의 지원 아래에 지속적인 성장을 거듭하고 있다. 구찌 그룹은 보테가 베네타에 대해서는 브랜드 컨셉과 가격정책 등 전면적으로 다른 정책을 사용하고 있다. 구찌와 달리 보테가 베네타의 상품은 로고나 라벨을 겉으로 드러내지 않는다. 다만 고유의 가죽 위빙 방식과 높은 품질로서 보테가 베네타만의 품격을 드러낸다. 이러한 보테가 베네타의 차별적인 컨셉은 과열 양상을 나타내는 럭셔리 패션 시장에서 점차 그 영역을 확대하고 경쟁력을 강화할 수 있도록 하는 데에 기여하고 있다. 지금부터 보테가 베네타만의 브랜드 아이덴티티와 브랜드 가치를 유지, 강화하기 위한 브랜드 전략에 대해 살펴보겠다.

History

_Timeline

1966	비토리오와 로라에 의해 브랜드 창시
2000	크리에이티브 디렉터로 길즈 디콘 영입
2001	구찌 그룹에 의해 인수. 크리에이티브 디렉터로 토마스 마이어 취임
2001-2003	런던, 파리, 밀라노, 뉴욕에 플래그십 스토어 오픈, 시즌 런웨이에 여성복, 남성복 소개
2005	토마스 마이어의 첫 번째 여성 의류 런웨이 쇼
2006	토마스 마이어의 첫 번째 남성 런웨이 쇼

사진 1 | 고급 재료, 장인정신, 현대적인 기능성, 시대를 초월한 디자인이라는 브랜드 컨셉을 보여주는 보테가 베네타의 지면 광고

1966년 몰테도Moltedo 가문의 비토리오Vittorio와 로라Laura에 의해 설립된 보테가 베네타는 고급 재료와 뛰어난 장인정신을 융합한 최고의 이탈리아 가죽제품 브랜드로 자리잡았다. 보테가 베네타는 1990년대에 브랜드가 정체기를 맞게 되는데, 이를 타개하기 위해

사진 2 | 토마스 마이어

2000년 영국 디자이너인 길즈 디콘Giles Deacon을 영입하였다. 길즈 디콘의 지휘 아래에 보테가 베네타는 기성복 컬렉션을 성공적으로 마쳤지만, 2001년 7월 구찌 그룹Gucci Group에 인수되었다. 구찌 그룹의 인수를 주도했던 톰 포드Tom Ford는 길즈 디콘을 구찌의 여성의류 파트로 보내고, 토마스 마이어Tomas Maier를 보테가 베네타로 영입했다. 구찌 그룹의 적극적인 지원에 힘입어 보테가 베네타는 럭셔리 패션 브랜드 시장에서 주도적인 위치를 회복했다. 보테가 베네타의 패션은 우아하고 절제되어 있으며 과장된 브랜드 이미지나 로고를 줄임으로써 "이미 나만의 감각과 개성이 충분하고 뭔가 좀 더 독특하고 남다른 것을 원하는" 고객에게 어필한다. 보테가 베네타는 매 시즌마다 의류, 신발, 가방, 여행가방, 가죽소품, 인테리어용품, 선물용품 등을 포함한 몇 가지 컬렉션을 발표하며 편안한 스타일의 우아하고 정교한, 세련미가 넘치는 여성 의류를 한정 수량 생산한다. 모든 제품은 각각 다른 디자인을 가지고 있으며, 장인 정신을 바탕으로 만들어진다. 보테가 베네타는 유럽, 아시아, 북미를 포함하여 전 세계적으로 엄선된 매장을 통해 판매되고 있으며, 백화점에는 보테가 베네타 부티크Boutique들이 늘고 있다. 보테가 베네타 부티크의 디자인과 분위기는 고급스러운 브랜드 아이덴티티를 잘 보여주고 있으며, 차별화된 교육을 받은 직원들이 최고의 서비스로 고객들을 섬기고 있다. 제작에서부터 판매까지 전 과정이 보테가 베네타 상품의 뛰어난 디자인과 최상급 품질의 전통에 걸맞게 진행되고 있는 것이다.

Brand Concept

보테가 베네타의 크리에이티브 디렉터인 토마스 마이어는 고급 재료, 훌륭한 장인 정신, 현대적인 기능성과 시간을 초월한 디자인에 로고 지양적 컨셉을 더한 이 네가지를 브랜드 컨셉으로 내걸었다. 위와 같은 컨셉을 바탕으로 토마스 마이어는 보테가 베네타를 오늘날의 럭셔리 라이프 스타일 브랜드로 성장시켰다.

보테가 베네타는 가방, 벨트, 신발 등의 제품을 생산하는 데에 있어 일일이 가죽을 엮는 수작업을 동원하는 것으로 유명하다. 이탈리아에서 수작업으로 생산되는 보테가 베네타의 상품은 1,000유로 이상에 판매된다. 보테가 베네타의 핸드백은 정교한 수작업으로 탄생한 부드러운 가죽과 클래시컬한 디자인으로 특징지을 수 있다. 화려하지만 유행에 민감한 브랜드와는 달리 보테가 베네타는 브랜드 로고를 내세우지 않고 심플한 디자인과 품질로 승부를 걸고 있다. 이는 보테가 베네타가 1980년대 초부터 내걸었던 브랜드 컨셉으로, 자신의 가치에 대해 확신이 있는 소비자라면 꼭 브랜드 로고가 드러난 상품을 필요로 하지 않는다는 것이다. 이 슬로건 아래 보테가 베네타는 브랜드 로고와 라벨을 상품의 내부에서만 확인할 수 있도록 함으로써, 소비자들이 겉으로 드러나지는 않아도 상품의 품질이나 디자인에서 느껴지는 품격에 중심을 둘 수 있도록 하고 있다.

사진 3 | 보테가 베네타 로고

Brand Identity

Brand Name and Logo

보테가 베네타는 로고리스 Logo-less 전략을 채택하는 브랜드이기 때문에 브랜드 네임을 그대로 로고로 활용하고 있다. 주로 톤 다운된 그레이 색상에 흰 글씨로 브랜드 네임을 적어놓음으로써 화려하지는 않아도 고급스러운 느낌을 전달한다.

Brand Color

보테가 베네타는 요란하지 않은 브랜드 이미지에 맞게 검정색, 갈색, 황토색, 회색 등의 무채색을 기본 색감으로 채택한다. 다양성을 주기 위해 파스텔 톤이나 비비드한 색감을 채택하기도 하지만 어느 시즌이든 브랜드의 기본 색감은 유지하고 있다.

Package

상품의 포장 역시 심플하고 클래시컬한 브랜드 이미지가 그대로 적용된다.

Brand Strategy

Product

_상품 라인 및 특성

보테가 베네타는 주력 상품인 가죽제품 이외에도 의류, 액세서리, 향초와 같은 인테리어 소품, 식기류, 가구 등을 판매한다. 향초의 경우 향초 외부에 보테가 베네타의

사진 4 | 보테가 베네타의 의류 색감
사진 5 | 보테가 베네타의 무채색 기본 색감과 시즌별 색감

사진 6 | 보테가 베네타의 파스텔톤 색감

사진 7 | 보테가 베네타 향초의 포장

사진 8 | 보테가 베네타의 액세서리 포장

위빙 기법을 활용한 가죽 커버를 씌워 판매함으로써 브랜드 아이덴티티를 전달하고 있다. 보테가 베네타는 가죽을 짜임새 있게 엮은 보테가 베네타만의 특수 기법을 활용한 '인트레치아토Intrecciato' 라인으로 유명하다. 화려한 장식보다는 특수한 가죽 직조 방법을 활용하되 디자인은 기본에 충실한 제품이 많다.

보테가 베네타의 핸드백은 오랜 경험과 전통적인 수작업 기술, 디자인의 독창성으로 하나의 예술작품으로 여겨진다. 상품을 통해 단순히 디자인과 활용성을 제공하는 것을 넘어서 보테가 베네타의 장인정신과 품격을 전달하는 것이다. 보테가 베네타는 양가죽^{Nappa}, 사슴가죽^{Cervo}, 송아지 가죽$^{Calf\ skin}$, 악어가죽$^{Soft\ crocodile}$, 타조가죽^{Struzzo} 등을 사용하고 천연가죽을 상품 제작에 적합하게 재료화하는 데 있어서 품질 향상을 위한 공정을 더한다. 이렇게 엄선한 가죽은 오랜 경험과 기술을 갖춘 장인들의 손에 의해 품격 있는 상품으로 거듭나게 된다.

사진 9 │ 보테가 베네타의 대표적인 인트레치아토 우븐 가죽

우리나라의 경우 보테가 베네타는 2007년까지 가방이나 가죽 소품 등의 제한된 라인만 공급했지만, 2008년부터는 의류를 확대 공급하고 있다. 보테가 베네타의 가구 라인은 2007년 가을, 로마의 세계적 호텔 생레지스$^{St.\ Regis}$ 스위트룸 리모델링에 활용되었으며 소비자들에게도 좋은 반응을 얻고 있다. 고유의 가죽 위빙 방식이라는 보테가 베네타만의 브랜드 아이덴티티는 가죽 상품에서 출발했지만 이제는 의류, 주얼리, 가구 라인까지 포함하는 라이프 스타일 브랜드로 차근차근 진화를 진행하고 있다.

_대표 상품

보테가 베네타의 대표적 상품은 보테가 베네타의 가죽 위빙 기법을 활용한 핸드백이다. 그중 카바^{Cabat} 라인이 가장 인기가 많다. 카바 백은 수납공간이 큰 백에 손잡이가 달린 매우 단순한 디자인이다. 대부분의 럭셔리 브랜드들이 이러한 디자인의 가방을

사진 10 | 보테가 베네타의 타 상품군

하나씩 출시하고 있다. 이 라인은 대개 큰 쇼핑백과 같이 생긴 형태 때문에 쇼핑백 라인이라고도 불린다. 이렇게 단순한 디자인의 백이 브랜드의 대표 제품이 될 수 있는 이유는 보테가 베네타만의 특징적인 가죽 위빙이 활용되었기 때문이다. 보테가 베네타의 가죽 위빙 방식은 단순한 디자인의 가방을 고급스럽게 재탄생할 수 있도록 한다.

Price

보테가 베네타의 장인정신이 깃든 상품은 일반적인 럭셔리 상품과 비슷한 가격대나 좀 더 비싼 가격에 판매된다. 보테가 베네타의 상징인 인트레치아토 라인 핸드백은 평균 400만 원대의 가격에 판매된다. 보테가 베네타는 수작업에 의한 가죽 위빙이 특징적인 요소이기 때문에 가방의 크기가 커질수록 가격대가 높아진다. 보테가 베네타만의 가죽 위빙 기법을 사용한 가죽 소품 역시 높은 판매율을 보이는데 남성용 가죽 지갑의 경우는 50만 원대, 여성용 지갑은 70만 원대이다. 이 밖의 휴대폰 고리나 키홀더와 같은 액세서리는 20만 원대에서 출발한다. 보네타 베네타 의류의 경우, 여성용 원피스는 200만 원대에서 300만 원대, 코트는 400만 원대이다. 이는 보테가 베네타를 최고급 가죽 브랜드인 에르메스Hermes에 비견할 만한 브랜드로 성장시키기 위한 구찌 그룹의 의도가 반영된 가격정책이라고 평가할 수 있다. 보테가 베네

사진 11 | 보테가 베네타의 라지 카바 백 리미티드 에디션

타의 고품질 고가격 정책은 고객들에게 부담으로 작용한다기보다 브랜드 가치를 높일 수 있는 데에 기여하고 있다. 보테가 베네타의 품격을 아는 고객이라면 다른 브랜드에 비해 고가임을 개의치 않는다. 오히려 조금 더 비싸기 때문에 일반화된 명품과는 차별성을 둘 수 있다는 점을 보테가 베네타의 브랜드 가치로서 인식하는 것이다. 이렇게 브랜드의 타깃층이 되는 소비자의 심리를 파악하고 품격에 맞는 가격이라는 인식이 형성되도록 하는 것이 보테가 베네타의 가격정책인 것이다.

Place
_유통망

보테가 베네타는 이태리, 프랑스, 영국, 스위스, 독일 등의 유럽 지역의 주요 국가와 미국을 비롯하여, 한국, 일본, 홍콩, 중국, 대만 등의 아시아 지역, 쿠웨이트와 사우디 아라비아 같은 중동 지역에까지 진출해 있다. 보테가 베네타의 플래그십 스토어는 다른 럭셔리 브랜드와 마찬가지로 국가의 고급 상권에 위치한다. 각 국가의 고급 상권이나 번화가에 위치하는 것은 매장의 위치 선정이 고객 유치에 직접적으로 영향을 주는 사안이며, 브랜드의 이미지의 제고와도 관련이 있기 때문이다.

보테가 베네타는 오프라인 매장 외에도 미국 시장에서는 온라인 판매를 시행하

사진 12 | 보테가 베네타의 플래그십 스토어

고 있다. 온라인 판매를 전 세계 지역으로 확대할지 여부는 분명하지 않지만, 브랜드 가치의 저하를 염려하는 럭셔리 브랜드의 특성을 고려할 때에 상당한 시간이 걸릴 것으로 예상된다. 특히 다수의 럭셔리 상품 고객이 아닌 브랜드의 진가를 아는 소수의 고객을 타깃층으로 하는 보테가 베네타로서는 온라인 시장의 확대를 보다 지연시킬 가능성이 높다고 예상할 수 있다.

_주요 플래그십 스토어

보테가 베네타의 성공은 일본에서의 인기 상승이 주요인으로 작용했다. 국가별 매출 실적에서도 일본은 전체 매출의 가장 큰 부분을 차지한다. 2004년과 2005년 일본의 매출은 전체의 33%를 차지하였고 2006년에는 조금 줄어든 31%를 차지했다. 수석 디자이너 토마스 마이어는 "일본인들이 단지 로고를 원한다고 생각하지만 사실은 그렇지 않다"고 하면서 일본인들의 보테가 베네타에 대한 애정과 럭셔리에 대한 오랜 역사를 언급했다. 이를 반영하듯 보테가 베네타는 2006년 4월 일본 도쿄 오모테산토에 플래그십 스토어를 오픈하면서 오픈 기념으로 패션쇼를 성대하게 개최하였고 일본에서의 인기를 발판으로 보테가 베네타의 브랜드 가치를 향상시키고 있다.

구찌 그룹의 후원을 받는 명품 브랜드 중 하나로 새롭게 탄생한 보테가 베네타는 이제 한 순간의 패션 트렌드만을 반영하는 데 그치지 않고 클래식과 모던한 스타일을 동시에 추구하는 진정한 명품으로서 세계 명품 시장에 확고한 영역을 차지하게 될 것이다.

Promotion
_타 럭셔리 브랜드와 차별성을 둔 소극적 홍보 전략

보테가 베네타는 다른 럭셔리 상품 브랜드에 비해 소극적인 홍보 전략을 택하고 있다. 이는 보테가 베네타가 브랜드의 품격을 아는 소수의 고객만을 집중 타깃으로 하는 것과 연관이 있다. 보테가 베네타의 상품은 엔트리 럭셔리 Entry Luxury 상품이 아니기 때문에 새로운 고객이라도 어느 정도 럭셔리 상품에 대한 식견과 취향을 갖추고 있는 것을 기대한다. 그리고 일단 보테가 베네타의 고객이 된 소비자들에게는 변함없는 품격을 제공함으로써 브랜드 충성도를 향상시킨다. 이렇게 보테가 베네타는 진입가격대가 높은 엘리트 브랜드이고 소수 부유층에만 어필하는 독점적 상품이다. 게다가 로고가 겉에 드러난 것도 아니고 센세이션을 불러일으키는 'it' 백도 아니다. 대중성을 배제한 희소성은 장인정신이 집약된 상품의 품격을 통해 보테가 베네타가 럭셔리 브랜드로 거듭날 수 있도록 하였다.

2006년 미국의 정보업체 럭셔리 인스티튜트 Luxury Institute가 미국 럭셔리 소비자들을 대상으로 '럭셔리 브랜드' 하면 연상되는 브랜드를 조사한 결과, 보테가 베네타가 가장 명성 있는 브랜드로 선정되었다. 보테가 베네타는 다른 럭셔리 브랜드와는 다른 길을 걸어왔다. 다수의 럭셔리 브랜드가 더 넓은 소비자층을 공략하기 위해 낮은 가격대의 상품을 출시하고 세컨드 라인을 런칭하기도 했고 세일정책을 활용했다. 또한 유명 셀러브리티를 활용한 광고캠페인으로 브랜드의 인지도를 늘렸고 너나 할 것 없이 'it' 백을 디자인했다. 그러나 보테가 베네타는 이런 전략을 전혀 사용하지 않았다. 브랜드의 대중적인 전파보다는 브랜드의 희소성과 품격에 초점을 두는 것이 보테가 베네타만의 홍보전략이라고 할 수 있겠다.

_브랜드 아이덴티티를 충실히 반영한 패션쇼

보테가 베네타의 패션쇼는 바이어와 평론가들 사이에서 매년 밀라노의 베스트 컬렉션으로 포함되고 있으며 구찌의 톰 포드가 센세이션을 일으켰듯이 보테가 베네타의 크리에이티브 디렉터 토마스 마이어도 스포트라이트를 받았다. 토마스 마이어는 심플한 실루엣과 깔끔한 컷, 그리스풍의 드레이프로 보테가 베네타만의 독특한 스타일을 구성했으며, 컬러는 주로 뉴트럴한 컬러를 사용하였다. 보테가 베네타의 상징인 가죽 위빙을 의류에 적용시킬 수는 없겠지만 우아한 품격이라는 보테가 베네타만의 브랜드 아이덴티티는 그대로 반영된다고 할 수 있다.

사진 13 | 보테가 베네타의 패션쇼

Web Communication

현재 보테가 베네타의 브랜드 웹사이트에서는 시즌별로 e-catalogue를 제공하는 것 이외의 별도의 홍보 활동을 하고 있지 않다. 다만 보테가 베네타는 모든 플래그십 스

사진 14 | 보테가 베네타 웹사이트 www.bottegaveneta.com   사진 15 | 보테가 베네타의 e-catalogue

토어의 분위기를 요란하지 않지만 정갈하고 고급스럽게 조성함으로써 매장 방문 고객들이 매장을 통해 브랜드 이미지를 느낄 수 있도록 하고 있다. 이에 덧붙여서, 최근 럭셔리 패션 시장에서 보테가 베네타의 약진이 인터넷 기사 등의 미디어를 통해 조명되고 있는 것이 일종의 홍보 역할을 하고 있다고 할 수 있겠다.

Key Success Factors

1. 브랜드 전통을 존중하는 크리에이티브 디렉터 토마스 마이어

보테가 베네타가 경쟁력을 갖춘 세계적인 럭셔리 브랜드로 거듭나는 데에는 현재의 크리에이티브 디렉터인 토마스 마이어가 주도적인 역할을 하였다. 그는 2001년 방치되어 있던 보테가 베네타를 이끌게 되었다. 브랜드 로고를 드러내지 않고 오로지 가죽의 품질과 우븐 기법으로 승부하는 보테가 베네타의 정신을 지키면서도 실용성과 모던한 디자인 감성을 덧칠한 핸드백을 내놓아 6년 만에 보테가 베네타를 5억 5,500만 달러의 흑자 브랜드로 재탄생시켰다. 디자이너 자신의 라벨이나 자신이 좋아하는 라이프스타일 방식을 고집하지 않고 장인 정신으로 일궈낸 보테가 베네타의 전통을 유지하며 조용한 변화를 더한 것이 바로 토마스 마이어

사진 16 | 보테가 베네타의 로고리스 전략

가 보테가 베네타를 이끌어가는 방식이었다. 그는 그 자신을 보테가 베네타 전통 속에 흡수시켜 디자인 감성을 녹여내고 이어붙여 '보테가 베네타 속의 토마스 마이어'를 이끌어냈다. 다시 말해 그는 보테가 베네타를 자신의 디자인 세계에 점령시키기 보다는 자신을 보테가 베네타 속으로 던져넣은 자기희생적인 크리에이티브 디렉터였던 것이다. 그 결과 보테가 베네타는 '토마스 마이어'의 그늘 속에 가려지지 않고 브랜드 자체의 힘으로 소비자들의 마음을 파고들었고 토마스 마이어는 화려한 조명 속에서 빛나기보다는 보테가 베네타의 작업실에서 조용히 자기 할 일을 하는 '크리에이티브 디렉터'로 살아남게 되었다. 이 같은 토마스 마이어의 '욕심내지 않는 마인드'는 하나하나 가죽을 꿰어 만드는 보테가 베네타의 '인내와 조화'의 철학과 상

통하는 면이 있다. 그리고 바로 그런 점이 톰 포드 광풍이 구찌를 휩쓸고 지나며 패션계 안팎의 스캔들로 비화되었을 때도 토마스 마이어와 보테가 베네타는 점점 더 강한 파워를 내며 매출 파워를 이어나갈 수 있던 비법이다.

2. 품격을 지닌 로고리스 브랜드

보테가 베네타는 루이비통, 샤넬, 구찌 등과 같은 다른 럭셔리 브랜드들에 비해 널리 알려진 브랜드는 아니지만, 럭셔리 브랜드의 고객의 입장에서는 그 전파 정도가 상대적으로 큰 브랜드가 보다 가치 있는 럭셔리 패션 브랜드로서 인식되고 있다. 보테가 베네타의 상대적으로 낮은 인지도는 희소성과 잠재력으로 해석될 수 있다. 즉 럭셔리 상품의 고객들 사이에서 보테가 베네타는 아는 사람들만이 알고 즐길 수 있는 명품 브랜드로서 인식되고 있으며, 이것은 "When your own initials are enough" 라는 로고리스 전략을 통해 형성될 수 있었다. 보테가 베네타는 로고 대신에 오직 부드럽고 쓰면 쓸수록 광택이 나는 가죽의 품질과 모던하고 심플한 디자인만으로 소비자들을 어필하고 있다. 이것이 전 세계적인 럭셔리 패션 상품 시장에서 보테가 베네타가 경쟁력을 가질 수 있도록 하는 핵심 전략인 것이다.

럭셔리 인스티튜트 Luxury Institute 의 CEO인 밀튼 페드라자 Milton Pedraza 는 "럭셔리 상품의 고객들은 다른 사람들도 다 가지고 있는 요란한 무언가를 원하는 것이 아니라, 쉽게 따라할 수 없는 장인정신이 깃든 진귀한 것을 원한다"라고 말한다. 이렇게 럭셔리 상품 고객들은 점점 널리 인식되고 보급되어 흔한 명품보다는 희소성과 품격을 지닌 명품을 원하고 있는 것이다. 럭셔리 패션 상품 시장에서 보테가 베네타의 로고리스 전략은 더욱 빛을 발휘할 것이다.

3. 품질의 확실한 보장

앞에서 말한 로고리스 전략은 상품의 확실한 품질 보장 없이는 성공할 수 없다. 로고를 드러내지 않아도 상품의 품격을 발현하기 위해서 보테가 베네타는 품질의 확실한 보장을 내세웠다. 상품 제작의 재료가 되는 가죽을 엄선하는 것은 보테가 베네타가 상품 품질을 보장하기 위한 첫 단계이며 기본 전제이다. 가죽은 천연재료이기 때문에 균일할 수는 없다는 한계를 극복하기 위해 보테가 베네타는 다음과 같은 공정을 사용한다.

- 가죽의 염색이 이염되지 않도록 하는 염색 후에 찍어내는 공정
- 가죽이 마찰에 강할 수 있도록 하는 마찰 저항 공정
- 균등한 두께의 가죽으로 만드는 공정 (이 공정은 보테가 베네타에서 처음 도입한 기술임)
- 균등한 크기의 가죽으로 만드는 공정

재료의 엄선에 뒤따르는 보테가 베네타의 품질 보장을 위한 노력은 보테가 베네타의 대표 상품 라인인 '인트레치아토'에서 찾아볼 수 있다. 인트레치아토 라인은 정확하고 섬세한 장인정신을 요한다. 인트레치아토는 이탈리아어로 구성이나 엮임 등을 의미한다. 이 가죽은 쓰면 쓸수록 부드러워지며 광택이 나기 때문에 보테가 베네타의 가죽 위빙Weaving 기술이 발휘된 상품을 구입한 소비자라면 시간이 지날수록 보테가 베네타의 품격과 가치를 느끼게 된다.

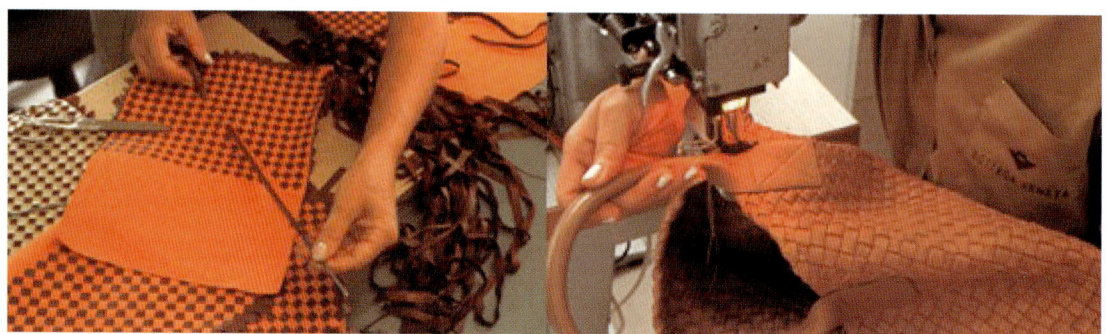

사진 17 | 보테가 베네타의 가죽 위빙 과정

Brand Future

1. 보테가 베네타만의 또 다른 상징 개발

로고리스 전략은 보테가 베네타가 다른 럭셔리 브랜드와 차별화할 수 있는 핵심적인 전략이기 때문에 지속되어야 한다. 보테가 베네타는 로고나 가죽 위빙 기법 이외에 다른 기재를 통해 브랜드 아이덴티티를 전달할 수 있어야 한다. 현재 보테가 베네타의 인트레치아토 가죽은 보테가 베네타의 상징으로 자리잡고 있지만, 다른 브랜드에서도 이 가죽 위빙 방식을 채택할 수 있기 때문에 보테가 베네타만의 차별점이 되기는 어렵다. 그러므로 보테가 베네타는 로고리스 전략을 유지하되 이를 더 성숙한 단계로 끌어올릴 수 있도록 로고 없이도 보테가 베네타만의 뚜렷한 아이덴티티를 표현할 수 있는 또 다른 상징의 개발이 필요할 것이다.

2. 구찌 그룹의 하이엔드 브랜드로의 확고한 자리매김

보테가 베네타가 꾸준한 성장을 통해 구찌 그룹 내에서 입지를 늘려가고 있는 것은 사실이지만, 구찌 그룹 내의 세컨드 브랜드라는 이미지가 남아있다. 보테가 베네타는 에르메스에 비견할 만한 브랜드로의 성장을 하기 위해 구찌 그룹 내의 선두 브랜드로 자리매김하는 것이 필요하다. 이에는 꾸준한 품질관리, 브랜드 아이덴티티의 성숙, 하이엔드 가격정책 등이 방안이 될 수 있겠다.

3. 스타급 크리에이티브 디렉터에 의존하지 않고 보테가 베네타만의 이미지 고수

보테가 베네타의 성장을 주도하는 데에 있어 토마스 마이어의 영향력은 부정할 수 없다. 토마스 마이어는 보테가 베네타의 기본을 유지하면서, 다양성을 추구하는 전략은 보테가 베네타의 성장에 필수적이다. 하지만 토마스 마이어의 영향력에만 의존하는 것은 스타급 크리에이티브 디렉터가 그가 브랜드에 머무르는 동안만 지속된다는 한계점을 지닌다. 따라서 보테가 베네타는 토마스 마이어가 남긴 브랜드의 이미지를 유지하면서, 더 나아가 독립적이고 차별화된 브랜드 역량을 갖추는 것이 필요하다.

보테가 베네타, 가죽제품 전문학교 설립

구찌 그룹의 보테가 베네타는 비첸차Vicenza에 위치한 아트 & 메스티에리 학교Scuola d'Arte e Mestieri 와의 협력으로 2006년 10월 가죽제품 학교를 세웠다. 보테가 베네타는 해외 생산의 주류를 거부하고 언제나 이탈리아의 장인정신이 담긴 제품 생산만을 고집해왔다. 보테가 베네타의 대표, 파트리찌오 디 마르코 Patrizio Di Marco는 수공 생산과 경쟁력은 제품의 품질과 아이덴티티를 보증하며, 이를 위해 우리와 함께 일하길 원하는 이탈리아와 외국 젊은이들에게 장인정신을 전수하고자 한다고 말했다.

모든 과정은 학생들에게 무료로 제공되며 18-25세의 젊은층을 대상으로 3년간의 코스로 구성된다. 수업의 기본적인 내용은 가죽 액세서리 작업 기술로 보테가 베네타의 수공 전문가가 직접 가르치며 커리큘럼은 영어, 컴퓨터, 패션 스토리 등으로 구성된다. 졸업자는 구찌 그룹에서 일을 하게 된다. 이 학교를 설립하게 된 계기는 이탈리아 수공 생산업이 사양화되고 있는 시점에서 중요한 생산기지와 교육과정의 해외 이동을 반대하는 것에서 시작되어 적절한 교육의 부족을 인식했기 때문이다. 보테가 베네타의 디자인과 고감도 기술은 다른 어느 나라에서 볼 수 없는 수공업의 고기술이 요구된다. 이러한 보테가 베네타의 전략은 제품의 연속성과 명성을 유지하는 것을 보증하기 위한 최선의 방법으로 보여진다.

삼성 디자인넷, 2006. 7.
그림출처: www.scuolartemestieri.org

"나는 결코 모델을 위한 옷을 만들지 않는다."
조 르 지 오   아 르 마 니 | Giorgio Armani

| 아 르 마 니

ARMANI

About ARMANI

2000년 10월 20일 미국 뉴욕의 구겐하임 미술관에서 조르지오 아르마니의 25년 패션 업적을 기린 전시회가 개최되었다. 미국의 미술관에서 예술작품이 아닌 이탈리아 디자이너의 패션이 전시된 이유는 조르지오 아르마니가 한 시대의 문화를 대표하는 세계적인 명성의 디자이너이기 때문이다. 세상에 유명한 디자이너는 많다. 그러나 패션을 통해 소비자들에게 자신의 디자인철학을 전달하고 폭넓은 공감을 얻어낼 수 있는 디자이너는 흔하지 않다. 창조적인 스타일은 디자이너로부터 출발하지만, 이의 수용 여부는 소비자에 의해 결정되므로 한 시대의 스타일이 탄생하기까지는 소비자의 공감대 형성과 동의가 필수적이다. 자신의 디자인철학으로 소비자의 마음을 움직일 수 있는 능력을 지닌 디자이너가 바로 조르지오 아르마니이다.

History

_Timeline

1975	세르지오 갈레오티와 함께 조르지오 아르마니 S.P.A. 설립
1979	조르지오 아르마니 액세서리 런칭
1982	엠포리오 아르마니와 아르마니 진 탄생
1984	아르마니 여성 향수 런칭
1987	노테르노 전화기 런칭
1991	조르지오 아르마니 안경 런칭
1992	아르마니 익스체인지 런칭
1995	여성 향수 런칭
1996	조르지오 아르마니 클래식 라인 런칭
1997	엠포리오 아르마니 시계 런칭
2000	아르마니 까사 (가구류) 런칭
2001	밀라노에 첫 번째 아르마니 액세서리 매장 오픈
2002	아르마니 DOLCI (차, 디저트류) 런칭
2004	최고급 맞춤복, 오트쿠뛰르 여성복 라인인 아르마니 프리베 런칭
2006	조르지오 아르마니의 자서전 《에쎄레 아르마니 Essere Armani》 발간
2007	엠포리오 아르마니의 온라인 판매 개시

조르지오 아르마니 Giorgio Armani는 1974년 젊은 사업가인 세르지오 갈레오티 Sergio Galeotti 와 함께 조르지오 아르마니사를 설립하고 조르지오 아르마니 남성복을 발표하여 성공을 거둠에 이어 여성복까지 성공함으로써 일약 세계적인 디자이너로 부상하였다. 그의 초기 여성복 디자인은 남성 재킷을 여성 치수로 변형시킴으로써 시작하였으며, 현재에도 남성복과 여성복 사이에 소재를 혼용하고 있다. 조르지오 아르마니를

대표하는 세부 브랜드들로서 아르마니의 멋과 품위를 표현한 조르지오 아르마니, 기능성과 클래식한 멋이 담겨 있는 아르마니 콜레지오니, 그리고 젊은 감각의 엠포리오 아르마니 등이 있다. 아르마니 디자인은 과장이나 기교가 절제된 라인을 통해 돋보이는 넉넉함과 단아함이 최대의 매력으로 꼽힌다. 1981년에는 나이가 젊은 중산층을 대상으로 아르마니의 정통 클래식 룩에 젊은 위트를 가미한 엠포리오 아르마니를 발표하여 다시 성공을 거두었다. 1988년 영원한 친구이자 파트너인 세르지오 갈레오티가 죽자 매우 낙담하여 잠시 슬럼프에 빠졌으나, 곧 새로운 파트너를 찾지 않고 자신이 직접 혼자서 회사를 운영하기 시작했다.

사진 1 | 아르마니의 절제된 수트를 보여주는 2007 F/W 광고

이후 아르마니는 이탈리아 내 5번째 의류생산 업체인 '시민트SIMINT' 사의 주식 30%를 인수함으로써 캐주얼 라인의 생산을 보완하여 현재 ANTINEA(남,여 정장 생산), INTAL(넥타이 생산)과 함께 3개의 생산회사를 거느리고 있다. 현재의 아르마니는 디자이너로서 그리고 사업가로서 모든 면에서 세계 정상의 자리에 있다. 그리고 그의 이름은 24개 라이센스 및 하나의 일본 합작회사에 의해 널리 알려지고 있다. 럭셔리 브랜드들은 제품의 최상위 품질을 위해 필요로 하는 주재료의 공급원을 관리하거나 그들의 회사를 인수하는 경우가 많은데, 아르마니 역시 최고의 품질과 브랜드 아이덴티티의 동일성을 위해서 기업들을 인수했다.

Brand Concept

"지나치게 패션을 강요하는 것은 고객을 무시하는 것입니다. 나는 이와는 반대로 합니다. 즉 거리에서 개성적이고 우아한 의상을 입은 남성이나 여성을 보면, 나는 이것을 나의 컬렉션에 응용합니다. 내가 추구하는 것은 고객들이 패션의 희생물이 되는 것이 아니라, 나의 의상을 통해서 세련되게 보이도록 하는 것입니다."

사진 2 | 조르지오 아르마니

아르마니는 스타일과 감각의 발전을 통해 불필요한 장식을 배제하고 기능성과 기본적인 품위를 강조하였고, 이는 그의 디자인의 기초가 되었다. 아르마니는 아르마니 스타일의 정신을 잃지 않고 제품에 세심한 주의를 기울이는 것을 중요하게 여기고 있다. 그는 "스타일에서나 경영에서나 유행을 좇는 일은 결코 하지 않는다"고 말하고 있다. 이와 같은 아르마니 정신의 토대는 반드시 재창조하고 세련화하고 새로운 강조점을 만들고 혁신시키는 가능성으로 이어진다. 즉 부드러우면서 다소 느슨한 듯한 실루엣, 과장이나 기교가 절제된 단아한 아름다움, 이것이 아르마니의 생명이다. 불과 30년의 역사를 지닌 아르마니가 100년 전통의 대다수 명품 브랜드와 어깨를 나란히 할 수 있었던 것은 이같은 단순 명료한 철학에서 출발했다. 부드러운 소재를 사용하여 머리에서 발끝까지 자연스러움을 표현하고 자신만의 독창적인 작품을 추구하며 과장된 기교 없이 단순함과 우아함으로 패션의 본고장 프랑스 패션과의 차별성을 확보한 것이다. 유난스럽지 않으면서도 누가 보든 아르마니 제품임을 알아볼 수 있는 스타일은 '아르마니 스타일' 마니아를 만들었다. 결국 세계적인 럭셔리 브랜드로서 많은 이들의 사랑을 받으며 그 영역을 확대해 나갈 수 있게 된 것은 결국 아르마니가 만들어낸 '절제미'와 '세련됨'이라는 상징 때문이라 할 수 있다.

사진 3 | 아르마니 남성복 런웨이   사진 4 | 아르마니 여성복 런웨이

Brand Identity

아르마니 그룹은 라이프스타일형 브랜드로서 지난 15년 동안 의류와 액세서리를 비롯하여 신발, 시계, 향수 및 화장품, 가죽 제품과 가방, 아이웨어, 진, 가정용품을 포괄하는 조르지오 아르마니Giorgio Armani, 아르마니 콜레지오니Armani Collezioni, 엠포리오 아르마니Emporio Armani, 아르마니 진Armani Jeans, 아르마니 익스체인지A/X Armani Exchange, 아르마니 주니어Armani Junior, 아르마니 까사Armani Casa 등의 브랜드를 통해 글로벌 패션 기업의 위치를 확고히 해왔다. 글로벌 패션 기업으로서 아르마니는 절제미, 단아함 등의 미니멀리즘을 브랜드 아이덴티티로 삼아 아르마니라는 브랜드를 통해 지적이고 우아한 이미지를 전달하고 있다.

Brand Name and Logo

아르마니라는 브랜드명은 디자이너의 이름을 그대로 사용한 것이며, 조르지오 아르마니, 아르마니 콜레지오니, 엠포리오 아르마니. 아르마니 진, 아르마니 익스체인지 등의 하부 라인의 브랜드명에도 디자이너의 이름을 포함시키고 있다. 이는 브랜드 확장에도 아르마니라는 브랜드 아이덴티티를 유지하기 위한 것이다. 브랜드 로고에도 브랜드 아이덴티티인 절제미가 반영되는데, 이를 위해 아르마니의 모든 브랜드에 검은색과 흰색의 조합을 사용하여 브랜드명을 표기하고 있다. 엠포리오 아르마니의 로고에는 아르마니의 상징인 독수리를 포함시키기도 한다.

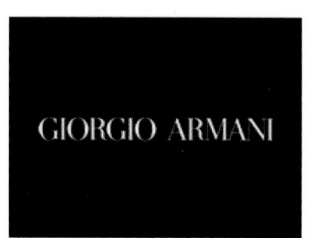  

사진 5 | 조르지오 아르마니 로고

Brand Color

아르마니는 절제미와 우아함이라는 브랜드 아이덴티티를 효과적으로 전달하기 위해 색감의 사용에도 일관성을 둔다. 아르마니의 주된 색감은 검은색이나 흰색, 회색, 베이지색 등의 무채색이다. 화려하지 않은 색감을 통해 단순하지만 고급스러운 느낌을 주는 것이 아르마니 제품의 핵심이라고 할 수 있다. 정장류를 즐겨 입는 30대에

사진 6 | 아르마니 향수 포장　　　　　　　　　사진 7 | 아르마니 지갑 포장

서 50대 사이를 주요 고객층으로 삼는 조르지오 아르마니나 아르마니 콜레지오니와는 달리, 젊은층 중심의 아르마니 익스체인지에는 회색류의 무채색에 네온 컬러 등으로 포인트를 주어 젊은 감각을 살리기도 한다.

Package
상품의 포장 역시 절제된 아름다움이라는 브랜드 이미지를 반영하여 심플하고 모던한 스타일을 따른다.

Brand Strategy

Product
_상품 라인 및 특징
아르마니는 조르지오 아르마니, 아르마니 콜레지오니, 엠포리오 아르마니, 아르마니 진, 아르마니 익스체인지 등 세분화된 브랜드별로 의류를 비롯하여 향수를 포함한 화장품, 속옷, 신발, 가죽 소품, 모자나 넥타이와 같은 액세서리 등 다양한 상품을 판매하고 있다. 또한 아르마니의 상품은 이와 같은 패션 상품에만 머무르지 않고

사진 8,9 | 아르마니의 확장 브랜드 아르마니 레스토랑과 아르마니 카페
사진 10 | 아르마니의 확장 브랜드 아르마니 카사

고객들이 생활하는 거의 모든 분야에서 아르마니의 상품을 접할 수 있도록 하고 있다. 아르마니 까사가 판매하는 가구와 가정용품, 삼성과의 합작을 통해 출시한 아르마니 폰, 외식문화의 전파를 위한 아르마니 카페와 레스토랑 등이 그 예라고 할 수 있다. 이를 종합해보면, 아르마니는 아르마니만의 문화를 생산하여 소비자에게 전달하는 브랜드라고 할 수 있으며, 끊임없는 시장조사, 고객의견 수렴을 통해 아르마니 고유의 새로운 고급문화 New Noble Style 를 만들어냈다고 할 수 있다. 문화를 판매하는 중심에는 브랜드라는 상징물이 있고 그 브랜드의 중심에는 소비자가 있다. 소비자 없이 브랜드는 만들어지지 않으며, 이는 곧 소비자 없는 마케팅은 의미가 없음을 의미한다. 기업은 문화적 관점에서 소비자의 의견과

Emporio Armani
foil-stamped logo bar

사진 11, 12 | 아르마니의 확장 브랜드 아르마니 폰과 아르마니 초콜릿

제품에 대한 평가를 적극적으로 반영해야 하는데 소비자의 피드백이 곧 자사 브랜드를 하나의 문화로 만들 수 있는 바탕이 되고, 피드백의 적극적인 반영은 소비자와의 공감대를 이끌어내는 과정이기 때문이다. 아르마니는 소비자와의 지속적인 커뮤니케이션 활동을 디자인과 신제품 개발로 연결시켜 결국 그들과의 공감대를 이끌어낼 수 있는 상품을 제공하고 있다.

_브랜드 확장

아르마니는 성공적인 브랜드 확장의 대표적인 사례이다. 앞서 말했듯이, 아르마니는 패션 분야뿐 아니라, 상품 영역을 라이프스타일 전반에까지 확대하여 하나의 총체적인 브랜드로 거듭나고 있다. 2001년 엠포리오 아르마니는 국제적인 연간 매출 성장률이 18%에 달하였으며, 밀라노와 LA, 뉴욕과 파리, 아테네에 아르마니 카사의 본사를 설치함으로써 신제품의 국제 경쟁력을 확대하였다. 또한 조르지오 아르마니의 향수 부문은 '엠포리오 아르마니 화이트' 라인의 성공적 런칭과 '아쿠아 디 지오'의 지속적인 상승세로 유럽 지역에서 19%의 매출신장을 기록하였다. '아쿠아 디 지오' 남성 라인은 전 세계적으로 대표적인 남성 향수로 꼽히고 있다. 이렇게 아르마니는 지속적인 브랜드 확장 전략을 통해 라이프스타일 전반을 아우르는 브랜드로서 자리잡고 있다. 아르마니의 성공적인 브랜드 확장은 다른 럭셔리 브랜드에도 바람직한 선례가 될 것이다.

Place

_유통망

아르마니의 매장은 이탈리아의 플래그십 스토어에서 출발하여, 섬유 기업 연합회와 계약으로 완비된 거대한 유통망을 배경으로 시장 확장에 성공했다. 밀라노 만조니 31번가에는 엠포리오 아르마니가 중심이 된 매장이 위치하며 남성의류뿐 아니라 아르마니 레스토랑, 카페, 까사 등도 위치한다. 또한 밀라노 산안드레아 거리에는 조르지오 아르마니의 매장이 위치한다. 별도의 상설매장은 피렌체 외곽 지역에 위치한다. 미국 시장에서는 고급 쇼핑거리마다 각각의 세부 브랜드별 플래그십 스토어가 위치하고 대형 쇼핑몰이나 백화점에도 브랜드 매장을 두고 있다. 또한 한국, 중국, 일본, 홍콩, 말레이시아, 필리핀, 싱가포르 등의 아시아 지역에도 진출해 있다.

사진 13 | 파리의 아르마니 플래그십 스토어
사진 14 | 상하이의 아르마니 플래그십 스토어

우리나라의 경우 아르마니는 되도록 백화점 내의 브랜드 매장 설치를 지양하고 있지만 국내 마케팅 실정상 백화점 내의 매장 마련은 불가피하다. 단 백화점에 입점하더라도 샤넬이나 에르메스와 같은 품격 있는 럭셔리 브랜드 매장의 근접을 선호하고 있다.

_주요 플래그십 스토어

디자이너 자신이 건축에 대한 조예가 깊은 아르마니의 매장은 시대성을 초월한 조형미를 가진다. 조르지오 아르마니와 건축가 클라우디오 실베스트린Claudio Silvestrin이 공동으로 리뉴얼 작업을 진행해 오픈한 밀라노, 파리, 청담 매장은 장식을 배제하고 절제미를 살린 아르마니 컬렉션의 느낌과 흡사한 분위기를 풍긴다. 은은한 크림톤의 석재인 세인트 맥시민 스톤St Maxmin Stone으로 매장 외형을 감쌌으며 벽면과 바닥은 흑단으로, 가구는 마카사르 에보니Macassar ebony 소재를 활용해 깔끔하고 심플하게 처리했다. 또 천장에 숨어있는 새틴 가공 처리된 간접조명 등은 직선적인 실루엣, 간결한 스타일, 기본적인 품위로 표현되는 그의 컬렉션을 그대로 반영한다.

또 다른 아르마니의 글로벌 스토어로는 2004년 1월에 오픈한 상하이의 번드Bund 매장이 있다. 상하이 스토어는 중국 본토에서는 최초로 오픈한 디자이너 플래그십 매장으로 2002년 11월에 오픈한 홍콩 플래그십 스토어인 채터 하우스Chater House를 본땄다. 중국 진출의 교두보적 성격을 가지는 이 매장은 조르지오 아르마니 부티크와 엠포리오 아르마니 부티크, 아르마니 카페로 구성된다. 34,000평방피트의 면적으로 규모 면에서는 밀라노 본사의 만조니 다음으로 크다.

Price

아르마니는 가격대가 각각 다른 서브 브랜드를 등장시켜 다양한 고객층을 확보하였다. 즉 각 브랜드마다 타깃 고객층이 다양하므로 이들의 소비패턴, 연령대, 선호하는 스타일이나 디자인, 라이프스타일 등을 고려하여 다양하게 상품을 만들어 다양한 가격대에 제공한 것이다. 아르마니 콜레지오니의 수트는 300만 원대에서 시작하고, 보다 대중화된 엠포리오 아르마니의 아우터는 100만 원에서 200만 원선이다. 또한 아르마니 진의 청바지는 50만 원선이고 젊은층을 타깃으로 한 아르마니 익스체인지는 10만 원대의 티셔츠에서 50만 원대의 아우터를 판매하고 있다. 아르마니 콜레지오니는 부유하지만 합리적인 소비자의 마음을 사로잡았으며, 아르마니 익스체인지는 아르마니만을 고집하는 젊은 마니아층을 형성하였다. 아르마니는 특별히 노세일No-sale 정책을 쓰지는 않는다. 정기 세일기간인 S/S와 F/W 시즌별 세일기간에 플래그십 스토어는 물론 백화점이나 쇼핑몰에 있는 아르마니 브랜드에서 40%까지 할인된 가격으로 상품을 판매한다. 이러한 정기 세일기간 외에도 지역별 시장의 성격에 따라 연휴 세일기간을 두는 등의 유연한 세일 정책을 사용한다.

Promotion

_적극적인 매체의 활용

아르마니의 사업가적 역량은 매체 활용에서도 두드러졌다. 그는 매체를 이용해 자신의 스타일을 제시하고 표현할 줄 알았다. 아르마니는 일찌감치 패션에 대한 디자이너의 해석을 전달하는 데 매체가 중요하다는 사실을 깨닫고 시대에 맞아 떨어지는 이슈들을 만들어내며 사람들의 입에 오르내리게 했다. 또한 벽면 광고를 최초로 이용하여 제품을 홍보하는 수단이 아니라 하나의 작품으로서 해석이 필요한 광고를 제작하였다. 아르마니는 자신의 아이덴티티를 구축하고 강화하기 위해 다양한 매체를 사용하는 기업가이자 커뮤니케이터, 스타일리스트였다.

_PPL을 통한 브랜드 홍보

1980년 〈아메리칸 지골로〉라는 영화의 주연으로 나온 리처드 기어Richard Gear의 의상을 담당한 사람이 바로 아르마니였다. 1979년 아르마니 미국 법인을 설립한 다음에 시장 진출을 위한 마케팅에 직접 나선 것이다. 영화의 주요 장면마다 아르마니 양복을 입고 나온 리처드 기어의 영향으로 아르마니에 대한 인지도가 크게 올라갔고, 그 이후 미국에서 옷이 없어 못 팔 정도의 큰 성공을 거두었다. 지금도 아카데미상 시상

사진 15 | 〈아메리칸 지골로〉에서의 아르마니 수트
사진 16 | 아카데미 시상식에서의 아르마니 수트

식 같은 행사에서 할리우드 스타들은 아르마니의 옷을 가장 즐겨 입고 있다. 이 영화 이후에도 아르마니는 많은 영화들의 의상을 담당하며 영화나 예술 사업에 투자를 아끼지 않고 후원하고 있다. 아르마니는 기업 마케팅을 점점 사회적인 면으로 확대하여, 1989년 여성암 연구기금을 모으기 위한 행사를 열기도 하였다.

_아르마니 패션쇼

아르마니의 패션쇼에서는 브랜드 컨셉인 절제미를 단적으로 보여준다. 패션쇼는 소비자에게 신상품을 선보이는 소개의 장이자 브랜드의 아이덴티티를 효과적으로 전달할 수 있는 통로가 되기 때문이다. 더 나아가 아르마니는 패션쇼에 문화적인 측면을 활용한다. 1995년 S/S 컬렉션을 20세기 폭스사의 스튜디오에서 여는 등, 1988년 현대미술관에서 패션쇼를 개최한 이후 많은 미술관에서 패션쇼를 개최하여 문화산업을 지원하였다. 이렇게 상품을 소개하는 패션쇼를 문화산업과 연결하는 것은 브랜드 이미지 제고에 긍정적인 영향을 줄 수 있다.

사진 17 | 밀라노에서 열린 아르마니 전시회

_전시회

아르마니는 2000년 '조르지오 아르마니 전시회'를 개최하였다. 이 전시회는 2000년 뉴욕에서 시작하여 로마, 베를린, 런던, 도쿄, 상하이를 거쳐 밀라노 트리엔날레에서 막을 내렸다. 이 전시회에서 아르마니는 자신만의 고유한 커리어를 쌓아오며 영화 장르에서도 크리에이터와 스타일리스트의 역할을 하는 등 다양한 문화적 영향을 준 인물로 묘사되었으며, 600여 점에 이르는 아르마니 의상과 오리지널 드로잉, 아르마니의 30여 년의 커리어와 사상을 담은 동영상 등이 전시되었다. 아르마니는 그만의 깔끔한 실루엣, 우아하고 절제된 미의식, 섬세한 장인정신을 전달함으로써 전시회를 브랜드 프로모션에 활용하였다고 할 수 있다.

_콜래버레이션

아르마니는 다양한 브랜드 그룹과의 합작을 통해 브랜드 홍보 효과를 창출하고 있다. 2000년 아르마니 그룹은 아르마니 콜레지오니 남성복 라인의 생산과 유통에 있어 저명한 남성 정장 브랜드인 에르메네질도 제냐 그룹Ermenegildo Zegna Group과의 합작을 시작하였다. 이 사업의 목적은 양 그룹 간의 시스템을 합리적으로 통합함으로써 국제 브랜드로서의 역량 확대와 시너지 효과의 창출이라고 할 수 있다. 조르지오 아르마니와 제냐라는 이탈리아 럭셔리 브랜드의 합작은 국제 시장에서의 경쟁력을 더욱 향상시키는 기회를 제공할 뿐 아니라 소비자의 요구에 보다 효과적으로 대응할 수 있도록 하였다. 이 밖에도 아르마니는 20년 전부터 로레알L'Oreal사와 대규모 라이센싱 계약을 통해 아르마니라는 브랜드 네임으로 향수제품을 런칭하였고, 엠포리오 아르마니와 아르마니 진 라인을 런칭하여 새로운 시장의 소비자층을 확보하고 있다. 이와 같은 합작은 아르마니는 물론 파트너 브랜드의 가치를 향상시키고 소비자에게 보다 강력한 메시지를 전달함으로써 효과적인 마케팅 수단이자 커뮤니케이션 통로로서 작용하고 있으며, 아르마니 그룹이 라이프스타일 브랜드로서 성공을 거두는 데 있어 핵심적인 역할을 하고 있다.

Web Communication

아르마니는 아르마니 웹사이트를 통해 아르마니 화장품, 아르마니 콜레지오니, 엠포리오 아르마니, 아르마니 익스체인지의 상품에 대해 온라인 판매를 실시하고 있다. 아르마니 콜레지오니의 경우에는 미국의 고급 백화점인 니만 마커스(Neiman Marcus)와 연계한 온라인 판매도 하고 있다. 미국 외의 지역의 경우 온라인상에서는 주문할 수 없더라도 전화를 통해 주문할 수 있도록 하고 있으며 또한 온라인 채팅(online chat)을 통해 제품에 대해 직원과 이야기를 나눌 수도 있다. 엠포리오 아르마니와 아르마니 익스체인지의 경우에는 프랑스, 독일, 이탈리아, 스페인, 스위스, 미국, 영국 등의 제한된 국가에서만 온라인 판매를 실시하고 있지만, 그 외 국가의 경우 이메일을 통해 주문을 받는 개별적인 경로를 마련해두고 있다. 마지막으로 아르마니 화장품은 온라인 판매를 실시할 뿐만 아니라 아르마니 화장품을 비롯한 향수와 화장품에 관심이 많은 사람들을 아르마니 화장품 커뮤니티로 초대하여 인터넷을 통한 고객과의 상호작용이 이루어지도록 하고 있다. 아르마니는 다른 럭셔리 브랜드들에 비해 인터넷을 폭넓게 활용하고 있으며, 이러한 발빠른 시도는 아르마니가 럭셔리 브랜드의 선두주자로 발돋움하기 위한 경쟁력 향상에 큰 도움을 주리라 예상된다.

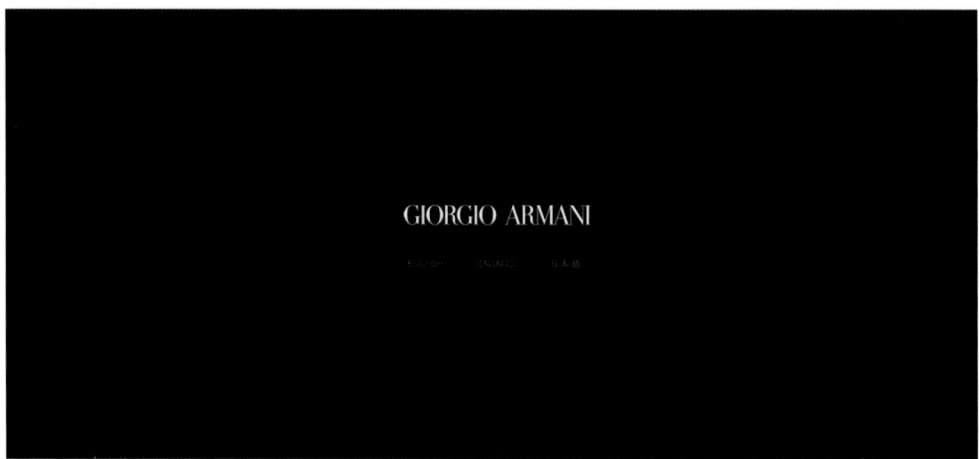

사진 18 | 아르마니 웹사이트 www.giorgioarmani.com

사진 19 | 엠포리오 아르마니의 온라인 판매

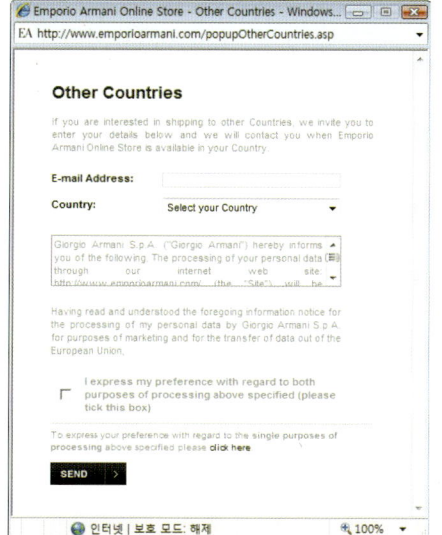
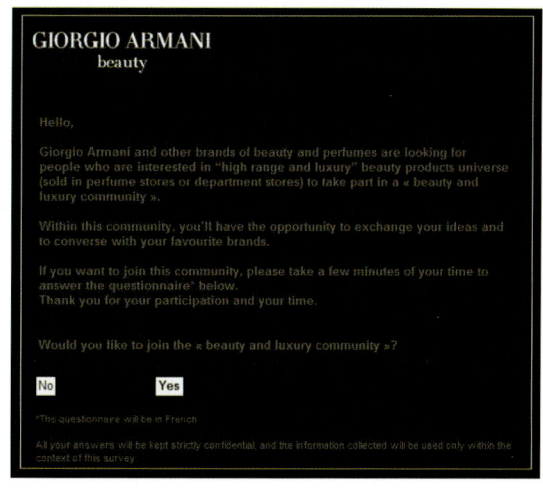

사진 20 | 배송불가 지역의 특별 주문
사진 21 | 온라인 커뮤니티로의 초대

Key Success Factors

1. 꾸준한 브랜드 아이덴티티의 유지

아르마니는 다양한 고객층을 고려하여 브랜드를 확장했지만, 그 가운데 브랜드 아이덴티티는 엄격하게 유지하였다. 아르마니의 어떤 서브브랜드에서도 브랜드 아이덴티티인 절제된 아름다움을 찾아볼 수 있다. 고객의 요구가 무엇인지 정확하게 파악하고 이를 그저 단순한 스타일이 아닌 절제된 아름다움으로 승화시키는 것은 디자이너의 힘이며 이러한 브랜드 아이덴티티를 일관되게 유지하는 것은 브랜드 마케팅의 힘이라고 할 수 있다. 시간과 장소에 얽매이지 않고 일관되게 세련됨을 유지할 수 있는 아르마니의 브랜드 가치는 앞으로도 계속 브랜드 성공의 핵심적인 요소로 작용할 것이다.

2. 고객층을 고려한 브랜드 확장

아르마니는 고급스럽고 세련된 스타일이 부유층의 전유물만으로 머물러 있지 않도록 하기 위해 다양한 가격대의 브랜드로 확장전략을 사용했다. 각각의 타깃층에 맞게 가격대와 개성을 가지는 서브브랜드들은 모든 아르마니 브랜드의 공통 분모라고 할 수 있는 절제된 아름다움을 각각 다른 방식으로 표현하고 전달하고 있다. 즉 조르지오 아르마니나 아르마니 콜레지오니와 같은 고가의 브랜드는 좀더 고급스럽고 포멀한 이미지로, 엠포리오 아르마니나 아르마니 익스체인지와 같은 부담 없는 가격대의 브랜드는 좀더 편안한 이미지로 컨셉을 조성하는 것이다. 이렇게 아르마니가 다양한 고객층을 고려하여 그에 걸맞은 브랜드 확장을 함으로써 이 브랜드가 근본적으로 고객지향적인 마케팅에 충실하고 있으며 이것이 성공요인으로 작용했음을 알 수 있다.

3. 사업전략의 차별화

대부분의 럭셔리 브랜드들이 더욱 독점적인 차별화를 하기 위해 'Made in Italy' 패션에 투자하는 사이 아르마니는 이들과는 다른 길을 선택했다. 대부분의 브랜드가 중국의 저가 제품 공략에 맞서 최고급 제품을 추구하는 반면, 아르마니는 경제력을 갖춘 젊은 소비층을 겨냥하여 1991년 런칭한 메트로폴리탄 브랜드인 아르마니 익스체인지 라인을 강화하고 런던과 도쿄에 새로운 플래그십 매장을 오픈하여 향후 세계적인 영 브랜드의 하나가 될 것을 목표로 하고 있다. 'Made in Italy'의 명성과 수익을 보호하기 위해 베르사체는 캐주얼 라인을 정리하고 최고급 럭셔리 브랜드로의 전환을 위해 호텔, 개인 전용기와 요트 인테리어로 사업 다양화를 추진하였다. 이와 반대로 아르마니 그룹은 고객의 기호와 가격대가 완전히 분리된 5개 브랜드 각각을 타깃 시장에 모두 만족시키고자 하는 전략에 집중하고 있다. 중가 제품과 최고급 제품을 동시에 제시하는 것이 아르마니의 명성을 훼손할 수도 있겠지만, 아르마니는 조르지오 아르마니와 엠포리오 아르마니의 광고와 마케팅을 지속적으로 강화함과 동시에 각각의 브랜드들은 매장 디자인부터 유통, 광고에서 배송, 제품 컨셉, 생산까지 모든 부문이 차별되고 분리되어 각각 다른 접근을 통해 운영함으로써 브랜드 아이덴티티를 유지하고 있다.

Brand Future

1. 실용주의와 대중적인 노선의 유지

샤넬과 에르메스 등 경영에 성공한 럭셔리 브랜드들의 성공의 바탕에는 언제나 변하지 않는 실용주의적인 이념이 있다. 이러한 관점에서 볼 때 아트웨어적인 패션 취향을 거부하고 런칭 이후로 지금까지 변하지 않는 실용주의적인 노선을 유지하고 있는 아르마니 역시 이에 속한다고 할 수 있다. 그러므로 이러한 실용적이고 대중적인 이념을 계속해서 고수해 나가야 할 것이다.

2. 브랜드 확장 과정에서 브랜드 아이덴티티 유지

매출액 증가와 브랜드 규모의 성장을 고려할 때, 브랜드 확장이 아르마니라는 브랜드를 보다 대중화하는 데에 기여했다는 점은 부인할 수 없다. 엠포리오 아르마니나 아르마니 익스체인지와 같은 브랜드는 아르마니를 보다 많은 사람이 즐기고 추구할 수 있는 브랜드로 자리매김하게 하였다. 그러나 패션 브랜드로서의 브랜드 확장과 라이프스타일 브랜드로서의 브랜드 확장은 구별되어야 한다. 패션 브랜드로서의 아르마니는 세부 브랜드마다 특징적인 아이덴티티를 부여해야 하지만, 라이프스타일 브랜드로서의 아르마니는 브랜드의 출발인 조르지오 아르마니의 아이덴티티에 초점을 두어야 한다. 패션 아이템 외의 아르마니 카사, 레스토랑, 식품(초콜릿 등), IT 제품 등의 경우에는 조르지오 아르마니의 품격이 중심이 될 때에만 성공적인 브랜드 확장이 이루어질 수 있다. 패션 브랜드로서 아르마니를 찾는 고객층은 다양한 가치를 추구하지만 패션 외의 분야에서 아르마니를 찾는 고객층은 조르지오 아르마니의 고급스러운 이미지와 품격을 추구하기 때문이다. 소비자들이 아르마니 익스체인지의 의류를 구매할 때와 아르마니 카사, 아르마니 폰을 구매할 때에 선택의 관점이 다른 것이다. 소비자들은 이미 아르마니 익스체인지와 같은 하위 패션 브랜드에 대한 개념을 확립하고 각각의 하위 브랜드에 상응하는 기대치를 가지고 있더라도 패션 외의 분야에서는 언제나 조르지오 아르마니의 최상위 서비스와 이미지를 기대할 것이다. 이러한 점을 고려할 때, 라이프스타일 브랜드로서 아르마니의 브랜드 확장에는 조르지오 아르마니와 견줄 만한 최상위 이미지와 그만한 장인정신, 서비스가 일관되게 적용되어야 할 것이다.

3. 장인정신의 유지를 위한 하청업체들과의 관계

최근 이탈리아 내에서 장인정신을 바탕으로 명맥을 이어오던 생산 담당 중소기업들이 몰락해가고 있다. 브랜드들의 생산기지를 중국으로 이전하거나 혹은 중국 생산기술자들을 이탈리아로 역수입하고 있는 현상 때문이다. 이에 따라 아르마니 또한 장기적인 문제점에 노출될 수밖에 없게 되었는데 세계적으로 생산기지를 중국화하고 있는 현상에 맞서 최고 장인정신이라는 중요한 럭셔리 브랜드의 가치를 잃지 않기 위한 노력이 필요하게 되었기 때문이다. 따라서 아르마니는 이탈리아 내 하청업체와의 상생 협력 또는 새로운 중국시장의 생산기지 중 하나를 택하든지 혹은 두 가지의 적절한 활용을 통해 이미지와 품질, 생산성을 두루 갖출 수 있는 경영방침을 세워야 할 것이다.

럭셔리 주거문화, 아르마니가 바꾼다

아르마니 까사ARMANI CASA는 세계적인 패션 디자이너 조르지오 아르마니가 만든 리빙 브랜드다. 조르지오 아르마니는 폭넓고 다양한 영역에서 그만의 디자인에 대한 신념과 철학을 선보였다. 그의 디자인이 인기 있는 이유는 단순하면서도 고급스러움을 함축하고 있기 때문이다. 이러한 특징은 '아르마니 스타일'이라는 신조어를 만들어냈고, 그의 탁월한 감각과 비전은 '공간'을 넘어 '삶'을 디자인하기에 이르렀다. 그래서 탄생한 것이 바로 리빙 컬렉션인 아르마니 까사이다.

    지난 2000년에 런칭한 아르마니 까사는 현재 토털 라이프스타일 브랜드로 자리잡았고, 전 세계 80개 매장을 운영하면서 선풍적인 인기를 모으고 있다. 아르마니 까사 매장은 세계 유수의 도시에 위치하고 있으며 국내에서도 역시 서울 청담동에서 매장을 운영하고 있다. 아르마니 까사는 한국에 매장을 연 지 4년도 안 되었지만 아시아 지역에서 1~2위를 다툴 정도로 성장하였다. 아르마니 까사는 트렌드를 주도하고 이끌어가는 브랜드로서 고객들의 니즈에 맞는 라이프스타일을 제안하는 것이 최대 목적이다.

    아르마니 까사는 한국에서 랜드마크가 될 수 있는 초고층 빌딩의 내부 인테리어를 계획하고 있다. 서울에서는 단 한 개의 프로젝트만 진행할 계획이며, 가구수도 200개 내외로 진행할 방침이다. 통상 한 가구당 약 2억 원의 비용을 감안해도 무려 400억 원의 매출을 일거에 거둬들일 수 있는 수준이다. 이러한 프로젝트가 가능한 이유는 바로 아르마니 까사라는 브랜드 파워가 뒷받침되고 있기 때문이다.

월간 CEO 2007년 10월호에서 발췌

"가장 기본적인 것이 최상이다."
찰스 티파니 | Charles L. Tiffany

TIFFANY & CO. | 티파니

About TIFFANY & CO. ..

티파니는 1837년 미국의 찰스 티파니와 존 영이 뉴욕에 세운 보석회사이자 세계적인 보석 브랜드명이다. 티파니는 최상급의 원석만을 사용하고 특별한 세팅 기술을 갖춘 회사로 유명한데, 특히 반지 제품은 세계에서 가장 사랑받는 결혼반지로 미국 명품의 자존심으로 통한다. 하얀 리본, 블루 박스로 기분 좋은 긴장감을 불러일으키는 티파니의 아름다움은 좋은 등급의 원석과 재료를 탁월한 장인의 기술로 훌륭하게 디자인하고자 끊임없이 노력한 결과이고, 이는 당시 사회적으로 급부상하던 '아메리칸 스타일'과 호응하게 되었다.

티파니는 전 세계 100개 이상의 매장을 통해 모든 축복된 날들을 위한 가장 품위 있는 선물의 상징으로 그 명성을 유지하고 있다. 티파니가 판매하고 있는 다이아몬드는 전 세계에서 생산되는 다이아몬드의 1%도 채 안 되는 품질을 자랑한다. 인생의 중요한 순간을 영원히 기억하고픈 사람들을 위한 티파니는 21세기인 오늘날까지 아름다운 광채를 내고 있다.

History

_Timeline

1837	'티파니 앤 영' 시작
1845	주문 방식 거래 채택
1848	은세공 작업실 개점. 은제품 제조업자 존 무어 영입
1850	파리에 매장 개점
1853	티파니 앤 코로 이름 변경
1867	파리 국제장신구전시회에서 은공예 부문 금메달 수상
1868	런던에 지점 설치
1878	블루 컬러를 책의 표지에 처음 사용
1886	티파니 세팅 탄생
1887	'다이아몬드 왕' 이라는 칭송
1963	샌프란시스코 매장 설립
1972	일본에 매장 설립
1987	티파니 150주년
1999	루시다 소개
2000	티파니 앤 코 재단 설립
2003	티파니 리가시 소개
2007	티파니 노보 발표

친구 사이이던 찰스 티파니Charles Tiffany와 존 영John Young은 고향인 뉴잉글랜드를 떠나 1837년 뉴욕에서 문구용품과 팬시용품을 파는 '티파니 앤 영Tiffany & Young'이라는 상점을 연다. 같은 해에 이들은 티파니 브랜드의 고유 색상이 담긴 티파니 블루 박스The Tiffany Blue Box를 선보였고 또한 그들은 물건값을 흥정하지 않고 가격표에 표시된 대로 팔고 싶었기에 당시로서는 획기적인 가격정찰제를 도입했다. 하지만 이로 인해 매

장을 연 첫날 매출액은 불과 4달러 98센트 밖에 되지 않았다. 그럼에도 불구하고 티파니는 유럽 제품의 수입상들로부터 구해온 희귀하고 이국적인 물건을 당시 유럽 귀족들의 고상함과 부유함을 은근히 동경했던 미국 상류층에게 선보여 뉴요커들을 매료시켰다. 최고 품질과 독특한 디자인만이 사업을 성공으로 이끌 수 있다고 확신한 티파니는 자연스러운 조화와 질서정연한 비례가 강조된 미국적인 제품들을 디자인하기 시작했다. 1845년에는 '첫 번째 블루 책The first Blue Book'이라는 통신 판매 카탈로그Mail-order catalog를 도입했다.

사진 1 | 티파니 블루 박스와 반지

1847년을 시작으로 티파니는 금제품을 생산하기 시작하였고, 1년 뒤 유럽의 다이아몬드 가격이 절반으로 떨어졌을 때는 다이아몬드를 대량 구입하기도 했다. 1851년에는 은제품을 생산하기 시작하여 미국 회사로는 최초로 은순도 92.5% 이상을 의미하는 925/1000 규격을 따냈다. 당시 영국 은화의 표준이었던 이 규격은 후에 미국의회에서 스털링 실버Sterling Silver라는 미국의 은제품 공식 기준으로 인정받게 됐다. 현재까지도 티파니의 모든 은제품에는 회사명과 함께 스털링 또는 925/1000이 표시되어 있다.

사진 2 | 티파니의 창시자 찰스 티파니

1853년에는 찰스 티파니가 회사의 모든 지분을 인수하게 됨으로써 회사 이름이 티파니 앤 코Tiffany & Co.로 바뀌게 되었다. 티파니는 공식 명칭을 바꾸면서 매장도 브로드웨이 550번가로 이전하였다. 1858년에는 대서양의 해저 전선사업이 성공하자 그것을 기념하기 위해 쓰다 남은 케이블로 기념 문전을 제작해 큰 호응을 얻기도 했다. 1862년에 발생한 남북전쟁은 티파니에게 큰 기회를 가져다주었다. 티파니는 이 시기에 연합군을 위한 칼, 깃발, 수술용 집기 등 군수물품들을 제조하며 가장 미국적인 브랜드로 자리잡게 된다. 연합군의 승리로 끝난 전쟁으로 미국은 풍요로운 시기를 보낸다. 이런 시대의 흐름에 대처하여 티파니는 화려하고 정교한 보석들을 주로 만들어냈다. 이는 록펠러Rockefeller와 같은 신흥부자들을 유혹하면서 티파니를 상류층의 보석 브랜드로 확실히 자리잡게 하였다.

하지만 티파니가 세계적으로 인정받기 시작한 것은 것은 1867년 파리에서 열린 국제 디자인박람회에서였다. 여기에서 티파니는 미국 기업으로는 사상 처음으로 은과 보석 부문을 포함해 모두 8개 메달을 받게 된다. 이를 계기로 티파니는 유럽 왕족들의 금은을 세공하는 영광을 얻었을 뿐더러 글로벌 브랜드로 급성장하게 된다. 이후 티파니는 매장을 샌프란시스코, 런던, 일본 등으로 확장하고, 제품 라인도 보석, 식기, 크리스털, 필기용품으로 확장하였다. 티파니는 1877년 남아메리카의 킴벌리 광산에서 287.5캐럿의 최상급 다이아몬드를 소유하게 되었고 이후 1년간 정밀검사를 거쳐 이 원석의 절반 이상을 깎아냄으로써 지금까지 발견된 팬시 옐로 다이아몬드 가운데 가장 크고 우수한 다이아몬드를 탄생시켰다. 불꽃처럼 화려하고 눈부신 광채를 발하는 티파니의 다이아몬드는 전통적인 브릴리언트컷에 비해 32면이 더 많은 90면으로 연마되었으며 지금도 뉴욕 5번가 티파니 본점 1층에 전시되어 있다.

1987년 뉴욕 증시에 상장한 티파니는 이후 한번도 적자를 기록한 적이 없을 정도로 지금까지 탄탄한 기업으로 많은 이들의 사랑을 받고 있으며, 2006년 티파니의 보석 판매는 매출의 83%를 차지하면서 보석 시장에서 탄탄하게 자리잡고 있다.

Brand Concept

단 하나의 제품도 서두르는 법 없이 정성을 다하는 장인정신으로 제품의 아름다움을 만들어내는 것이 티파니의 컨셉이다. 이제는 다이아몬드의 기준이 된 '티파니 세팅'은 전 세계 다이아몬드의 상위 1% 안에 포함될 정도로 최상의 품질을 보장한다. 티파니는 황홀한 제품들을 제공하며 영화 속 '환상'이 아닌 현실 속의 '꿈'으로 자리잡은 브랜드이다. 화려하면서도 간결한 도시적 이미지를 담고 있는 티파니의 디자인과 티파니의 상징이 된 하늘색 상자에 흰색 리본 포장의 티파니 블루 박스는 보다 행복하고 안락함을 추구하는 현대인의 사랑을 표현한다. 티파니는 고급스러움과 우아함을 나타내어 선물을 주는 사람이나 받는 사람의 지위와 위신을 높여주며 보는 것만으로도 로맨틱한 환상을 불러일으키는 브랜드다.

Brand Identity

티파니를 상징하는 엷은 스카이 블루 컬러의 상자 속에서 반짝이는 반지는 뭇 여성들의 가슴을 설레게 한다. 많은 사람들과 행복하고 특별한 순간을 함께해온 주얼리 브랜드 티파니는 독창적이고 뛰어난 디자인으로 사랑에 빠진 수많은 연인들의 마음을 상징해왔다. 티파니는 실버와 골드의 패션 주얼리에서부터 다이아몬드와 화려한 유색석의 하이 주얼리에 이르기까지, 아름다운 주얼리뿐만 아니라 팬시용품과 식기류 등을 함께 선보이고 있다.

"가장 기본적인 것이 최상이다 *Simpls is the Best*"라는 철학이 그대로 담긴 아름다운 디자인과 부드럽고 고급스러운 '티파니 블루' 컬러에서 티파니의 고귀한 매력을 느낄 수 있다.

Brand Name & Logo

티파니사는 1837년 25세의 찰스 루이스 티파니가 친구 영과 함께 뉴욕에 문방구와 도자기를 취급하는 작은 가게를 세우고 '티파니 앤 영'이라는 이름을 붙인 데서 시작하였다. 그

TIFFANY & CO.

사진 3 | 티파니 로고

후 1853년에 찰스 루이스 티파니가 '티파니 앤 코'로 이름을 다시 지었다.

Color & Package

티파니를 소비자들에게 친숙하게 다가가게 만든 것이 바로 '티파니 블루' 포장이다. 1880년대 말 유명한 티파니 블루는 쇼핑백과 포장상자의 색상으로 처음 등장하였다. 연한 하늘색 빛깔에 네모난 종이상자 그리고 하얀색 리본은 티파니 세팅과 더불어 티파니의 또 다른 상징이 되며 높은 브랜드 자산으로 자리잡았다. 파란색하면 티파니, 흰색하면 다이아몬드나 시계 반지를 떠올릴 수 있도록 만든 것도 이미지 마케팅의 일환이라고 할 수 있다. 티파니의 상징인 티파니 블루는 티파니 앤 코와 함께 트레이드 마크로 등록되어 있어 미국을 비롯한 여러 나라에서 불법 사용이 금지되고 있다.

사진 4 | 티파니 패키지

Brand Strategy

Product

_상품 라인 및 특징

티파니는 창립부터 현재까지 끊임없이 브랜드를 확장시켜왔다. 대표적인 비즈니스인 보석을 중심으로 최고의 품질을 겸비한 티파니는 현재는 보석을 포함하여 식기류, 문구류 및 팬시용품, 향수까지 비즈니스 영역을 확장해 나가고 있다. 특히 보석 제품의 경우에는 약혼 및 결혼용 주얼리, 다이아몬드, 유색 보석, 금과 플래티늄,

사진 5 | 티파니 식기류

사진 6 | 티파니 실버 제품

실버 등으로 나누어 각 라인별로 다양한 제품들을 선보이고 있다.

 티파니의 명성을 잘 보여주는 것은 보석 세팅, 그중에서도 다이아몬드 세공기술이다. 티파니의 다이아몬드 제품은 전 세계 여성들의 마음을 흔들며 티파니를 세계적인 보석 브랜드로 성장할 수 있게 만들었다. 육지 세팅Six-Prong으로 불리는 티파니 세팅은 1886년 창업주인 찰스 루이스 티파니에 의해 처음 소개된 이래 그동안 단 한 번도 디자인을 바꿔본 적이 없을 정도로 완벽한 탄생과 성장 배경을 갖추고 있다. 티파니의 대표라 할 수 있는 티파니 세팅은 밴드에서 분리한 다이아몬드를 6개의 발이 받침으로써 다이아몬드를 통과하는 빛의 반사를 보다 완벽하게 구현하도록 하여 광채를 최대한 살려주는 티파니만의 독특한 세팅 기법이다. 이런 티파니의 기법은 세월이 흘러도 변함없이 전 세계에서 가장 사랑받는 전통적인 반지 스타일로 자리잡아 다이아몬드 제품 하면 가장 먼저 티파니가 떠오를 수 있도록 만들어주었다.

 '루시다Lucida'는 티파니가 티파니 세팅을 선보인 이후 144년 만에 새롭게 선보인 반지로서, 창조적이고 새로운 세팅의 다이아몬드 반지이다. '별 중에서 가장 빛나는

사진 7 | 티파니 세팅, 루시다, 티파니 레거시, 티파니 노보

별'이라는 의미인 루시다는 그동안 우아함, 정교함, 그리고 현대적인 매력을 선보인 티파니만의 디자인 전통을 한층 더 업그레이드한 것으로 이미 대표적인 라인으로 주목받고 있다. 특히 루시다만의 독창적인 커팅법은 다이아몬드 원석 자체의 아름다움을 그대로 살리며 여기에 현대적인 우아함과 세련미를 더해주고 있다. 또한 정사각형에 가깝게 디자인하여 현대적인 느낌을 주었고 높은 계단 형태로 커팅된 크라운 면과 넓은 단면들로 이루어져 있다. 이 새로운 컷은 다이아몬드만이 갖고 있는 우아한 아름다움이 루시다만의 독특한 개성으로 한층 빛나 보이도록 독창적으로 제작되었다.

고전적인 매력을 담은 다이아몬드 주얼리인 '레거시legacy 컬렉션'은 티파니의 또 하나의 유산이다. 전통이 깃든 유산이라는 의미를 지닌 레거시 컬렉션은 티파니 아카이브 주얼리에서 영감을 받은 디자인으로 170여 년을 이어온 티파니 다이아몬드의 역사와 전통, 디자인 유산을 상징한다. 1920년대를 풍미했던 아르데코풍의 섬세한 디테일과 여성적이고 로맨틱한 디자인에 영향을 받아 고전적인 아름다움을 전하는 레거시 컬렉션은 라운드와 페어 커트 다이아몬드가 세팅된 다양한 펜던트와 이어링 등으로 전개된다.

티파니의 혼합, 열정 그리고 스타일이 담겨 티파니에 의해 처음 탄생한 브릴리언트 쿠션 컷을 선보이는 '노보Novo 컬렉션'은 티파니의 유명한 128.54캐럿의 다이아몬드에 감명을 받아 탄생했다. 과거와 현재 그리고 미래까지 시간의 흐름에 구애받지 않는 티파니 노보의 디자인은 많은 이들의 사랑을 받고 있다.

티파니 시계 라인은 스위스에서 제작된다. 클래식 컬렉션은 본체가 18K 금이나 스테인리스스틸로 이루어져 있으며 심플한 디자인, 세련된 취향과 우아함의 조합으로 남녀별로 각각 다른 사이즈로 제공된다. 여러 색상과 더불어 다양한 소재와 가죽 끈으로 디자인할 수도 있다. '테소로' 컬렉션은 티파니 창립 150주년을 맞아 1987년에 탄생된, 디자인과 기능이 잘 어우러진 제품이다. 고급시계인 테소로는 18K 금, 진주 모패, 18K 금과 스테인리스스틸의 콤비 등 시계 다이얼 위에 다이아몬드가 액센트로 장식되어 있으며 광택, 무광택 등의 다양한 종류가 있다.

사진 8 | 티파니 시계

테소로 출시는 티파니 시계 사업 강화전략의 첫 단추로서 2002년에 티파니는 시계 비즈니스에 경쟁력을 갖추기 위해 '티파니 마크 Tiffany Mark'를 런칭하였다. 티파니 마크는 부품 전량을 스위스에서 가져다 제작하며, 수공으로 조립한 시계 케이스와 빛나는 다이얼판 등이 특징이다. 이에 이어 우아한 디자인에 현대적인 감각을 더하여 새롭게 만든 시계 컬렉션이 '코디스'다. 시계 가장자리 여백을 수평으로 정교하게 계곡 모양으로 조각한 듯한 디자인은 매우 깔끔하고 그래픽적이며, 작은 디테일까지도 완벽을 기울여 세공한 것이 특징이다. 또한 이 시계는 도마뱀 가죽 줄에 18K 금이나 백금에 세공된 사각형과 라운드의 두 가지 형태가 있어 취향에 맞게 고를 수 있다.

1837년 회사가 세워진 이래 티파니는 고급 진주의 조달원으로 세계적인 명성을 누렸다. 찰스 티파니는 티파니의 상류층 고객들에게 가장 아름다운 진주를 제공하

사진 9 | 티파니 진주

기 위해 수석 보석학자였던 조지 쿤즈 박사와 함께 세계를 두루 여행하였다. 티파니의 진주 제품들은 티파니의 보석 전문가들이 손수 진주들을 골라내며 색상, 모양, 크기, 광택 등 모든 것을 통일적으로 매치하는 것이 특징이다. 이들 중에는 일본 조개에서 나온 고전적인 양식진주가 있는데, 크기가 2mm에서 10mm까지 다양하며 색상은 백장미색, 금색, 은색, 푸른색 등이 있다.

Price

티파니는 노세일 정책을 사용하고 있으며 제품은 다양한 가격대에 분포되어 있다. 반지의 경우 실버 제품은 저렴한 가격으로 출시되어 10만 원대에서 100만 원대까지 가격대를 이루고, 골드는 25만 원대에서 500만 원대로 실버보다 좀더 높은 가격대를 형성한다. 목걸이는 30만 원대에서 5,000만 원대까지의 가격분포를 가지고, 티파니의 자랑인 다이아몬드는 80만 원대에서 20억 원대까지 고가를 이룬다. 시계는 90만 원대에서 1,200만 원대까지 디자인과 재료에 따라 다양한 가격대에 제공된다.

Place

_유통망

티파니는 오픈 이래로 전 세계 17개국에 150개 이상의 매장을 보유하고 있다. 미국 내에서는 판매의 대부분이 60여 개가 넘는 티파니 스토어에서 이루어진다. 주로 티파니 스토어나 고급 백화점, 부티크 등에서 판매가 이루어지고 있으나 기업과 기업 간의 직접적인 판매Business to business direct selling나 인터넷 또는 도매Wholesale를 통한 판매도 이루어진다.

본사의 직접적인 경로를 통한 판매로는 티파니 웹사이트나 카탈로그를 통한 구매 방법 등이 있고 그 외에는 티파니의 상품을 판매할 수 있도록 허가를 받은 전문 스토어에서 구매도 가능하다.

사진 10 | 도쿄 긴자 매장   사진 11 | 런던 본드 스트리트 매장   사진 12 | 뉴욕 매장

_주요 플래그십 스토어

티파니는 고유의 티파니 블루를 내세운 컬러 마케팅을 제품 포장이나 광고에는 적극적으로 활용하지만 그 외에는 티파니만의 클래식하고 전통적인 면을 고수하고 있다. 특히 티파니의 매장 외부와 내부는 마치 1837년에 처음으로 세워진 티파니 매장을 그대로 옮겨놓은 듯한 느낌을 준다.

Promotion

_블루와 화이트 컬러 마케팅

1880년대 말 등장한 연한 하늘색 빛깔의 타파니 상자와 리본은 티파니의 상징으로 자리잡아 블루 박스 하면 티파니를 떠올리게 되어 이미지 마케팅의 일환으로 사용되고 있다.

_감성 마케팅

감성 마케팅이란 눈에 보이지 않는 감성이나 취향을 눈에 보이는 색채, 형태, 소재를 통해 형상화하는 것이다. 티파니의 마이클 코왈스키 회장은 "티파니는 패션이 아니라 스타일입니다"란 한마디로 티파니를 정의했다. 이렇듯 티파니의 디자인은 유행을 타지 않고 엄격한 기준에 의해 변함없는 아름다움과 매력을 발산하고 있다. 패션보다는 스타일을 중시하는 티파니의 감성 마케팅 전략은 한 세기를 지나고도 변함없는 사랑을 누리게 하는 비결이고, 이로 인해 티파니는 순간의 허영이 아닌 영원

사진 13 | 티파니의 블루 박스

사진 14 | 감성 마케팅

한 동경을 제공하고 있다.

_귀족 마케팅

명품 중에서도 최상위 브랜드라 할 수 있는 티파니는 주요 고객으로 고소득층의 소비자들을 선정하고 그에 따른 전략을 구사하였다. 티파니 제품을 애용하는 고객층은 가격에 구애받지 않고 제품의 품질, 브랜드 인지도 또는 명성에 가치를 두는 소비자가 대부분이다. 대중매체를 통해 광고를 하는 다른 브랜드들과는 달리 티파니는 대중매체 광고를 전혀 하지 않는다. 오히려 소극적인 마케팅 전략을 통해 다수가 아닌 소수의 구매욕구를 불러일으키면서 입소문을 통한 마케팅 효과를 얻고 있다. 이는 쉽게 보고 얻을 수 있는 것은 상대적으로 가치를 낮게 보는 소비자의 심리를 이용한 것이다.

_건축가 프랭크 게리와의 콜래보레이션

2006년 3월 티파니는 캘리포니아 로스앤젤레스 베벌리힐스에서 건축가 프랭크 게리

사진 15 | 게리가 디자인한 티파니 주얼리

와 손을 잡고 "프랭크 게리 컬렉션" 런칭 행사를 개최했다. 프랭크 게리는 세계에서 가장 창조적이고 도전적인 건축가이며, 독일의 비트라 미술관과 빌바오 구겐하임 미술관을 탄생시킨 주인공이다. 티파니는 21세기를 빛낼 새로운 디자이너로 건축가 프랭크 게리를 선택하여 170여 년의 역사를 이어가는 티파니만의 창조적이고 아름다운 디자인을 계속해 나가게 되었다.

_티파니 전시회

티파니는 166년의 긴 세월 동안 세상에서 가장 빛나고 영광스러운 자리에서 세계 모든 이들의 기쁨과 희열을 함께해왔다. 티파니는 브랜드가 더욱 값진 브랜드로 자리잡고 그들의 고객에 더 가까이 다가가기 위해서 세계의 각 도시에서 티파니 전시회를 개최하고 있다. 뉴욕, 보스턴, 시카고 등 여러 미국 도시를 비롯하여 유럽 그리고 아시아 국가에서도 티파니의 전시회는 많은 사랑을 받았다. 2008년 6월에는 서울에서 티파니 보석전이 개최되었다.

사진 16 | 티파니 전시회

사진 17 | 티파니의 웹사이트 www.tiffany.com

Web communication

티파니 웹사이트에서는 모든 제품을 한눈에 쉽게 찾아볼 수 있다. 카테고리별로 정리가 잘 되어 있어 고객이 원하는 제품을 종류별로 볼 수 있으며 각 제품마다 가격도 표시되어 있다. 메인 화면에는 특별한 날을 위한 선물을 추천해주고 있다.

Key Success Factors

1. 영화와 드라마를 통한 브랜드 인지도 상승

티파니는 1961년 개봉된 영화 〈티파니에서 아침을〉을 통해 많은 고객들에게 한층 더 알려지기 시작했다. 이 영화의 주인공인 오드리 헵번은 뉴욕 맨해튼 5번가에 자리잡은 티파니의 본사 매장의 쇼윈도에서 눈을 떼지 못한다. 이 장면은 티파니 보석에 대한 세계 여성들의 동경을 보여주었다. 2002년 로맨틱코미디 부문 사상 최고의 흥행을 기록했던 〈스위트 알라바마〉에서는 주인공인 리즈 위더스푼이 티파니 매장에서 다이아몬드 광채 속에 사회적으로 부와 명예를 지닌 연인으로부터 환상적인 프러포즈를 받는 장면이 등장한다. 또한 미국의 인기 드라마 〈섹스 앤 더 시티〉에서 여주인공 중 한 명인 샬롯은 티파니에서 약혼반지를 맞춘다. 티파니는 대표 제품을 소비자들에게 친숙한 영화와 드라마를 통해 선망의 대상으로 각인시켜 브랜드의 인지도를

사진 18 | 〈티파니에서 아침을〉

사진 19 | 〈스위트 알라바마〉

높이는 데 성공하였다.

2. 티파니의 고집, 가격 정찰제

티파니의 제품은 절대로 가격할인을 하지 않는다. 티파니는 어떠한 경우에도 할인을 하지 않는 다는 원칙으로 유명한데, 이런 고집 때문에 미국의 링컨 대통령조차도 티파니에서 할인을 받지 못했다고 한다. 티파니의 가격정찰제 원칙은 불황인 현재에도 여전히 적용되고 있다. 불황을 이기지 못하여서 웬만한 명품들이 잇따라 세일 대열에 합류하고 있으며 각 백화점들도 세일기간을 통해 가격할인을 앞세워 불황을 타개해보려 하고 있다. 하지만 티파니는 까르띠에나 불가리, 쇼메 등의 보석 브랜드와 샤넬, 루이 비통 등 전통적인 '노 세일' 브랜드들과 합세하여 전혀 세일에 동참하지 않음으로써 브랜드의 고급스러운 이미지를 고수해오고 있다.

3. 좋은 업무 환경

티파니가 흑자를 내는 요인은 아마도 오랜 기간 동안 굳건히 지켜온 티파니의 브랜드 관리 정책 때문일 것이다. 최고의 제품을 만들고, 최상의 고객 서비스를 제공하며, 직원들을 아끼는 것에 총력을 기울이는 것이 바로 그것이다. 따라서 자연스레 많은 사람이 티파니를 알고 싶어하고 애용하고 싶어하며 또한 티파니에서 일하고 싶어한다. 이것은 티파니가 세계 최고의 보석회사라는 명성과 함께 개인의 창의성을 최대한 발휘할 수 있고 회사와 제품들을 통해 개인적인 성취감까지도 맛볼 수 있는 회사라는 인식을 심어주어 직원들은 쉽게 회사를 떠나지 않는다. 티파니의 직원들에 대한 배려는 곧 티파니의 브랜드 자산으로 직접 연결되기 마련이다.

Brand Future

1. 경쟁사들과의 대응 방안과 차별화 방안

티파니는 까르띠에, 불가리, 쇼메, 반 클리프 앤 아펠과 같은 경쟁 브랜드들과 함께 보석과 하이 엔드 주얼리 시장을 대표하고 있다. 럭셔리 보석 시장의 규모가 점점 거대해지고 브랜드간 경쟁이 치열해지면서 티파니도 이제는 이와 같은 시장 상황에 발맞추어 경쟁사들과의 차별화 방안을 고려해 보아야 할 때이다. 까르띠에나 불가리의 제품들은 보통 사람들은 구매할 엄두도 나지 않는 고가의 제품들을 중점적으로 판매하고 있다. 티파니의 경우 물론 상류층을 타깃으로 한 고가의 제품들을 선보이고 있지만 실버 제품을 보다 저가격으로 판매함으로써 부분적으로는 경쟁 브랜드와 차별화되는 '매스티지 전략'을 활용할 수 있을 것이다.

2. 브랜드 확장

티파니가 갖는 가장 큰 강점은 바로 시간이 지나도 변하지 않는 클래식한 디자인과 다양한 선택의 폭을 제공하는 상품군이다. 티파니의 상품은 시대를 초월한 클래식함을 지니고 있어 한 세대에서 다음 세대로 물려줄 수 있고, 각기 다른 취향을 가진 고객들을 모두 만족시킬 수 있을 만큼 다양한 제품들을 보유하고 있다. 티파니는 오랜 시간 사랑을 받아온 명품 브랜드인 만큼 미래에도 좀더 다양한 제품라인을 개발하면서 브랜드 확장을 이루어가야 할 것이다. 하지만 제품 라인의 종류가 다양화되면서 발생할 수 있는 브랜드 아이덴티티의 희석을 예방하기 위해 통일된 이미지 관리가 더욱더 철저하게 이루어져야 한다.

또한 이렇게 선보인 다양한 제품 라인들을 좀더 적극적으로 홍보할 필요가 있는데, 예를 들어 흔히 보석 브랜드라고만 생각했던 티파니가 시계 사업 등 기타 여러 가지 사업도 운영하고 있다는 사실을 많은 이들에게 적극적으로 홍보할 필요가 있는 것이다. 이런 홍보 방법으로는 유명인들과의 콜래보레이션도 있을 것이며 스폰서십을 통해 더 많은 고객에게 다가서는 방법도 고려해볼 사항 중 하나이다. 과다한 브랜드의 노출로 기존에 티파니가 가지고 있던 이미지가 손상되지 않을 정도의 광고는 티파니의 브랜드 확장을 홍보하고 고객들에게 각인시키는 데 있어 긍정적인 영향을 미칠 것이다.

영화 속 티파니 주얼리 이야기

영화는 우리에게 꿈과 환상의 세계를 만나게 해준다. 현실에서 결코 일어날 수 없을 것 같은 일, 꿈속에서나 보았던 일들이 영화 속 세계에서는 이뤄진다. 이런 꿈과 환상의 세계 속에 등장하는 티파니 주얼리는 더욱 매력적으로 우리에게 다가온다.

티파니에서 아침을

티파니 하면 가장 먼저 떠올리게 되는 영화는 오드리 헵번 주연의 〈티파니에서 아침을〉이다. 그녀가 티파니 매장의 쇼윈도를 보며 커피와 빵으로 아침식사를 하는 장면은 티파니에 대한 전 세계 모든 여성들의 동경을 대변하는 장면으로 세기의 고전으로 기억되었고, 국내 광고에도 자주 패러디가 될 정도로 유명하다. 영화 〈티파니에서 아침을〉은 전 세계 사람들을 매혹시켰을 뿐 아니라 세계적인 주얼리 브랜드 티파니가 가진 독특하면서도 신비스러운 매력을 완벽하게 표현하였다. 특히 뉴욕 5번가 티파니 매장은 이 영화를 통해 관광코스가 될 정도의 명소가 되었다.

스위트 알라바마

2002년 개봉한 로맨틱 코미디 영화 〈스위트 알라바마〉는 고객을 제외하고는 문을 열지 않았던 뉴욕 5번가 티파니 매장에서 촬영되었다. 주인공인 리즈 위더스푼은 성공한 패션 디자이너로서 뉴욕 최고의 신랑감인 뉴욕 시장의 아들 손에 이끌려 어디론가 간다. 그곳은 바로 오직 그녀만을 위해 특별 개장한 티파니 매장으로, 그녀는 이곳에서 환상적인 프러포즈를 받는다. 프러포즈 장면에서 선보인 티파니 주얼리는 다이아몬드 웨딩 링인 '루시다'였고, 영화 전반에 걸쳐 리즈 위더스푼의 스타일리시한 패션을 돋보이게 하는 블랙 실크 코드 진주목걸이와 결혼식 장면에 등장한 선버스트 귀고리도 티파니 제품이었다. 이 영화는 〈티파니에서 아침을〉에 이어 환상적인 프러포즈 장면으로 다시 한 번 뉴욕 티파니 매장이 화제가 되게 하였다.

http://www.simonsearch.co.kr

"독특한 정신이 담긴 세계로 소비자를 끌어당기는 회사."
패트릭 토마 | Patrick Thomas

| 에르메스

HERMES

About HERMES

에르메스는 유서 깊은 프랑스 명품을 손꼽아볼 때 쉽게 떠오르는 브랜드로 실크 스카프와 넥타이로 유명하다. 에르메스는 말안장과 마구용품으로 시작하여 현재는 가죽 백과 향수는 물론, 남녀 기성복과 테이블웨어, 가정용품 등 14가지의 제품 라인을 갖추고 있다. 서로 상이하게 보일 수도 있는 이 제품 라인들은 169년의 전통 속에 면면히 흐르고 있는 달인의 경지에 이른 장인정신과 숙련성이라는 공통점을 축으로 한다. 19세기에 문을 열어 현대의 발랄함에 이르기까지 프랑스 최고급 브랜드로 명성을 얻은 에르메스의 성공은 끊임없는 재창조의 노력에서 찾아볼 수 있다. 그러나 무엇보다도 가장 큰 이야깃거리는 회사를 시작한 기반이었으며, 고전적이면서 동시에 시간을 초월하는 에르메스만의 스타일을 만들어낸 말(馬)과 승마에 관한 모티브일 것이다.

History

_Timeline

1837	티에리 에르메스가 파리 마드레인 광장의 바스 뒤 렘파르 거리에서 마구상 시작
1867	세계박람회에서 1등상 수상
1878	샤를 에밀 에르메스가 부티크 사업으로 확장
1929	뉴욕에 부티크 오픈
1956	유행의 중심이 된 켈리백
1978	에르메스 가문의 5세대인 장 루이 뒤마가 최고 경영자로 부임
1984	장 루이 뒤마와 제인 버킨의 만남에 의한 버킨백 탄생
1998	디자이너 마르탱 마르지엘라 영입
2004	에르메스 인터내셔널의 패트릭 토마를 CEO로 영입
2008	Carre 60주년을 기념하는 "Fiabe di Seta(The tale of silk- 실크 이야기)" 전시회 개최

에르메스의 창시자 티에리 에르메스 Tierry Hermes 는 1801년 독일 크레펠트에서 태어났다. 당시 신교도였던 그의 가족은 종교적인 이유로 프랑스 파리로 망명하였고, 그는 1837년에 파리의 마드레인 광장의 바스 뒤 렘파르 거리 Rue Basse-du-Rempart 에서 마구상을 시작한다. 이것이 에르메스 브랜드의 출발이었다. 티에르는 당시 교통수단인 마차를 끄는 말에 필요한 용구, 안장, 장식품 등을 직접 수공으로 제작하여 1867년 세계박람회에서 1등 메달을 받아, 에르메스 마구제품의 섬세함과 튼튼함을 세계적으로 인정받게 되었다. 1878년 창업자 티에리 에르메스가 사망하자 그의 아들 샤를 에밀 에르메스가 가업을 이어 새로운 사업들을 펼쳐 나가며 기존의 가죽제품 위주의 생산에서 부티크 사업으로 확장하게 되었다. 제1차 세계대전을 계기로 에르메스의 사업은 괄목할 만한 성장을 이루고, 각국의 정, 재계 유명인사를 비롯한 세계적으로 명성 높은 사람들이 에르메스의 주 고객이 되었다. 그레이스 켈리 Grace Kelly, 윈저 공작

사진 1 | 말을 등장시켜 마구용품으로 시작한 브랜드 오리진을 드러내는 에르메스의 광고

부부Duke and Duchess of Windsor, 새미 데이비스 주니어Samuel George Davis Jr., 잉그리드 버그만Ingrid Bergman, 재키 케네디Jackie Kennedy와 같은 사람들이 에르메스의 단골고객이 되었고, 이로 인해 에르메스는 전 세계인의 주목을 받는 브랜드가 되었다. 자동차의 출현으로 라이프스타일이 변화하게 되고 이러한 사회 흐름에 따라 에르메스는 고품질의 가죽제품 외에도 현대적 여행 스타일에 걸맞은 소품을 만들어내기 시작하였다. 1929년 뉴욕에 첫 부티크를 오픈한 에르메스는 비로소 국제적인 브랜드로서의 면모를 갖추게 되었다. 향수, 타이, 맞춤복 및 기성복, 비치타올, 페이턴트 장신구, 그리고 여성복 및 남성복에 이르는 다양한 아이템을 선보이며 미국, 서부 유럽, 태평양 연안 등 전 세계적으로 그 명성을 떨치기 시작했다. 이후 1978년 그룹의 회장으로 선출된 장 루이 뒤마Jean-Louis Dumas는 시계 및 식탁 장식 용품 등 새로운 라인을 도입했으며 아시아와 호주까지 매장을 확대하여 현재 전 세계에 2백 50여 개 부티크를 운영 중이다. 2004년 9월에는 에르메스 인터내셔널의 패트릭 토마Patrick Thomas가 CEO 자리에

올라 에르메스를 이끌어가고 있다. 2008년에는 밀라노 역사박물관Museo di Storia Contemporanea di Milano에서 60주년을 맞은 에르메스를 기념하여 '실크 이야기Fiabe di Seta'를 주제로 한 전시회를 개최하였다.

Brand Concept

에르메스는 연간 매출이 50억 프랑스프랑에 달하는 국제적인 럭셔리 브랜드로서 말과 마구로 상징되는 인간 생활에 대한 깊은 관심을 브랜드 컨셉으로 고수하고 있다. 에르메스의 브랜드 철학은 에르메스를 소유한 고객들이 에르메스의 제품에 애정을 갖고 생명력을 부여할 때에 비로서 완성되는 것이라 설명될 수 있다. 이와 같은 컨셉은 에르메스의 '칼레시Caleche' 로고에서도 잘 나타나 있다. 에스메스의 회장인 장 루이 뒤마는 "우리가

사진 2 | 에르메스의 현 회장 장 루이 뒤마

판매하는 것은 품질의 단순미와 우아함, 그리고 조화입니다. 그 위에 제품을 소유한 고객의 특성이 배어들어 평생을 소장할 수 있도록 특정한 지속성을 가미한 것입니다"라고 하여 에르메스의 컨셉이 고객을 바탕으로 하고 있음을 잘 알 수 있다.

Brand Identity

에르메스는 프랑스가 자랑하는 럭셔리 패션 브랜드이다. 에르메스를 나타내는 모든 것들은 브랜드 로고에서부터 제품 하나하나까지 상류사회의 상징처럼 여겨지고 있으며 장인정신과 최고의 품질을 대표한다. 에르메스의 명확한 브랜드 아이덴티티는 브랜드가 과거에서부터 이어온 최고의 명성에 걸맞은 위치를 굳건히 지켜나갈 수 있는 밑거름이 되고 있다.

Brand Name & Logo

에르메스는 브랜드의 창시자인 티에리 에르메스의 이름을 브랜드명으로 사용하였다. 에르메스는 브랜드 아이덴티티가 가장 확실한 브랜드 중 하나이지만 로고만큼은 매우 유동적으로 사용하고 있다. 에르메스를 대표하는 로고는 에르메스의 주황색 상자를 실은 사륜마차를 끄는 말이 새겨진 '칼레시' 로고와 에르메스 첫 글자인 H를 일컫는 '아시' 로고이다. 칼레시 로고에는 마부가 없는 뒤끄라는 이름의 사륜마차가 새겨

사진 3 | 에르메스의 심볼

져 있고, 빈 마부석은 고삐를 조절할 고객을 기다린다는 의미를 담고 있다. 이는 상품에 생명을 부여하는 진정한 주인이 바로 고객임을 상징하는 것이다. 이와 함께 1938년 당시 회장이었던 로베르 뒤마 Robert Dumas가 부둣가를 산책하던 중 우연히 발견하여 에르메스가 여행을 상징하는 브랜드가 되도록 이바지한 닻 모양의 '샨당크' 로고가 있다. 또한 베이비 라인에 독자적인 로고로 사용되는 목마까지 제품의 라인 이미지에 따라 다양한 심볼과 로고를 적재적소에 배치하고 있다.

Brand Color

에르메스의 브랜드 컬러는 주황색으로 다양한 아이덴티티 요소에 사용되어 에르메스를 상징하고 있다.

사진 4 | 주황색의 에르메스 로고

Package

에르메스 패키지의 특징으로 고객이 구매한 제품을 포장하는 리본이 있는데 에르메스의 '볼릭 리본'은 광고에도 효과적으로 사용되어 브랜드의 심볼로 자리잡았다.

Brand Strategy

Product

_상품 라인 및 특징

에르메스의 제품은 가죽, 스카프, 타이, 남성 및 여성복, 향수, 시계, 다이어리, 모자, 장갑, 신발, 에나멜, 생활용품, 테이블웨어와 주얼리 등 모두 14개의 서로 다른 제품군으로 나뉜다. 에르메스의 몇몇 매장에서는 승마용품도 판매하고 있으며, 안장을 비롯하여 채찍이나 헬멧, 재킷, 박차, 솔, 등자, 빗, 바지, 가죽 액세서리 등을 포함한다.

사진 5 | 볼릭 리본

에르메스의 가죽제품은 토고가죽, 타조가죽, 악어가죽처럼 희귀한 가죽을 사용하며 매우 고가의 소재를 사용하기 때문에 웬만큼 숙련된 장인이 아니면 만들 수 없다.

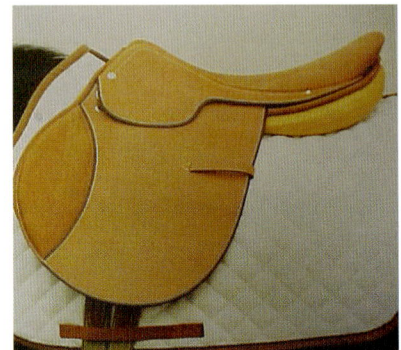

사진 6 | 에르메스 안장

_대표 상품

에르메스를 대표하는 아이템으로는 버킨 백Birkin Bag과 켈리 백Kelly Bag이 있으며 사용된 가죽과 장식의 종류에 따라 600만 원대에서 4,000만 원대 사이에 판매된다. 1995년에 생산된 에르메스의 유명한 시계제품인 'H-아워'는 시계의 형태를 에르메스의 첫 자인 'H'를 따서 모던하고 심플하게 제작되었다. 이 제품은 남성용과 여성용으로 구분되어 있으며 금과 파라듐 도금장식도 있다. 사파이어와 크리스털을 사용하여 제작되기도 하며 30미터 방수 기능과 수정의 무브먼트를 내재하고 있다.

에르메스의 가방 외에도 베스트셀러로서 많은 인기를 누리고 있는 제품으로 실크 스카프가 있다. 실크 스카프는 1928년 최초로 등장했고 1937년에는 리옹에 스카프 전용 공장이 만들어졌다. 스카프 한 장을 만들기 위해 250마리의 누에고치가 필요하며 생산비용도 상당히 높다. 에르메스 스카프는 한 장을 제작하기 위해 디자인 개발, 실크스크린 조판, 색상 배합, 프린트 등 총 36개월의 기간과 약 800명의 전문가의 손길을 거친다. 에르메스는 1937년 이래로 25,000여 개의 독특한 디자인의 스카프를 내놓고 있으며 매년 2종류의 새로운 스카프 컬렉션을 발표하고 있으며 현재까지도 거의 25초마다 한 장씩 팔려 나가고 있다.

사진 7 | 에르메스 스카프

Price

공식적으로 에르메스는 세일을 하지 않는다. 간혹 우수 고객들을 상대로 의류나 구두 제품을 세일하는 나라도 있으나, 핸드백 등은 전 세계 어디에서도 세일을 찾아볼 수 없다. 에르메스 측은 "높은 가격 정책으로 대중을 고객에서 제외하는 것이 아니라 단지 장인정신과 최고급 제품에 대한 가격을 받는 것일 뿐이며 모든 사람들에게 에르메스는 열려 있다"고 말한다.

에르메스의 핸드백은 패브릭 제품의 경우 보통 100만 원대에서 시작하고, 가죽 제품의 경우 500만 원대에서 4,000만 원까지의 가격대이다. 스카프의 가격은 30만 원에서 60만 원 사이이며 넥타이는 20만 원선에서 30만 원선에 판매되고 있다. 휴대폰 고리와 같은 액세서리는 20만 원대, 팔찌와 목걸이류는 50만 원대에 구매할 수 있으며 향수제품의 가격은 10만 원대이다.

Place

_유통망

에르메스 산하 26개 자회사가 전 세계에서 매장을 운영하고 에르메스 셀리에Hermes Sellier, 에르메스 퍼퓸Hermes Parfums, 라 몽트르 에르메스La Montre Hermes, 라 타블르 에르메스La Table Hermes의 4개 사에서 생산한 제품을 유통하고 있다. 이들 자회사는 유럽(베네룩스 3국, 체코, 프랑스, 독일, 영국, 그리스, 이탈리아, 모나코, 포르투갈, 스페인, 스위스), 북남미(아르헨티나, 캐나다, 칠레, 멕시코, 미국), 아시아(중국, 홍콩, 일본, 한국, 마카오, 대만), 동남아시아(말레이시아, 싱가포르, 태국), 오세아니아(호주)에 분포되어 있다.

에르메스의 관리 하에 디자인되고 만들어지는 각종 제품은 250개의 직영 매장과 43개의 기타 판매망을 통해 판매되고 있다. 각각의 매장은 에르메스의 전통과 최고의 현대 예술이 조합을 이룬 에르메스만의 독창적인 인테리어를 통해 에르메스의 정신을 대표하는 동시에 해당 지역의 문화적 배경과 조화를 이룬다.

사진 8 | 메종 에르메스 도산파크

_주요 플래그십 스토어

서울 신사동 도산공원에 위치한 메종Maison 에르메스 도산파크는 파리 생토노레, 뉴욕 매디슨 애비뉴, 도쿄 긴자에 이은 네 번째 에르메스 플래그십 스토어이다. 메종 에르메스 도산파크는 무려 7년이라는 시간에 걸쳐 완성되었으며 장 루이 뒤마 전(前) 에르메스 회장의 부인인 르나 뒤마가 한옥에서 영감을 얻어 디자인하였다. 지하 4층, 지상 6층에 연면적 2,300평, 매장면적 273평 규모의 건물로 매장을 비롯하여 에르메스의 역사를 보여주는 아담한 박물관, 예술작품을 전시하는 갤러리, 북카페, 사무실 등으로 구성되어 있다. 에르메스는 메종 에르메스 도산파크를 통해 고객들의 문화적 욕구까지도 고려하고 충족시켜주고 있다.

사진 9 | 임신한 배를 에르메스 백으로 살짝 가린 그레이스 켈리

사진 10 | 타조가죽으로 된 켈리 백

Promotion

_스토리텔링 마케팅

명품을 구매하는 것은 물건과 함께 해당 브랜드의 오랜 역사와 온갖 이야기를 모두 구매한다는 것을 뜻한다. 제1차 세계대전을 전후로 에르메스는 비약적인 발전을 이루었고, 이로 인해 세계 각국의 유명인사들이 애용하는 명품으로 사랑받게 되었다. 특히 유럽의 왕실과 귀족들은 명예와 기품의 상징으로 에르메스를 선물하고는 했다. 1956년에는 모나코의 왕비가 된 그레이스 켈리가 임신한 배를 에르메스 백으로 살짝 가린 사진이 《라이프LIFE》지에 실리면서 더욱 인기를 독차지하게 되었다. 이 백은 원래 '새들 캐리어Saddle carrier'라고 불리는, 사냥에 나가는 기수들이 말 안장에 얹어 사용하는 가죽가방이었다. 에르메스는 모나코 왕실에 이 가방에 왕비의 이름을 붙여도 좋

사진 11 | 버킨 백

겠느냐고 물었고, 왕실의 승낙에 따라 '켈리 백'이라는 이름으로 정식 개칭했다. 켈리 백 중에서 폭 28cm와 32cm 제품이 현재 가장 인기가 있으나, 그레이스 켈리가 배를 가릴 때 사용한 가방은 35cm였다.

에르메스 가방 중 켈리 백만큼이나 큰 인기를 얻고 있는 '버킨 백 Birkin Bag' 역시 유명 여배우의 이름에서 따왔다. 1984년 에르메스 5대손이자 현 회장인 장 루이 뒤마 에르메스는 어느 날 우연히 비행기에서 영국 출신의 여배우 제인 버킨 Jane Birkin 옆에 앉게 됐다. 뒤마는 여러 가지 물건이 복잡하게 뒤섞여 있는 버킨의 가방을 들여다본 후 "당신의 소지품을 모두 담을 수 있는 가방을 만들자. 그리고 수첩을 넣을 수 있는 주머니를 안쪽에 붙이자"고 제안했다. 이렇게 탄생한 버킨 백은 고급스러우면서도 실용적이어서 직장 여성들이 가장 갖고 싶어하는 가방으로 손꼽힌다.

_디마케팅

에르메스가 명품 중의 명품으로 불리는 것은 최고급 품질, 견고함과 더불어 전 세계 어디서든 그리고 언제든 수리가 가능한 특별한 가치 때문일 것이다. 스타 마케팅과 바겐세일을 사절하며 에르메스의 가치를 아는 사람들에게만 판매한다는 것은 에르메스의 오랜 고객들의 자부심을 높여주는 역할을 한다. 수요만큼 고급 핸드백을 생산하지 않으며 '돈이 많아도 제품을 살 수 없는' 소비자를 계속 애태우는 성공적인 디마케팅 전략으로 제품의 브랜드 가치를 유지하고 있다.

_명확한 아이덴티티를 담고 있는 광고 스타일

1999년까지 에르메스는 모든 광고에 패키징 리본을 이용했다. 다크 브라운 컬러의 이 리본은 제품을 묶거나 아니면 광고 여기저기에 상징으로 이용되어 한눈에 에르메스임을 알

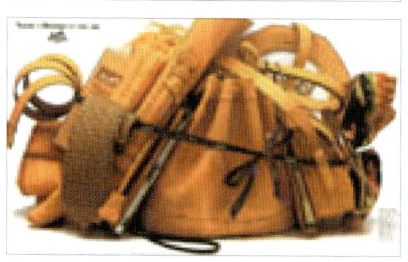

사진 12 | 포장지 끈인 볼릭 리본을 사용한 광고

아볼 수 있게 하였다. 이 끈이 에르메스 광고의 아이덴티티를 제공하는 구실을 한 것이다. 에르메스 광고를 분석해보면 패키징 리본이 다양한 의미를 내포하고 있음을 간파할 수 있다. 매장에서 구매를 하면 항상 포장된 상태로 가져가기 때문에 광고를 보는 순간 소비자로 하여금 마치 매장에서 구매한 기분이 들게 하여 구매욕구를 자극하는 목적을 가지고 있다. 에르메스 광고의 또 다른 특징은 모든 사람이 에르메스를 알고 있다는 다소 거만한 컨셉으로 만들어진다는 점이며, 이는 브랜드나 상품을 알리는 것보다는 시각적인 감성을 유발하고 트렌드를 이끄는 데 목적이 있다.

_문화산업 지원

2000년 가을에 국내외 저명 예술인들로 구성된 심사위원단이 선발한 젊은 한국 예술작가들을 시상하는 '에르메스 코리아 미술상 Prix Hermes-Coree pour l'art contemporain'을 제정하였다. 2001년 에르메스 코리아는 아리안 므느시킨 Ariane Mnouchkine 이 아시아 문화, 특히 한국 문화에 대한 경의로 연출한 태양극단 Theatre du Soleil 의 〈제방의 북소리 Tambours sur la digue〉 서울 공연을 후원하였고 같은 해 부산국제영화제 후원을 시작하였다. 에르메스는 매년 부산국제영화제 행사의 일환으로 영화 발전에 기여한 감독에게 '에르메스와 함께하는 한국영화회고전의 밤' 행사를 열고 디렉터스 체어를 증정하고 있다. 또한 '아시아영화인의 밤'을 개최해 올해의 아시아영화인으로 선정된 영화인에게 퓌포카에서 은으로 제작한 솔방울 모양의 트로피를 시상한다.

사진 13 | 올해의 아시아영화인상 수상자에게 수여하는 '에르메스 기념패'

사진 14 | 에르메스에서 증정한 '디렉터스 체어'를 받은 영화감독 한형모

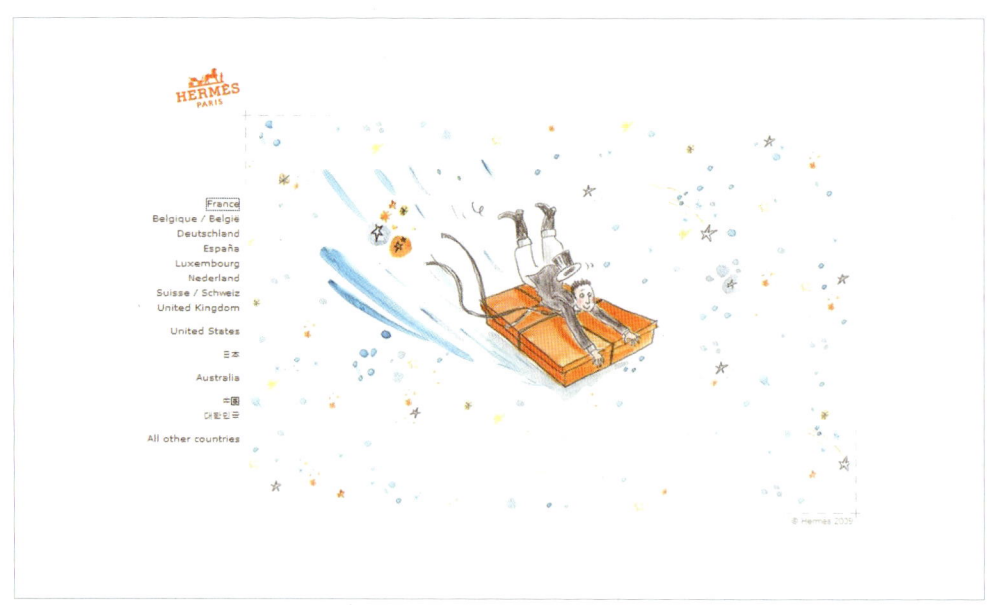

사진 15 | 에르메스 웹사이트 www.hermes.com

Web Communication

예술성의 경지에 이른 제품에 대한 자부심으로 체험과 경험에 의해서만 자사 제품을 홍보하는 에르메스도 아기자기한 디자인의 웹사이트를 가지고 있다. 에르메스는 브랜드의 웹사이트를 통해 브랜드의 가치 이미지를 단순한 설명이 아닌 다른 방식으로 전달하려 하고 있다. 에르메스의 웹사이트를 방문하면 제품에 대한 정보는 물론이고 전 세계 에르메스 매장과 행사에 참여한 아티스트의 모션 작품도 만나볼 수 있다. 에르메스의 웹사이트는 여유로운 레이아웃이 돋보이며 직접 손으로 그린 것과 같은 일러스트레이션을 사용하여 에르메스의 장인정신을 엿볼 수 있도록 제작되었다.

Key Success Factors

1. 장인정신

'비상하면서도 민첩한 손의 움직임'이 없다면 아무리 좋은 도구가 있어도 최고 품질의 제품을 만들 수 없기 때문에 에르메스는 '사람의 손'을 가장 중요시 여긴다. 켈리백이나 버킨 백과 같은 최고급 핸드백은 장인이 직접 손으로 제작하는 데 꼬박 32시간이 걸린다. 주 4일제 근무의 프랑스 여건에서는 장인 한 사람이 꼬박 일주일 걸려 핸드백 하나를 만드는 셈이다. 파리 근교의 빵땡Pantin 공장에서 일하는 에르메스 장인들의 수는 7백 50명 정도이다. 이들은 에르메스 장인학교 3년을 수료하고 다시 2년간의 실습 수련 과정을 마쳐야 비로소 가방 제작에 참여할 수 있다. 에르메스는 장인 한 명을 선발하는데 많은 시간과 공을 들인다.

2. 최고급 소재와 최상의 품질

에르메스의 핸드백은 전 세계 최고급 가죽을 사용해 만드는 것으로 알려져 있다. 에르메스는 최고의 가죽 상인들이 에르메스 본사에 제일 먼저 가져오는 가죽의 질을 심사하는데, 벌레에 물린 자국까지 가려낼 정도로 꼼꼼한 심사를 거쳐 가죽을 공급받는다. 이렇게 만들어진 에르메스의 고급 백은 평생 A/S가 가능하며 줄이나 버클 등 부러지고 낡아서 떨어져서 수리를 맡기면 그 해 생산된 가죽제품으로 똑같이 수리해준다. 그래서 에르메스의 고가 백은 어머니가 며느리나 딸에게 물려주는 제품으로도 유명하다.

에르메스의 필수 3요소는 가죽을 꽉 물어서 자국을 남기는 그리드와 바늘이 들어갈 구멍을 만드는 아주 얇은 다이아몬드형 송곳, 한 쌍으로 이루어진 뭉툭한 바늘인데, 이러한 도구와 장인의 손길이 만나 비로소 균일한

사진 16 | 스카프의 실크스크린 수작업 시연 장면

스티치와 정교한 바느질이 완성되는 것이다. 현재에도 150년 전과 동일한 도구들이 사용되고 있으며 이는 사용하는 장인의 스타일대로 모양을 갖추게 된다.

에르메스를 대표하는 새들 스티치 Saddle Stitch 에는 안장과 마구 제작으로 시작된 에르메스의 역사가 고스란히 담겨 있다. 밀랍을 입힌 실과 양 끝에 달린 바늘을 통한 바느질로 두 장의 가죽은 견고함 그 자체가 된다. 가방, 벨트, 장갑, 시계의 스트랩 등 가죽제품에 이 기술이 사용되는데 그 중에서도 손잡이, 거셋(덧천), 잠금장치, 포켓과 같이 튼튼함이 많이 요구되는 부분에 사용된다. 새들 스태치는 2.5cm당 적게는 5번, 많게는 14번의 스티치가 이루어진다. 이 스티치를 위한 수작업은 수개월의 훈련과정을 거친 장인의 손과 특정한 도구에 의해 완성되며 이는 '에르메스의 아이덴티티 코드'로 자리잡았다.

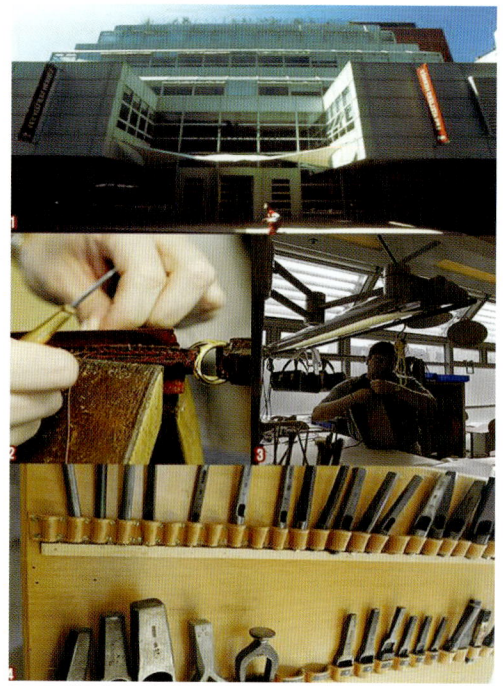

사진 17 | 1- 가죽 작업장 2- 새들 스티칭 작업과정
3- 장인의 작업과정 4- 새들 스티칭을 위한 도구들

3. 희소성

대부분의 명품 브랜드가 희소성을 강조한 고가전략을 쓰고 있지만, 그중에서도 에르메스가 최고의 희소성을 가진 고급 브랜드로 인정받는 이유는 따로 있다. 분업에 의한 대량생산으로 상징되는 산업화를 거부하고 가족경영과 소량생산의 전통을 오늘날까지 계승하면서 장인정신의 향수를 자극하고 있는 것이다. 에르메스의 일부 제품은 주문에서 구입까지 2~3년 이상 걸리며 대기자 명단에 이름을 올리기도 쉽지 않다. 따라서 '돈 주고도 못 사는 물건'이란 얘기가 과장이 아니며 이러한 희소성 때문에 사람들은 모두 에르메스를 가지고 싶어하는 것이다.

Brand Future

1. 엔트리 아이템 기획

명품 시장이 확대되어 상류층과 대중의 수요가 함께 늘어남에 따라 명품 브랜드들은 앞다투어 브랜드를 대중화시키기 위해 엔트리 아이템(Entry Item) 시장에 발을 들여놓고 있다. 엔트리 아이템은 기존 럭셔리 브랜드에 대한 구매력이 상대적으로 낮은 어린 소비자들과 대중으로 하여금 보다 쉽게 브랜드를 접할 기회를 제공하여 미래의 소비자를 이끌기 위한 전략으로 사용된다. 이에 따라 에르메스도 보석이나 가죽 제품보다 저렴한 가격의 엔트리 아이템을 기획하고 판매하여 새로운 소비자들을 유인할 때가 되었다고 생각된다.

2. 네트워크 마케팅

컴퓨터 네트워크를 통한 마케팅은 먼 미래의 이야기가 아니다. 에르메스가 점점 가속화되는 디지털 시대에 걸맞은 고전으로 자리잡기 위해서는 에르메스의 전통과 장인정신을 디지털에 접목하여 네트워크 마케팅을 구사하는 방법을 사용해야 할 것이다. 에르메스의 홈페이지를 적극적으로 활용하여 소비자들과 상호적인 커뮤니케이션을 하고 네트워크를 통해 형성된 커뮤니티 내에서 에르메스의 전통을 이야기하고 새로운 변화를 이끌어 나아갈 수 있다면 에르메스는 계속해서 럭셔리 브랜드의 선두 자리를 지켜나갈 수 있을 것이다.

3. 주거 공간에 관련한 브랜드 개념 확장

에르메스는 승마용품에서부터 마차, 헬기까지 탈것들에 관련된 제품 라인을 가지고 있다. 여기서 좀더 나아가 사람이 머무르는 공간이라는 관점에서 브랜드를 주거 공간에 관련한 개념으로 확장한다면 진정한 '아트 오브 리빙(Art of Living)'을 추구하는 라이프스타일 브랜드가 될 수 있을 것이다. 이를 가능하게 하기 위해 콜래버레이션을 통한 공간 마케팅에 대한 관심이 필요하다고 생각한다.

에르메스 향수 '운 자르뎅 쉬르 닐Un Jardin Sur Le Nil' 조향 스토리

에르메스의 인 하우스 조향사인 장 끌로드 엘레나는 "에르메스의 코"이다. 에르메스의 회장이던 장 루이 뒤마는 엘레나에게 에르메스의 아름다움을 그대로 담고 있는 일련의 향기들을 창조해내라는 임무를 부여했다.

지중해의 정원이란 뜻을 가진 "운 자르뎅 메디터라네"에 이은 에르메스의 정원 컨셉의 두 번째 향수를 위해 에르메스의 향수 담당자인 고띠에르와 뒤힐은 엘레나와 함께 이집트로 날아갔다. 이집트 정원의 냄새가 어떨지 궁금했던 엘레나는 아스완에 도착해서 특급호텔인 Old Cataract Hotel에 들렀다. 그리고는 창가에 앉아서 사하라의 공기를 들이마셨다. 아무 냄새도 맡을 수 없었던 엘레나는 어떤 냄새도 얻어가지 못하면 어떡하지 하는 걱정에 밤새 잠을 이룰 수 없었다.

이튿날 아침 엘레나 일행은 키치너Kitchener로 갔으나 꽃 몇 송이밖에 발견할 수 없었다. 적절한 향을 찾을 수 없었던 엘레나의 머릿속에는 걱정밖에 없었다. 어느 날 나무 모터보트를 타고 나일 강을 따라 거슬러 올라가던 엘레나 일행은 작은 섬에 도착했고, 그곳에서 엘라나는 나무에 낮게 매달려 있는 포동포동한 녹색의 망고를 발견했다. 그 과일은 아주 복잡하고 독특한 이국적인 냄새를 지니고 있었으며 풍부하고 신선한 향의 조합으로 따자마자 1분 만에 향이 사라지는 재미있는 과일이었다. 엘레나는 그의 동료들에게 이 과일을 나일 향수의 주제로 하자고 제안하고 이것에서 영감을 받은 세 가지 샘플을 제작하였다.

동료인 고띠에르는 세 번째 샘플을 단번에 거절하였으며 첫 번째 샘플은 나무향이 많고, 두 번째 샘플은 연꽃의 느낌이 많다고 하였다. 피부에 테스트하였을 때는 망고향이 많이 줄어들어 처음 테스트와는 반대의 결과를 얻었다. 엘레나와 동료들은 두 번째 샘플의 향이 에르메스와 완벽하게 어울린다는 데 동의하였고 이 샘플은 자연적으로 녹색을 띠고 있었다. 이렇게 해서 녹색의 망고향이 중심을 이루고 있으며 연꽃향이 가미된 향수인 '운 자르뎅 쉬르 닐'이 탄생했다.

http://blog.naver.com/dongjupapa?Redirect=Log&logNo=30022054647, 2007. 9. 12.

"단순한 가방이 아닌 여행의 즐거움을 선사하다."

루 이 비 통 | Louis Vuitton

LOUIS VUITTON | 루이 비통

About LOUIS VUITTON

루이 비통은 창업자의 이름이다. 그는 1821년 프랑스 앙쉐의 작은 마을에서 태어났는데, 14살 때 집을 떠나 파리로 향했지만 주머니에 돈이 한 푼도 없어서 감히 마차를 탈 엄두도 내지 못하고 걸어서 여행을 했다고 한다. 1837년 귀부인들의 트렁크를 전문적으로 제조해주는 마레샬의 견습공이 된 루이 비통은 여행가방을 제조하는 전문가의 길에 본격적으로 들어섰다. 그는 그 당시 널리 쓰이던 반원형 모양의 트렁크 대신 여러 개의 가방을 쌓아올릴 수 있는 평평한 직사각형 트렁크를 개발했다. 이 가방이 인기를 끌자 이를 모방한 가짜 상품들이 등장했다. 쏟아지는 가짜 상품과 진품을 가려낼 수 있는 결정적인 특징을 부여하기 위해 그의 아들인 조르주 비통이 고안한 것이 바로 유명한 루이 비통의 모노그램이다. 그는 아버지인 루이 비통의 머리글자 L과 V를 결합시킨 형상물에 꽃과 별무늬가 대칭을 이루며 반복되는 문양을 생각해냈다.

루이 비통은 여행가방에서 출발해 여성 핸드백과 여행용 액세서리, 스카프 등과 같은 소품 분야에도 진출하여 지금은 의류, 각종 패션 소품을 망라하는 토털 패션 브랜드로 자리잡았다. "삶 속의 예술(Art de Vivre)"이라는 서구의 가장 세련된 특성을 세계적으로 재현하는 것이 LVMH 그룹의 철학이자 사명이다. LVMH의 제품들이 구현하는 문화적 가치들은 전통과 혁신을 융합하여 꿈과 판타지를 솟아오르게 한다는 것이다. 이러한 사명에 따라 LVMH 그룹은 상품의 질, 창의성, 이미지, 기업정신, 끊임없이 성찰하며 늘 최선을 다하는 것으로 요약되는 다섯 가지 경영철학에 의해 끊임없이 발전하고 있다.

History

_Timeline

1821	루이 비통 프랑스 쥐라에서 출생
1854	프랑스 파리에 최초의 매장 오픈
1867	파리 만국박람회 참가
1885	영국 런던 옥스포드 거리에 매장 오픈
1888	'루이 비통' 상호로 브라운과 베이지 컬러의 '다미에' 캔버스 런칭
1896	루이 비통의 아들 조르주 비통의 구상으로 모노그램 캔버스 런칭
1901	스티머 백 제작
1914	파리 샹젤리제 매장 오픈
1924	키폴 제작
1932	노에 제작
1959	부드러운 소재의 모노그램 캔버스 런칭
1977	두 개의 매장 소유, 연간 매출 7천만 프랑 달성
1978	일본 동경과 오사카에 매장 오픈
1983	대만 타이페이 몰 97에 첫 루이 비통 매장 오픈, 요트 경기인 아메리카컵 진출을 위한 예선전인 루이 비통 컵 개최
1984	서울에 첫 매장 오픈
1986	'에삐 레더' 라인 런칭
1987	모엣 헤니시와 루이 비통을 합병한 LVMH 그룹 창립
1988	루이 비통의 수익률 49% 기록, 파리에서 제1차 루이 비통 클래식 개최
1989	전 세계 130개의 루이 비통 매장 소유
1990	이브 카셀이 루이 비통 사장 부임
1992	중국 북경 팔레스 호텔에 첫 루이 비통 매장 오픈
1993	'타이가 레더' 라인 런칭
1994	'트래블 위드' 컬렉션 북 런칭

1996	세계 7대 도시에서 '모노그램 캔버스' 런칭 100주년 기념
1997	펜 컬렉션 런칭
1998	아트디렉터로 마크 제이콥스 영입
1999	'미니 모노그램' 라인 런칭, 루이 비통 여행정보 시티 가이드 제작
2000	모로코 마라케슈에 첫 아프리카 매장 오픈. 베니스 국제영화제에서 미국 에이즈퇴치재단을 위한 경매에서 샤론 스톤이 디자인한 '아른파' 배니티 케이스 판매
2001	마크 제이콥스가 디자인 한 루이 비통 첫 주얼리 발표
2002	일본 동경의 오모테산도에 첫 루이 비통 건물 오픈, '땅부르' 워치 컬렉션 런칭
2003	일본인 아티스트 타카시 무라카미가 디자인한 '모노그램 멀티컬러' 라인 런칭, 루이 비통 컵 20주년 기념 유타 레더, 수할리 레더 라인 런칭, 러시아 모스크바에 첫 루이 비통 매장 오픈 런칭, 인도 뉴델리에 첫 매장 오픈
2004	루이 비통 창립 150주년 기념, 뉴욕 5번가에 두 번째 루이 비통 빌딩 오픈, 중국 상하이 첫 글로벌 매장 오픈, 남아프리카 공화국 요하네스버그에 첫 매장 오픈, 첫 주얼리 컬렉션인 엠프리즈 런칭, 다미에 제 앙 라인 런칭
2005	시계 컬렉션 '스피디' 런칭, 샹젤리제 매장 리뉴얼 오픈

1854년 루이 비통 Louis Vuitton은 뤼뇌브 데 까푸신느 4번가에 자신의 가게를 열었다. 그때까지의 트렁크는 뚜껑이 반원형으로 되어 있었는데 루이 비통은 이를 평평하게 만들어 몇 개라도 쌓아올릴 수 있도록 하면서 대단한 인기를 모았다. 그의 트렁크가 큰 인기를 모으자 모조품이 쏟아지기 시작하였고 이를 방지하기 위해 그레이 트리아농, 빨간 스트라이프 무늬, 격자무늬 등을 고안해 자신의 제품을 만들기 시작했다. 1896년 루이 비통의 아들 조르주 비통 Georges Vuitton은 시대 흐름의 변화에 대해 철저히 대응했으며 사보르낭드 브

사진 1 | 루이 비통의 창업자 루이 비통

라짜의 콩고 탐험이나 찰스 린드버그의 대서양 첫 횡단비행 등 여행의 역사에 동참하여 새로운 여행문화를 주도하기도 했다. 창립 이래 150여 년이 다 되고 있는 지금도 루이 비통은 시간과 공간을 뛰어넘어 세계에서 가장 사랑받는 여행가방으로 확고하게 자리매김하고 있다. 그가 만든 여행용 트렁크는 대를 물려서 쓸 수 있을 정도로 튼튼하며 유행을 타지 않는 한결같은 디자인을 유지하고 있다.

오랜 전통, 변하는 시대의 흐름, 그리고 고객의 기대라는 세가지 요구를 만족시키는 완벽한 제품이야말로 루이 비통이 영원히 추구하는 장인정신일 것이다. 현재 여행가방뿐만 아니라 여성의 시티백, 각종 여행 액세서리, 스카프나 다이어리 등 다양한 소품 및 패션까지 선보이고 있는 루이 비통은 전 세계 200여 개의 매장을 갖고 있다.

Brand Concept

루이 비통의 브랜드 컨셉은 '여행 Journey'이다. 루이 비통은 사용자의 인생을 움직이는 가치를 대표하는 키워드가 바로 여행이며 그 길의 동반자가 바로 루이 비통이라고 이야기한다. 깊이 있는 인생과 솔직하게 자신과 대변하는 삶이 바로 루이 비통이 추구하는 철학이다. 루이 비통은 차별화된 브랜드의 이미지를 구축하여 브랜드 재인 recognition을 강화시켰고, 이것은 핵심 아이덴티티를 상징적으로 나타내는 역할을 하였다. 오리지널과 컨셉, 우아하고 유니크한 디자인이 루이 비통의 대표 컨셉이다. 디자이너에 대한 전폭적인 지원이 이루어지고 있는 루이 비통은 디자이너의 예술성과 창의성을 존중하고, 디자이너에게 컨셉 결정의 모든 권한을 부여한다.

Brand Identity

명품 가방으로 어떤 제품이 좋은지를 묻는 질문에 루이 비통 브랜드는 빠지지 않고 언급되고 있다. 루이 비통은 오랜 역사와 전통을 가지고 있기 때문에 럭셔리 시장 내에서 높은 브랜드 인지도를 확보할 수 있었고 장수 브랜드로서 소비자들에게 친숙하여 고급 가방의 제품 범주에서 전형적인 브랜드로 인식되고 있다.

Brand Name & Logo

심볼은 브랜드의 재인을 강화시키면서 핵심 아이덴티티를 상징적으로 나타내는 역할을 한다. 루이 비통의 모노그램에서 볼 수 있는 심볼은 오리지널 컨셉의 우아하고 유니크한 디자인으로 만들어졌으며 꽃과 별무늬, L자와 V자를 포개놓은 로고가 있다.

Package

루이 비통의 패키지는 브랜드 컬러인 브라운과 베이지의 조합으로 루이 비통만의 브랜드 아이덴티티를 잘 보여주고 있다.

사진 2 | 루이 비통 로고

사진 3 | 루이 비통 심볼
사진 4 | 루이 비통 패키지

Brand strategy

Product
_상품 라인 및 특성

루이 비통은 여행가방에서 출발하여 여성 핸드백과 여행용 액세서리, 스카프, 다이어리 등과 같은 소품을 비롯하여 의류 및 각종 패션 소품을 제공하고 있다. 최고급 가죽 소재의 견고함과 기능성을 바탕으로 고객 한사람 한사람의 특별한 기호까지 만족시키는 완벽함의 조화가 루이 비통 상품의 특징이며 모노그램을 기본으로 새로운 컬러와 디자인을 선보이면서 다양한 라인의 상품을 출시하고 있다.

루이 비통의 스페셜 오더 제품은 프랑스의 아스니에르에 위치한 스페셜 오더 아틀리에에서 전 과정 수작업으로 제작되며, 주문 후 완성까지 최소한 6개월의 기간이 소요된다. 기존 제품의 소재나 사이즈 변형, 매장에는 없는 카탈로그상의 제품, 기존에는 없는 새로운 모델 등으로 특별 주문할 수 있다.

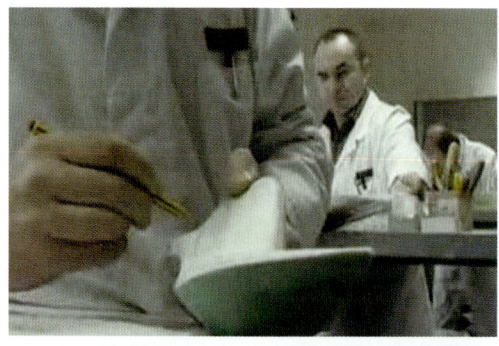
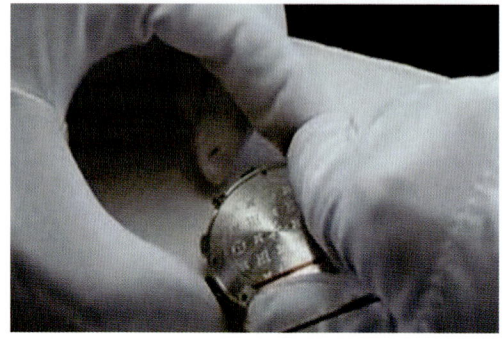

사진 5 | 슈즈 제작 과정
사진 6 | 시계 제작 과정

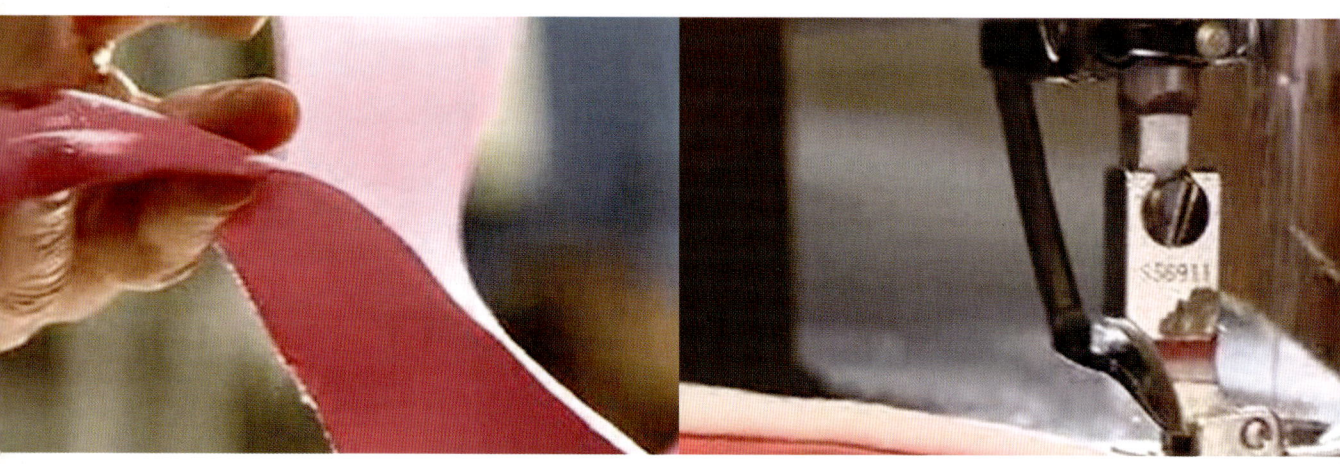

사진 7, 8 | 의류 제작 과정

루이 비통의 품질은 그 제작 과정에서부터 철저한 관리로 보장되며 항상 최고급 가죽을 선정하여 최고의 장인들에 의해 만들어진다. 현재까지도 루이 비통의 장인들은 손으로 가죽을 자르고 틀을 만들고 징을 박아 두 개의 바늘로 가죽을 꿰맨다. 하나의 지갑을 만든 후에도 8차례의 품질검사 과정을 거친다.

루이 비통 슈즈는 시대를 초월하며 우수성이 입증된 장인정신을 바탕으로 뛰어난 품질과 편안한 착용감을 선사한다. 루이 비통의 워크샵은 럭셔리 슈즈 제작 전통을 자랑하는 베네치아에 위치하고 있다. 이탈리아 베네치아는 최고의 기술을 가진 장인과 첨단기술이 모인 제화업의 메카라고 할 수 있다. 루이 비통 슈즈는 발의 형태에 완벽하게 맞는 인체공학적 디자인과 내구성이 뛰어나면서도 오랫동안 아름다운 형태를 유지하는 최고급 소재로 제작되었다. 또한 완벽한 스티칭과 수작업으로 처리한 염색 및 마감 공정 등 섬세한 디테일 처리로 그 명성이 높다.

오늘날 루이 비통은 럭셔리 시계 컬렉션을 통해 또 하나의 모험을 시작하고 있다. 정밀함, 정확성, 완벽한 품질을 자랑하는 루이 비통 시계 컬렉션은 최고의 스위스 시계 제작 기술을 바탕으로 제작되었다. 단아한 형태, 고급스런 베젤과 다이얼, 세심한 주의를 기울여 처리한 디테일에서 루이 비통 고유의 격조 높은 절제미와 독창적인 세련미를 볼 수 있다.

패션에 이어 런칭한 주얼리 라인은 루이 비통의 럭셔리 산업에 대한 비전을 보여준다. 주얼리 제품 하나 하나는 루이 비통의 전통에 대한 깊은 이해를 바탕으로 창조적으로 디자인되었고, 최상급의 보석과 귀금속을 사용하여 최고의 품질과 품격을 구현하고 있다.

독창적이며 럭셔리한 기품이 깃든 루이 비통의 의류 컬렉션도 빼놓을 수 없는 특별한 비전과 장인정신의 산물이다. 마크 제이콥스Marc Jacobs의 뛰어난 감각이 반영된 디자인은 장인의 손길을 거치며 완벽한 재단과 최고급 소재 사용으로 루이 비통만의 의류 컬렉션으로 거듭난다.

_대표 상품

타 상품군보다 많은 비중을 차지하고 있는 루이 비통 가방은 루이 비통의 대표 상품 라인이다. 매 시즌 컬렉션마다 시즈널Seasonal 상품이 전개되며, 직접 디자인하고 소재를 고르는 '스페셜 오더 시스템'도 활발하게 이루어지고 있다.

모노그램Monogram 라인은 루이 비통의 역사를 말해줌과 동시에 현대 럭셔리 산업의 토대가 되었다. 1986년 창시자 루이 비통의 아들 조르주 비통이 모조품 방지를 위해 창안한 모노그램 캔버스는 표면에 흠집이 나지 않고 가볍게 닦는 것만으로 손질이 간편해서 인기가 높다.

다미에Damier 체크는 모노그램 탄생 100주년을 맞이하며 멋지게 부활하였다. 베이지와 짙은 브라운의 체크 무늬, 초콜릿색 트리밍으로 100년이 지난 지금까지 세련된 우아함을 뽐내고 있으며 손질이 간단하여 비 오는 날에도 가볍게 들 수 있는 실용적인 라인이다.

사진 9 | 루이 비통 모노그램

에삐Epi 라인은 1986년 루이 비통이 선명한 컬러를 도입한 제품 라인이다. 1920년대 루이 비통 자신이 이삭결 무늬의 가죽을 사용해 제품을 만들었던 것을 새롭게 개발하여 내구성과 내수성을 겸비했다.

모노그램 베르니Monogram Vernis는 마크 제이콥스가 루이 비통에 입성하면서 모더니즘을 가미하여 새롭게 탄생시킨 라인이다. 소가죽 위에 에나멜을 특수 코팅하여 모노그램을 현대화하였으며 당시 마크 제이콥스의 젊은 감각으로 폭발적인 인기를 얻었다. 베르니는 불어로 '반짝이다' 라는 뜻이다.

타이가Taiga는 남성다움과 우아함을 매치하여 전 세계의 남성들을 매료시킨 라인으로 젊고 활동적인 도시 남성들을 타깃으로 1993년부터 전개되었다. 진초록색의 '에피시아' 마호가니색의 '아카주'로 나뉜다.

Price

루이 비통이 초고가 라인을 강화하게 된 배경에는 명품의 대중화 현상이 크게 작용했다. 최근 들어 대중매체를 통해 명품과 친숙해진 중산층들 사이에서 루이 비통, 구찌 같은 명품이 크게 인기를 끌면서 이와 같은 브랜드 제품들은 예전처럼 희소성이나 고급스러운 이미지를 유지하기가 어려워졌다. 이에 따라 루이 비통은 일반인들과 차별화되기 원하는 극소수의 부유층을 만족시키기 위해 고가 제품을 늘리고 신제품을 보다 신속하게 내놓는 전략을 택하게 되었다.

루이 비통 가방의 가격은 천차만별이지만 한 온라인 쇼핑몰을 기준으로 30만 원대에서 500만 원대의 가격 분포를 보인다. 여기에는 파우치 종류부터 남성용 서류가방까지 모두 포함된다. 루이 비통 가방 구매의 진입장벽을 낮춘 상품이 바로 '3초 백'이라고 불리는 '스피디'이다. 루이 비통 가방은 파우치 계열을 제외하면 대부분 100만 원을 넘는데, 루이 비통 스피디의 가격은 50만 원대에서 90만 원대로 상대적으로 저렴하다. 루이 비통의 니트와 스웨터는 50만 원대에서 70만 원대이고, 셔츠는 좀더 저렴한 30만 원대에서 50만 원대 사이이다. 루이 비통의 코트는 타 브랜드보다 고가인데 화려하지 않으면서 단정하고 고급스

사진 10 | 루이 비통 모노그램 그룸 리미티드 에디션

러운 느낌을 주며 300만 원대에서 500만 원대의 가격대를 형성한다.

루이 비통의 리미티드 에디션Limited Edition으로는 2006년도 겨울에 나온 모노그램 '그룸Groom'이 있다. 상류층 럭셔리 여행문화를 유머러스하게 재현한 그룸 시리즈는 동전지갑, 장지갑, 반지갑, 다이어리 같은 SLGSmall Leather Goods 제품으로 구성된다. 모노그램 그룸 반지갑과 장지갑은 60만 원대이며 키 앤 체인지 홀더는 약 20만 원대, 키홀더는 10만 원대이다.

Place

_유통망

루이 비통은 상표 이미지를 지키고, 병행 수입Paralled Import으로 생기는 그레이 마켓Gray Market과 위조품을 완전히 없애기 위해 직영점 위주의 판매전략을 전개하고 있다. 구체적으로 각국의 지사 또는 지점에서만 루이 비통 제품을 팔도록 하고 있으며 직영점과 루이 비통을 파는 점포는 모두 루이 비통의 통일된 실내장식과 마케팅 방침을 따르도록 하고 있다. 이 전략은 일본에서 큰 성공을 거두었으며, 현재 우리나라에서도 실시되고 있다. 우리나라에서는 현재 서울 7개, 부산 4개, 대구 2개, 광주 1개, 제주 2개의 총 16개의 매장을 운영하고 있다. 또한 루이 비통의 경영철학과 마케팅 노하우를 공유하도록 하기 위해 세계 각국의 판매원들을 파리 본점에서 교육하는 프로그램도 만들었다.

사진 11 | 상하이 루이 비통 플래그십 스토어

_주요 플래그십 스토어

상하이 루이 비통 플래그십 스토어는 2003년 9월 23일 상하이 난징 웨스트가에서 가

사진 12, 13 | 파리의 루이 비통 매장
사진 14, 15 | 일본 긴자의 루이 비통 매장

장 유명한 쇼핑센터인 플라자 66에 세워졌다. 먼 곳에서도 루이 비통임을 한눈에 알 수 있게 하는 것은 외관을 장식하고 있는 10미터 높이의 더블 패널이다. 다미에 문양으로 이루어진 유리 전면은 보는 이의 시선을 사로 잡으며 입구는 프랑스 가방 제조업자들의 역사를 상징적으로 그려낸 작품을 공중에 배치하였다.

사진 16 | 루이 비통 광고

　파리 샹젤리제 거리에 있는 루이 비통 본사에는 신제품이 출시될 때마다 매장 앞에 커다란 제품의 조형물이 설치된다.

　일본 긴자 거리의 루이 비통 매장은 지하 1층에서 지상 5층의 거대한 규모로 지하 1층에서 지상 4층까지는 매장이며, 지상 5층은 다목적 살롱salon이다. 외피를 쓴 이 건물은 유리와 벽 사이에 68~85cm 간격을 두어 멀리서 보았을 때 건물이 점점 사라지는 착각을 불러일으킨다.

Promotion

_제한적 판매

루이 비통은 철저한 소품종 소량생산의 브랜드 마케팅을 펼친다. 즉 한 번에 한 개 이상의 물건을 팔지 않는다. 물건을 구매한 사람이 또 다시 제품을 구입하려고 해도 6개월 이내에는 다른 루이 비통 제품을 살 수 없게 하는 것이다.

_카피가 없는 광고의 자신감

루이 비통은 브랜드 재인을 높이기 위해 광고 속에 제품 패키지 또는 로고를 포함시키거나 클로즈업하는 효과적인 커뮤니케이션을 하고 있다. 루이 비통의 광고에 등장한 모델은 핸드백 하나만 어깨에 둘러메도 평범함이 아닌 프로페셔널한 여성의 이미지를 표현하고 있으며, 아무런 카피도 없이 브랜드 이름이나 로고 하나로 광고의 승부를 걸고 있다. 2002년 한일 월드컵 개막전에 "한국 대표팀의 16강 진출을 기원합니다"란 문구와 함께 늘씬한 여성들의 다리 사이로 드러나는 축구공 광고를 하기도 했는데 이 광고에서도 루이 비통 로고는 한쪽 구석에 조그맣게 자리잡아 그들만의 자신감을 보여주었다.

_예술 작가들의 윈도 디스플레이

예술적인 쇼윈도를 논할 때 루이 비통을 빼놓을 수 없다. 일찍이 19세기 말부터 모네Claude Monet, 르누아르Pierre-Auguste Renoir, 세잔Paul Cezanne 같은 작가들과 교류를 시작했던 루이 비통은 이후에도 아티스트들과의 협업에 적극성을 보여왔다. 특히 정상급 작가들에게 쇼윈도 디자인을 의뢰하는 것으로 유명하다. 스위스의 유명한 개념미술 작가 우고 루디논은 루이 비통 글로벌 매장 네트워크에 윈도 디스플레이를 선보였으며, 만화를 차용한 작업으로 유명한 일본의 무라카미 다카시Takashi Murakami도 핸드백 디자인은 물론 환상적인 쇼윈도를 선보여 뜨거운 반응을 얻었다. 이 밖에 이탈리아 출신의 행위예술가 바네사 비크로프트Vanessa Beecroft는 파리 루이 비통 샹젤리제 매장에서 아트 퍼포먼스를 펼쳤고, '세계 영향력 있는 작가 100인' 중 늘 10위권 안에 드는 올라퍼 엘리아슨Olafur Eliasson도 특유의 태양 작업으로 루이 비통 쇼윈도를 장식한 바 있다. 국내에서는 김홍석 작가가 지난해 서울 압구정동 현대백화점 본점 매장의

사진 17 | 일본의 루이 비통 매장
사진 18 | 올라퍼 엘리아슨의 루이 비통 쇼윈도 장식

쇼윈도를 발랄하게 꾸미기도 했다. 게다가 루이 비통은 런던의 패션 명문 대학인 센트럴 세인트마틴 St. Martin's University 대학생들에게 쇼윈도를 실험무대로 내놓았는데 이들은 등고선을 연상시키는 참신한 작업으로 갈채를 받았다.

_다양한 이벤트를 통한 사회 환원 활동

다양하고 차별적인 이벤트를 진행하고 있는 루이 비통은 1998년 프랑스 월드컵 때 모노그램 캔버스 문양의 축구공 3,000개를 제작하여 판매하고 그 수익금을 유니세프에 전달하였다. 이 공에는 시리얼 넘버가 찍혀 있어 현재 상당한 가치가 있을 것으로 예상되나, 소장가들이 내놓지 않아 실제 거래는 이루어지지 않고 있다고 한다.

사진 19 | 루이 비통 테디 베어와 축구공

제주도의 테디 베어 박물관에 전시되어 있는 루이 비통 테디 베어도 2000년 모나코 몬테카를로에서 열린 Les Teddies de I' An 2000 경매에서 인형으로서는 경매사상 최고가인 130,000프랑, 우리나라 돈으로 약 2억 3천만 원에 낙찰되어 사람들의 관심을 모았다.

_스포츠 이벤트 개최

루이 비통은 1983년 최초로 미국 시장을 겨냥한 요트대회인 '루이 비통 컵 Louis Vuitton Cup'을 개최하였다. 이 대회는 현재 미국 내 최고의 요트 경기로 자리매김하였고, 그 경기 이름을 딴 '루이 비통 컵' 브랜드도 런칭하였다. 루이 비통 컵은 국제적인 선풍을 불러일으켰다. 루이 비통이 아메리카컵 예선경기의 공동 주최자가

사진 20 | 루이 비통 컵 요트대회와 루이 비통 클래식 자동차 전시회

됨으로써 세계에서 가장 권위 있는 요트경기인 아메리카컵과 공식적인 인연을 맺게 되었고 루이 비통 컵의 우승자는 아메리카컵 보유자인 미국 팀과 경합을 벌이는 특권을 누리게 된다. 럭셔리 브랜드들은 이러한 행사를 통하여 그 브랜드와 상류층의 문화를 동일하게 여기도록 하여 그 제품을 사용하는 고객들이 은연중에 자신도 럭셔리의 품격에 맞는 사람이라고 생각하게 만든다. 파리-뉴욕, 런던-베이징 구간에서 벌어지는 '루이 비통 클래식Louis Vuitton Classic' 자동차 경주대회도 유럽과 미국, 중국 시장을 뜨겁게 달구고 있다. 이처럼 럭셔리 브랜드는 고객들에게 제품이 아니라 일류라는 환상을 판매하는 고도의 산업전략을 사용하고 있다.

_아티스트와의 콜래버레이션

2003년 일본의 대표적인 현대미술가인 팝 아티스트 무라카미 다카시와 루이 비통의 크리에이티브 디렉터인 마크 제이콥스의 콜래버레이션으로 현대미술과 럭셔리 브랜드의 만남이 이루어졌다. '모노그램 멀티 컬러'의 라인업은 93가지의 다양한 색상과 패턴 디자인이 루이 비통의 '럭셔리 & 아트 마케팅'과 결합하면서 세계적인 인기를

사진 21 | 무라카미와 루이 비통의 콜래버레이션

끌어모았다. 2007년 10월 미국 LA 현대미술관에서는 루이 비통의 기획으로 무라카미 회고전을 열기도 하였는데 전시실 한 켠에 마련된 매장에서 '루이 비통 다카시 백'을 한정 판매했다. 예술의 상업화라는 비난이 쏟아지기도 했지만 처음 시도된 상업예술의 상품화는 루이 비통 마니아뿐 아니라 보다 새롭고 참신한 생활소품을 애용하는 소비자들의 환호를 이끌어냈다.

Web communication

전통적으로 가죽가방 제작을 고수하던 루이 비통은 1998년 '레디투웨어ready-to-wear'

사진 22 | 루이 비통 웹사이트 www.louisvuitton.com

컬렉션을 처음으로 선보이고 주얼리와 시계까지 그 영역을 확장하면서 변화를 추구해왔다. 이런 변화에 맞추어 새로운 고객과 보다 젊은 고객들에게 가까이 다가가기 위한 수단이 요구되었는데 루이 비통은 그 해결책을 인터넷에서 찾았다. 루이 비통의 웹사이트는 편이성과 심플함을 담고 있다. 클릭하는 횟수까지 고려한 편이성에는 무한한 정보성과 함께 고객을 고려한 고도의 섬세함이 담겨 있다. 루이 비통은 고객과의 상호보완을 지향하며 웹사이트를 완성하여 오랜 역사와 오늘날의 컬렉션, 디자이너의 스토리부터 여행정보까지 다양한 내용을 담고 있다. 앞으로는 각 나라별 특성을 파악한 개별적인 정보를 추가할 예정이고 웹사이트를 통해 예술적인 캠페인들을 볼 수 있도록 하거나 커스텀 관리까지 가능하도록 웹 서비스를 확대할 계획이다.

Key Success Factors

1. 차별화된 브랜드 이미지 구축

루이 비통은 소재의 우수성, 디자인의 독창성, 제품의 영구성 등으로 차별화된 브랜드 이미지를 구축하여 전세계적으로 충성도가 높은 고객층을 확보하였다. 철저한 품질관리에서 신뢰감을 얻은 40~50대 여성들은 루이 비통에 높은 충성도를 보이고 있으며 또한 소품종, 소량생산의 마케팅 기법은 20~30대의 과시욕을 불러일으키는 주요 원인 중의 하나로 작용하고 있다.

2. 분권화된 브랜드 전략

LVMH는 중앙집권화되어 있지 않고 일종의 중소기업연합체(Petites et Moyennes Entreprises)의 구조로 되어 있다. 가능한 중앙집권화를 탈피하고 각 브랜드의 자율성을 최대한 보장하면서 모기업은 규모를 앞세운 협상력을 발휘할 때만 나서는 전략을 구사하고 있다. 따라서 본사의 역할은 각 디자이너와 경영진들이 전체 시스템 속에 조화를 이루도록 유도하는 것에 그치고 지나친 간섭과 통제는 창의성에 방해를 줄 수 있다는 원칙 하에 각각의 브랜드에 대한 완벽한 애착과 동기부여, 효율성 및 역동성을 지속적으로 유지하고 관리해 나갈 수 있다는 것이 탈중앙집권화의 장점이다. LVMH는 상품, 직원, 장인들에 대한 지속적이고 직접적인 접촉이 가능하고 상대적으로 아담한 규모에서 럭셔리 분야의 성공이 이루어질 수 있다는 사실을 잘 알고 있기 때문에 이러한 전략을 펴고 있다.

3. LVMH의 CRM (Customer Relationship Management) 노하우

브랜드들은 매장 외 고객행사, 신규 매장 오픈 행사, 매장 내 고객 행사 등 다양한 형태의 PR 행사를 통해 고객과의 관계를 형성하고 있다. LVMH는 신상품 출시 또는 특별 행사 등의 내용을 고객들에게 알리기 위해 고객 리스트를 체계화하고, 경쟁 브랜드의 고객 리스트 확보를 통한 데이터 수집 등의 방법으로 차별화된 DM(Direct Mail)을 발송한다. 루이 비통은 기존 고객을 유지하기 위해 VIP 고객 행사 프로모션도 지속적으로 개최하면서 트렁크 쇼 또는 맞춤 서비스 전략을 사용하고 있으며, 신규 고객 창출을 통해 매출 및 브랜드 인지도를 증진할 수 있는 전략의 일환으로 타 업체와의 공동 프로모션co-promotion을 하는 등 적극적인 CRM 활동을 펼치고 있다.

Brand Future

1. 매스 럭셔리 이미지의 탈피

루이 비통은 우아함과 품격을 강조하여 친근하고 편안하기보다는 권위적인 브랜드 이미지가 강한 편이다. 하지만 최근 루이 비통은 20~30대 여성들에게 접근성을 넓혀주면서 소비를 촉진시키고 있다. 럭셔리의 특별함은 희소성에서 비롯된 것이나 오늘날에는 매스티지 브랜드의 등장 및 럭셔리의 대중화 현상에 의해 럭셔리가 특별한 소수를 위한 것이라기보다는 다수의 대중에 의해 소비되고 있다. 루이 비통의 스피디백의 경우 이 가방을 든 사람을 3초에 한 명씩 볼 수 있다고 하여 '3초백'이라고 불리고 있으며, 모조품도 통제할 수 없을 정도로 나오고 있는 실정이다. 따라서 루이 비통은 럭셔리 브랜드로서의 명성을 유지하기 위해 지나친 대중화를 막고 럭셔리 브랜드의 희소성을 유지할 수 있는 전략을 구사해야 할 것이다.

2. 무분별한 확장 지양

루이 비통에게 있어 가장 큰 과제는 거대한 회사를 통제하는 것이다. 루이 비통은 2008년 18개의 신규 매장을 열었고 10년 전에 비해 현재 매장 개장 비율이 약 2배에 달하고 있다. 브랜드를 많이 소유하게 되면서 새로운 매장과 유통 경로를 찾게 되지만 이미 커다란 규모의 회사를 통제하기 위해서는 무분별한 확장을 지양하고 품질 관리나 규율 유지에 대한 노력을 지속적으로 해야 할 것이다.

럭셔리를 듣는 '루이 비통 사운드 워크'

세계적으로 유명한 럭셔리 브랜드 루이 비통이 '루이 비통 사운드 워크'라는 이름의 MP3 오디오 여행 가이드를 내놓았다. 이는 획기적인 신개념 여행상품으로 중국의 유명 여배우들이 직접 베이징, 홍콩, 상하이의 거리를 거닐며 자신의 목소리로 지역을 안내하기도 하고 현지인의 인터뷰 내용도 담겨 있다. 내레이션과 함께 배경음으로 제공되는 사운드트랙은 각 도시의 느낌을 상징한다. 눈을 감고 있으면 마치 그곳을 직접 거닐면서 음악을 듣고 있는 듯한 착각이 들게끔 하기도 한다. 더불어 루이 비통 사운드 워크 사이트에서는 각 배우들마다 짧은 비디오 예고편을 제공하고 있다.

이 오디오 MP3는 각 도시별로 다른 가격에 판매되고 있다. 미국에서는 12달러, 유럽에서는 12유로, 영국에서는 8파운드, 일본에서는 2000엔, 홍콩에서는 홍콩달러로 140달러, 그리고 중국에서는 130위안에 구매할 수 있다.

http://youngminc.com, 2008. 06. 25.

"패션은 환상이 아닌 현실이다."
데 릭 램 | Derek Lam

TOD'S | 토즈

About TOD'S

토즈라는 이름은 특별한 의미가 없는 알파벳의 나열이다. 부르기 쉽고 기억하기 쉬운 이름으로 만든 토즈는 오늘날 최상의 품질을 지닌 어반 시크의 심볼이 되었다. 탁월한 디자인과 실용성으로 전 세계 유명인사들이 애용하는 필수 소장품으로 회자되고 있으며 손으로 제작된 토즈의 모든 제품은 토즈만의 독창성과 현대적 감각, 그리고 실용성이 어우러져 여성들의 사랑을 받고 있다.

1917년 토즈의 현 회장 디에고 델라 발레의 할아버지인 필리포 델라 발레가 밤에는 신발을 만들고 낮에는 팔러 다니다가 작은 구두 공장을 열었다. 이 구두 공장은 필리포의 아들인 도리노에 이르러 이탈리아 카세테 데테 지역에서 점점 번창하기 시작하였다.

토즈는 제화에서 시작하여 가방의 성공, 그리고 기성복 런칭에 이어, 2008년 11월 국내 시장에 런칭한 주얼리까지 꾸준히 확장하고 있는 브랜드이다.

History

_Timeline

1900	이탈리아 카세테 데테 지역에서 작은 구두 공장으로 시작
1940	도리노 델라 발레에 의해 브랜드가 발전하기 시작
1975	디에고 델라 발레가 가업에 합류하여 토즈라는 브랜드 탄생
1978	토즈 제품의 트레이드마크인 고미노 슈즈 런칭
1997	토즈 백 컬렉션 런칭
1998	카세테 데테에 있는 헤드쿼터 옆 이탈리아 최대 규모의 공장 건립
2000	디에고 델라 발레가 회장으로 취임
2003	스테파노 신치니가 사장으로 취임
2004	4월 현대백화점 압구정점에 국내 최초로 런칭
2006	데릭 램과 콜래버레이션을 통해 기성복 캡슐 컬렉션
2007	토즈 코리아 출범과 한국으로 진출 시작
2008	'룩킹 앳 토즈' 프로젝트 진행

토즈^{TOD'S}는 1900년 이탈리아 카세테 데테^{Cassette d'Ete} 지역에 있던 필리포 델라 발레^{Filippo Della Valle}의 작은 구두 공장에서 시작하였다. 카세테 데테는 밀라노에서 비행기를 타고 1시간여 날아간 안코나에서도 40분을 더 달려야 나오는 작은 마을로 현재 이곳에 토즈의 본사가 위치하고 있다.

가내수공업으로 시작한 토즈는 1940년 현 회장인 디에고 델라 발레^{Diego Della Valle}의 아버지이자 필리포의 아들 도리노^{Dorino}에 이르러 발전의 계기를 마련한다.

사진 1 | 디에고 델라 발레 회장

사진 2 | 토즈의 시그니처인 페블 슈즈의 제작과정

도리노는 아버지에게서 배운 기술을 토대로 가죽의 중요성을 깨달아 토즈를 한 단계 업그레이드하는 데 지대한 공헌을 하였다. 원단과 기본에 충실해야 한다는 도리노의 제품철학은 훗날 토즈의 큰 발전에 초석이 되었다. 1975년 디에고 델라 발레가 가업에 합류하면서 토즈라는 브랜드가 탄생하였다. 토즈는 섬세한 기술과 누구도 흉내낼 수 없는 고품질의 원단을 사용하고 자동화 시스템을 통한 제품의 차별화에 성공했다.

1978년에는 토즈 제품의 트레이드마크인 '고미노 드라이빙 슈즈Gomino Driving Shoes'를 런칭하였다. 이 슈즈는 1950년대 드라이빙 슈즈로 고안된 페블 슈즈로서 상류층 인사들과 친분이 많았던 디에고 델라 발레가 격식있는 자리뿐 아니라 캐주얼한 상황에 맞는 고급 슈즈에 대한 필요성을 파악하고 만든 슈즈이다. 1970년대에 당시 이탈리아에서 치노chinos 면바지와 블레이저라는 대중화된 패션에 어울릴 만한 신발에 대한 수요가 생겨남에 따라 스포츠카를 몰고 스피드를 즐길 때나 쇼핑할 때 신을 수 있

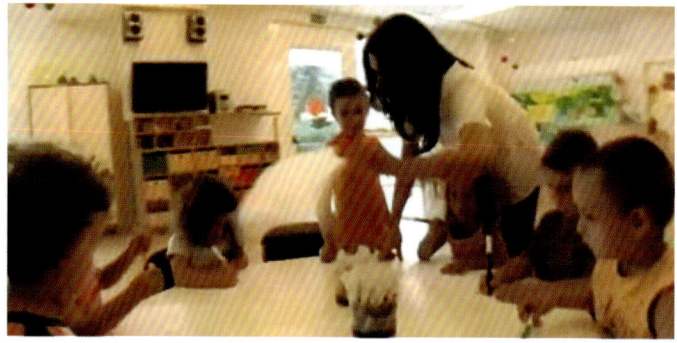

사진 3, 4, 5 | 브랑카도르 지역의 토즈 헤드쿼터

는 편한 신발로서 재런칭되었으며 1995년 다이애나Diana 황태자비의 애용으로 큰 인기를 거두었다. 1997년 토즈는 백 컬렉션을 런칭하면서 라인 확장을 시작하였다. 캔디 백Candy bag은 심플한 디자인과 다양한 색상, 고품질을 내세워 토즈 백 라인의 대히트 아이템이 되었다.

1998년 토즈는 카세테 데테 브랑카도르 지역에 이탈리아 최대 규모의 토즈 헤드쿼터 공장을 건립하였는데, 디에고 델라 발레 회장의 부인이 직접 디자인을 맡았으며, 직원들이 일을 하는 공간이 아닌 자기 삶을 영위하는 공간으로 디자인되었다.

2000년에는 디에고 델라 발레가 토즈 그룹 회장으로 취임하였으며 11월에는 이탈리아 주식시장에 상장한 후 좋은 실적을 거두었다. 2003년에는 28세 때 토즈 그룹에 입사하여 뛰어난 영어 실력과 경제·경영에 대한 해박한 지식, 실무 능력을 인정받아 미국 전문가로 파견된 후 미국에서 토즈의 브랜딩을 담당하던 스테파노 신치니Stefano Sincini가 사장으로 취임하였다.

2004년 4월에는 국내 최초로 현대백화점 압구정점에 런칭하였으며, 일본 도쿄 오모테산도 힐즈에 플래그십 스토어를 오픈하였다. 2006년 데릭 램Derek Ram과 협업을 통해 첫 번째 기성복 캡슐 컬렉션을 선보였고 홍콩에 랜드마크 플래그십 스토어를 오픈하면서 아시아 지역의 유통망 확대에 집중하였다. 2007년 8월 토즈 코리아 출범과 동시에 국내 직진출을 시작하였고, 디자이너 데릭 램을 크리에이티브 디렉터로 영입하였으며, 상하이에 남성 단독 부티크를 오픈하였다. 2008년에는 세 사람의 아티스트와의 콜래버레이션을 통한 윈도 프로젝트 '룩킹 앳 토즈Looking at TOD's'를 진행하였다.

Brand Concept

토즈의 브랜드 컨셉은 실용성과 고품격에 있다. 토즈는 한 세기를 뛰어넘는 기간 동안 실용성과 장인정신에서 비롯한 럭셔리함으로 핸드메이드 클래식 슈즈를 만들어 냈으며, 꼼꼼하고 영구적이면서 개성 있는 최신 디자인을 특징으로 전 세계적인 명성을 얻었다. 섬세한 수공기술과 고품질 가죽 소재를 사용한 우아하고 심플한 디자인, 절제미에서 비롯된 고품격, 흠잡을 데 없는 아름다움, 그리고 비교할 수 없는 탁월한 품질은 토즈를 나타내는 지표가 되고 있다.

Brand Identity

토즈 하면 떠오르는 것은 역시 '고미노 페블 슈즈GOMMINO Pebble Shoes'와 같은 우수한 가죽, 핸드메이드 가죽 잡화이다. 토즈의 제품들은 편안함과 모던한 세련됨을 가지고 있는 동시에 비즈니스와 레저 사이의 성격을 띠고 있다. 독특한 퀄리티와 고지식한 장인정신을 담고 있으며 품위 있게 자신을 드러내지만 사치하지 않는 성격을 담고 있다.

Brand Name & Logo

토즈라는 이름은 아무런 의미 없는 알파벳의 나열로 부르기 쉽고 기억하기 쉬운 이름으로 정한 것이다.

사진 6 | 토즈의 로고

사진 7, 8 | 슈즈 컬렉션

Brand Color

저명도의 브라운과 오렌지 컬러의 콤비네이션을 사용하여 고급스러운 럭셔리 이미지를 전달하고 있다.

Brand Strategy

_상품 라인 및 특징

토즈의 제품 라인은 슈즈와 백, 주얼리와 의류가 있다. 토즈 슈즈 컬렉션은 한 켤레 제작에 3일이 소요되며 하루에 800여 개 정도의 소량생산을 한다.

2004 S/S 시즌에 처음 선보인 '사브리나 슈즈 Sabrina Shoes'는 에드가 드가 Edgar De Gas의 작품에서 영감을 받은 플랫 로퍼로 스트랩 장식과 주름진 갑피, 페블 장식이 송아지가죽과 스웨이드 소재와 만나 섬세하고 여성적인 감각을 선보인다. 스테디 셀러 아이템 Steady-seller Item 중 하나로 토 슈즈를 닮은 위트 있는 디자인과 편안한 착용감이 특징이다.

토즈의 백 컬렉션에는 현대적인 미, 그리고 실

사진 9 | 발레리나 슈즈 사브리나

용성을 추구하는 '디백D-bag'이 있다. 다이애나 황태자비가 즐겨 들어 이름 붙여진 디백은 토즈가 2년여에 걸친 실험과 테스트를 통하여 실용성과 멋의 완벽한 배합으로 세상에 선보인 가방이다. 여성들이 집 밖에서 필요한 모든 필수소품을 담을 수 있을 정도로 넉넉한 크기가 특징이다. 섬세한 수공기술과 최상 품질의 가죽을 이용하여 제작된 디백은 명품의 가치와 실용성이 완벽한 비율로 조합되어 유행을 타지 않는 최고의 명품 아이템으로 탄생되었다. 제작연도가 새겨진 메탈 장식은 고객에게 더 특별한 가치를 제공하고 희소성을 부여하여 소장가치를 높여준다.

사진 10 | 디백

토즈의 첫 번째 가방으로 1997년부터 패션 리더들에게 선풍적인 인기를 '캔디 백Candy bag'은 심플한 디자인과 다양한 색상, 고품질을 내세우는 토즈 백의 특성들을 모두 만족시킨 대히트 아이템이다.

명품으로서 실용성을 겸비한 '미키백Miky bag'은 토즈의 새로운 성공작이다. 토즈의 백으로서 좀더 캐주얼하고 실용적인 것이 특징이다.

사진 11 | 캔디 백

넉넉한 수납공간을 두어 토즈의 실용주의를 대표하는 모던한 감각의 '티백T-bag'은 세련된 디자인에 골드 컬러의 지퍼와 링 장식으로 화려함을 더한 제품이다. 토즈가 자랑하는 최고급 퀄리티의 가죽을 사용하고 있으며 정교한 디테일은 고급스러우면서도 클래식한 감각을 보여준다.

토즈의 주얼리 컬렉션은 2008년 세계적인 예술작품 및 디자인으로부터 받은 영감을 바탕으로 새롭게 출시되었다. 몬드리안Piet Mondirian의 주요 작품과 아르데코 시대의 대명사인 여류 화가 타마라 드 렘피카Tamara de Lempicka의 밝은 색감과 부드러운 곡선이 돋보이는 초상화, 20세기의 가장 위대한 건축가이자 예술가로 손꼽히는 르 코르뷔제Le Corbusier 및 반 데르 로에van der Rohe의 작품과 브루어Breuer의 대칭적 양식 등이 포함되었다. 모든 아이템이 장인정신이 깃든 정교한 핸드메이드 아이템으로 아티스트가 작품을 창작할 때처럼 각 주얼리 아이템 착용시 스타일이나 느낌을 최대한 고려하여 하나하나 꼼꼼히 제작되었다.

팔찌, 목걸이, 반지, 키 링 및 얇은 벨트로 구성된 컬렉션은 고급 소재와 정통 장인정신을 통해 독특하고 고유한 아이템을 탄생시키고자 하는 토즈의 또 다른 새로운 출발을 알리고 있다.

사진 12 | 미키 백

사진 13 | 티백

_대표 상품

로열 패밀리의 품격을 담은 토즈의 아이콘 '고미

   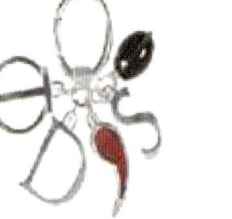

사진 14 | 토즈의 액세서리 컬렉션

사진 15 | 토즈의 트레이드마크 고미노 페블 슈즈

노'는 1950년대에, 드라이빙 슈즈로 고안된 130여 개의 고무 페블로 만들어진 제품으로, 50여 년이 지난 지금도 여전히 유니크하며 편안한 신발의 트레이드마크이다. 고무 페블의 부드러운 착용감과 날아갈 듯 가벼우며 캐주얼하면서도 시크한 느낌으로 해마다 추가되는 다채로운 컬러와 디테일은 혁신과 전통을 조화시킨 토즈의 특징을 그대로 보여준다

Price

토즈는 최고급 소재만을 사용하고 철저한 장인정신에 입각한 고가정책을 사용하고 있다. 토즈의 제품은 고가에 적합한 품질을 보장하고 있다. 슈즈 라인은 30만 원대에서 80만 원대까지 소재와 디자인에 따라 다양한 가격대이다. 토즈의 핸드백 라인 역시 제작에 사용되는 소재에 따라 가격의 차이가 크다. 패브릭으로 제작된 핸드백의 경우 50만 원대에서부터 시작하여 일반 가죽제품은 200만 원대에 구매할 수 있다. 특별한 악어가죽으로 제작된 경우에는 3,000만 원 이상에 판매된다. 액세서리 제품은 10만 원대에서 50만 원대에 구입할 수 있다.

Place

_유통망

토즈는 전세계 31개국에 117개 직영매장과 65개 프렌차이즈 스토어를 운영하고 있다. 토즈 헤드쿼터 옆 16,000평의 대지에 9개의 공장을 보유하고 있으며 7개 공장은 신발, 2개 공장은 그외의 가죽제품을 생산한다.

국내에는 총 12개 매장을 가지고 있으며 2007년 토즈 코리아를 출범하였다. 현대백화점에 입점한 후 다른 백화점에는 입점하기가 어려웠던 데다가 명

사진 16 | 오모테산도 힐즈의 토즈 플래그십 스토어

동 인근에 매장이 없어 현대백화점을 통한 국내 영업만으로는 브랜드 외형 확대에 한계를 느껴 인지도를 높이는 데도 애로가 있어 직진출을 결정하게 되었다. 이후 현대백화점은 국내 시장 자문 형태로 영업이익에 10%를 OMA 로열티로 받고 있다. 국내 판매액은 2006년 약 92억 정도였고 2007년에는 102억 원, 2008년 130억 원으로 추산된다.

_주요 플래그십 스토어

2004년 토즈는 일본 도쿄의 오모테산도 힐즈에 플래그십 스토어를 오픈하였다. 건축가 토요 이토가 디자인한 빌딩은 토즈를 대표하는 아이덴티티와 동시에 오모테산도 지역의 랜드마크 역할도 하고 있다.

Promotion

_젊은 감각의 광고

토즈의 장기적인 고민은 다소 편중되어 있는 고객층이었다. 고품질과 실용성을 추

구하다 보니 고급스러우면서도 편안한 느낌을 주어 30대 후반에서 60대까지 폭넓은 고객층을 보유하고 있는 데 반해, 실제로 반복 구매할 수 있고 또한 잠재적인 고객층은 어느 정도의 경제력을 갖춘 중년층에 한정되있다. 이에 따라 토즈는 1985년생의 10대 슈퍼모델 안냐 루빅Anja Rubik을 메인 모델로 발탁하여 젊은 소비층과 커뮤니케이션을 시도했다. 토즈는 주로 휴식을 테마로 하여 여유롭고 귀족적인 느낌을 주는 지면 광고를 통해 소비자들에게 고급스러움을 전달했다. 토즈의 광고 컨셉은 그동안 제품의 우수성을 알리고 브랜드의 기원을 설명해왔던 과거와 달리 차별화된 우아함과 귀족적인 느낌을 고객에게 주입시키기에 적절했다.

    토즈는 기네스 팰트로Gwyneth Paltrow를 기용하여 그들의 시그니처 아이템을 홍보하였다. 이 3분짜리 영화를 찍기 위해 의상과 각종 소품들을 세팅하고 유명 영화감독을 섭외하였다. 토즈가 좋은 가죽을 와인을 숙성시키듯 보관하여 한땀 한땀 장인의

사진 17 | 안냐 루빅을 메인 모델로 사용한 토즈의 지면 광고

사진 18 | 기네스 팰트로가 주연한 패쉬미 무비

손길로 꿰매어 진짜 명품을 만들어 내는 것처럼 브랜드의 비주얼을 표현하는 것 역시 하나의 작품으로서 소홀히 하지 않는다는 것을 확인할 수 있다.

토즈의 광고는 맨 처음 제품이 무엇이다 라는 것에서 시작해 누구를 위한 것이며, 그 가치와 어느 나라의 것인지를 보여주다가 이들의 발전과 함께 시대에 맞는 모델을 기용하여 이제는 럭셔리 이미지를 소구하면서도 항상 제품이 중요하다는 원칙을 잊지 않는다. 남들보다 더 잘 만드는 것이 최고의 경쟁력이라고 믿는 디에고 델라 벨라 회장의 경영철학과 제품에 대한 자신감이 광고에서도 그대로 묻어난다. 영화 형식의 이 광고에서 '패쉬미 백 Pashmy Bag'은 집중적으로 노출되었으며, 토즈의 핸드백이 여성에게 줄 수 있는 행복과 기쁨을 전달하고 있다.

_프로젝트를 통한 장인정신의 소구

토즈는 '유니크 001 Unique 001' 글로벌 프로젝트와 장인 시연행사를 통해 장인정신을 소구하는 마케팅 방법을 사용하고 있다. '유니크' 프로젝트는 케이트 백, 디백 등 109개 백을 희귀한 소재와 수려한 컬러로 재창조한 컬렉션으로, 세계에서 단 하나뿐인 유니크 피스이다. 각 나라의 톱 클래스 고객들을 위해 한정 판매하기 위한 것으로 토즈 본사에서 보관해온 특별한 악어가죽 등이 사용되어 진정한 럭셔리 제품이 무엇인지를 잘 대변해주는 컬렉션이다. 두바이를 시작으로 밀라노, 파리, 런던, 홍콩, 뉴욕, 서울 등 주요 도시의 부티크에서 글로벌 투어로 전시되고 판매된다. 우리나라에서는 갤러리아 백화점에서 2006년 12월에 개최되었다. 또한 2008년 4월에는 서울과 부산 현대백화점에서 토즈의 장인을 초청해 가죽신발 수작업을 시연하며, 오랜 전통과 장인정신을 자랑하는 행사를 유치하기도 하였다.

사진 19, 20 | 유니크 001 프로젝트

_ '룩킹 앳 토즈Looking at TOD'S' 아트 쇼윈도 프로젝트

토즈는 2008년 1월부터 '룩킹 앳 토즈'라는 쇼윈도 프로젝트를 시작했다. 이탈리아의 유명 디자이너 줄리오 카펠리니가 아트디렉팅을 맡아 다양한 장르의 예술가들을 엮어 주요 매장의 쇼윈도를 꾸미는 프로젝트이다. 상반기에는 프랑스 디자이너 패트릭 노르게Patrick Norguet, 영국의 건축가 그룹인 바버 앤 오스거비Barber & Osgerby, 네덜란드 디자이너 이네케 한스Ineke Hans 등이 참여해 디자인계의 화제를 불러일으켰다.

사진 21 | '룩킹 앳 토즈Looking at TOD'S' 쇼윈도 프로젝트

_ 콜래버레이션

2006년 2월 밀라노 패션위크 기간에 열린 '더 월드 오브 팝The World of Pop'이란 이벤트에서 토즈의 제품들이 1969년 앤디 워홀Andy Warhol이 창간한 잡지의 특집 컬렉션과 함

께 전시됐다. 백을 한정판으로 만들어 특정 매장에서만 독점 판매한 뒤, 수익금의 일부를 유니세프에 기부하는 등의 행사도 개최하였다.

_사루비아 다방의 신진작가들을 후원

사루비아 다방은 프로젝트 스페이스라 할 수 있는 미술을 중심으로 한 건축, 음악, 무용, 필름 등을 포괄하는 실험적인 예술을 지원하는 비영리 갤러리로 2007년 '패치업 매치업 PATCH-UP, MATCH-UP'이라는 주제 아래 토즈의 가죽을 중심 소재 및 작품의 오브제로 활용하여 독창적이고 다양한 시각과 상상력을 발휘한 작품을 제작하여 전시하였다. 이 전시는 2005년부터 3회째 토즈가 후원하고 있으며, 토즈 코리아에서는 사루비아 다방이 한국 현대미술계 내의 대안적 기능을 수행하고 그 대안의 방향을 선도적으로 제시, 모색하는 역할을 해오고 있음에 따라 향후에도 이와 같은 새로운 문화적 시도에 관심을 가질 계획이다.

사진 22, 23 | "토즈 가방을 소재로 한 사루비아 다방 전시 작품

사진 24 | 토즈 웹사이트 www.tods.com

Web Communication

토즈의 웹사이트는 이탈리아, 미국, 인터내셔널의 세 가지로 구성되어 있다. 메인 페이지를 거쳐 각각의 언어로 된 페이지에 들어가면 토즈의 브랜드 컬러인 브라운과 오렌지를 사용한 웹사이트를 만날 수 있다. 토즈 웹사이트의 특징은 동영상을 많이 사용하고 있다는 점이며 웹페이지의 로딩 화면에서 장인이 가죽제품을 제작하는 모습을 볼 수 있다. 웹사이트의 컨텐츠로는 브랜드철학 소개와 새로운 시즌 제품을 소개하는 온라인 카탈로그, 웹 티비, 매장 소개, 광고이미지 등이 있다.

Key Success Factors

1. 최상의 재료, 최고의 품질

토즈는 최상급 퀄리티의 가죽만을 고집하고 있다. 가죽의 퀄리티를 관리하기 위한 부서가 따로 있을 정도이다. 그곳에서는 일정한 두께에 세공이 완벽한 가죽만이 엄선되며 자격이 없는 것은 가차없이 반품된다. 이것이 바로 제품의 가격이 높게 책정되는 이유이다. 가죽의 질에 대한 엄밀한 관리는 철벽으로 둘러싸인 비밀스러운 방에서 보관된 도마뱀가죽, 보아뱀가죽, 악어가죽 등 진기한 재료들을 VIP의 특별한 주문에만 사용한다. 가죽에 있어서 극단적일 만큼 철저한 관리와 선택이 본질에 대한 견고한 가치관을 이어가려는 토즈의 노력을 설명해준다.

2. 섬세한 디테일

작은 스티치 하나가 브랜드의 품질을 결정한다. 토즈는 첨단 기술과 장인의 노하우를 결합하여 결점 하나 없는 스티치와 디테일 장식을 완성한다. 가장자리를 장식하는 기계는 각각 다양한 성질의 가죽 조각에 맞춘 듯 조작되어 작은 결점도 허용하지 않는다. 이 과정은 10년 이상 경험을 쌓은 장인들에 의해서만 이루어지는 고도의 작업이다. 그들의 손끝은 기계와 하나가 되어 스티치, 세팅, 모델링 등 일련의 섬세하고 정교한 과정을 거쳐 신발 한 켤레를 만들어낸다. 요란하게 포장하거나 과장된 장

사진 25 | 섬세한 장인의 손길

식이 없는 토즈는 섬세한 디테일로 품위있게 자신을 드러내는 프레스티지들의 이상형으로 탄생한다.

Brand Future

1. 브랜드 확장

토즈는 프레스티지 브랜드Prestige Brand로의 입지를 강화하고 전통성을 확보해 나가기 위해 제한적으로 제품을 확장하고 실용성에 플러스알파를 창출할 수 있는 테마를 선정하여 럭셔리한 감각을 줄 수 있는 라이프스타일을 제안하기 위한 노력을 하고 있다. 의류 카테고리를 보강하며 최고급 아이템을 개발하여 명품 이상의 명품을 만들어냄으로써 브랜드의 입지를 강화시켜야 할 것이다. 이에 따라 이탈리아 생산을 고수하여 퀄리티 및 장인정신을 고수하고 직영점의 비율을 현 65%에서 80% 이상으로 확대할 계획을 가지고 있다.

2. 명확한 커뮤니케이션

브랜드 커뮤니케이션에 있어서는 제화에서 시작된 브랜드의 원천에 대한 소구와 브랜드의 아이콘이라 할 수 있는 페블을 활용함으로써 전통과 아이덴티티를 명확히 해 나가야 할 것이다. 토즈의 인쇄물 광고를 보면 문구 없이 모델의 이미지로 모든 것을 설명하고 있는데, 브랜드가 추구하는 방향을 고객들이 더욱 명확히 알 수 있도록 표현해주는 것이 필요하다. 토즈가 내세우는 자신감이 '100% Made in Italy'와 숙련된 장인들로부터 나오는 최고의 품질이라면, 그것을 표현해줄 수 있는 멋스러운 카피 문구와 함께 메시지가 담긴 광고물 제작이 필요하다.

기네스 팰트로의 토즈 광고

기네스 팰트로가 최근 토즈 광고 사진 때문에 곤욕을 치렀다. 영화 〈아이언 맨Iron Man〉의 히로인 기네스 팰트로는 평상시 타고난 기품과 우아함을 바탕으로 항상 톱디자이너들의 전속모델 희망 영순위에 올라 있었다. 그런 그녀가 토즈의 광고 제안을 수락했고 직접 모델을 한 사진에도 매우 흡족해하고 있었다.

하지만 광고가 공개되자마자 기네스 팰트로에게 예상치 못한 비난이 쏟아졌다. 그녀가 럭셔리한 포즈로 너그러운 미소를 짓고 있는 사진에서 그녀가 걸친 모피가 화근이 된 것이다. 이에 따라 기네스 팰트로는 동물보호협회인 PETA(People for Ethnic Treatment of Animals)에 공식사과를 하게 되었고 PETA의 부책임자인 댄 매튜스를 만나 촬영 당시 상황을 설명하고 양해를 부탁했다. "하루 종일 진행된 촬영에 피곤하고 정신이 없어 무슨 옷을 입었는지도 기억이 잘 나지 않는다. 모피는 아마도 스타일리스트가 입혀준 것 같은데 당시 가짜 모피라고 생각했다"고 설명한 팰트로는 "핑계 같지만 용서해주기 바란다"고 정중하게 사과했다.

할리우드 스타들이 대거 지원하고 있는 동물애호가협회 PETA에서는 기네스 팰트로의 광고를 보고 "기네스 팰트로는 결코 현명하지 못했으며 오히려 좀 모자란다"고 악평을 내놓았다. 특히 기네스 팰트로와

각별한 사이였던 디자이너 스텔라 맥카트니Stella McCartney는 평소 채식만을 고집할 만큼 동물에 대한 사랑이 남다르고 자신의 디자인에는 절대로 모피를 사용하지 않는 것으로 유명한데 이번 광고로 그녀에게 더욱 배신감을 느꼈다고 전했다. 또한 기네스 팰트로의 남편인 크리스 마틴 역시 "세계에서 가장 섹시한 채식주의자"라는 타이틀을 갖고 있을 정도로 동물애호가라 주위에서는 기네스의 이번 광고에 대해 더욱 의아해하였다.

바람직하다고는 볼 수는 없지만 이 사건 때문에 토즈 측에서는 예기치 못한 광고 효과를 올리고 있다.

http://www.ukopia.com, 2008. 8. 29.

"디자인은 모방할 수 있어도 편안함까지 모방할 수는 없다."
살바토레 페레가모 | Salvatore Ferragamo

| 살바토레 페레가모

Salvatore Ferragamo

About Salvatore Ferragamo

9살의 살바토레 페레가모는 생애 첫 번째 신발을 만들어냈다. 그 후 구두는 그의 삶을 지탱한 열정이 되었다. 완벽하고 편안한 구두를 만들고 싶어했던 살바토레는 1914년 16살의 나이에 이탈리아에 자신의 가게를 낸다. 그 후 미국에서 형과 함께 상점을 연 살바토레는 인간의 몸 특히 발을 완벽하게 이해하기 위해 인체해부학, 화학, 공학, 수학에 이르기까지 여러 분야를 철저히 배워나갔다. 1923년이 되던 해 드디어 할리우드가 그에게 관심을 보였고 살바토레는 스크린의 프리마돈나를 위해서 구두를 제작하기 시작한다. 마릴린 먼로, 오드리 헵번 등의 유명배우들이 모두 그의 신발을 신었다. 그는 고기 잡는 줄, 강철, 지푸라기, 유리, 심지어는 투명종이 등 색다른 재질을 사용하여 실험을 거듭했다. 이것들은 살바토레 디자인을 현대적으로 만드는 데 뒷받침이 되었다. 1960년 살바토레가 사망한 이후 살바토레의 전통과 특성, 혁신들은 지금까지도 살바토레 페레가모라는 브랜드를 통해서 전해 내려오고 있다. 페레가모는 좋은 가죽과 아름다운 외관에 편안함이라는 기능성을 조합하여 진정한 명품의 위치에 올라섰다.

History

_Timeline

1898	살바토레 페라가모 이탈리아 보니토에서 출생
1907	9살 때 처음으로 여동생을 위한 슈즈 제작
1914	13살의 나이로 여성전용 맞춤구두점 운영
	할리우드의 산타 바바라로 이주. 영화를 위한 신발 제작. UCLA에서 해부학 공부
1927	이탈리아 피렌체 지역으로 돌아옴. 마넬리 거리에 샵 오픈
	에바 페론, 마릴린 먼로 등의 신발 제작
1933	잘못된 경영과 경제 압박으로 인해 파산
1947	니먼 마커스상 수상
1950	700여 명의 장인들이 하루에 350여 켤레의 신발을 수작업으로 생산
1960	62세의 나이로 사망
1978	페레가모를 대표하는 '바라' 구두 발표
1996	향수 사업권 획득
1997	불가리의 향수, 화장품에 대한 합작 계약
2008	창립 80주년 기념행사

살바토레 페레가모 Salvatore Ferragamo는 9살 때 처음으로 여동생을 위한 슈즈를 만들었고 13살의 어린 나이에 여성 전용 맞춤 구두점을 운영하기 시작하였다. 그는 할리우드의 산타 바바라로 이주한 후에 영화를 위한 신발을 제작하기 시작하고 UCLA에서 해부학을 공부하였다. 1927년 이탈리아 피렌체 지역으로 돌아온 그는 마넬리 거리 Via Mannelli에 샵을 오픈하였고 에바 페론, 마릴린 먼로의 신발을 제작하였다. 그러나 1933년에 잘못된 경영과 경제 압박으로 인해 파산을 맞게 되었다. 하지만 살바토레 페레가모의 구두 제작에 대한 열정은 식지 않았다. 1935년의 페레가모는 기본적인

사진 1 | 할리우드 이미지의 살바토레 페레가모 쇼윈도

샌들 형태에 윗부분에는 비단과 같은 질감^{Satin}을 사용하고 손으로 뜬 레이스로 장식한 샌들을 만들었다. 손으로 뜬 레이스 장식은 전통 수공예의 일종으로 피렌체 지방의 근교에서 생산되었다. 이 시기에 살바토레는 처음으로 레이스를 신발에 사용했다. 1936년에서 1938년 사이에는 끈이 달린 구두를 선보였는데 이 구두는 네 개의 구멍을 가지고 있고 마치 물고기의 비늘과 같은 조각을 사용해서 만들어졌다. 1940년에는 두 가지의 교차된 밴드 형태의 신발이 등장했다. 금색과 은색의 염소가죽을 이용한 이 신발은 세 개의 코르크 제품을 이용하여 굽을 만들었으며 베이클라이트와 금색 염소가죽으로 덮여 있다. 1942년에는 1930년대에 제작했던 네 개의 구멍이 있는 형태의 구두가 재등장하였다. 검은색의 셀로판이 구두 윗부분과 굽을 감싸고 있

으며 노랑, 빨강, 검은색의 가죽이 세 개의 층을 이루고 있다. 1947년에 등장한 '보이지 않는 샌들Invisible Sandal'은 독특한 형태를 자랑한다. 조각난 형태의 나일론과 금색의 킵가죽이 중앙에 위치하고 F자 형태의 가장자리굽은 금색의 가죽으로 덮여 있다. 이 신발은 살바토레 페라가모에게 1947년 니만 마커스Neiman Marcus상을 안겨주었다.

1950년대 초반에 등장한 '비트리알 샌달Vitreal Sandal'은 분홍빛의 유리구슬과 토파즈색의 유리구슬이 박힌 작은 진주로 장식되어 있는데, 나무로 된 높은 힐과 금색 가죽으로 된 슬링백(발꿈치 부분이 끈으로 된 구두)으로 만들어졌다. 1978년에는 낮은 굽이 막힌 구두로 그러스그레인 리본과 금장식으로 여성들을 사로잡은 '바라Vara'가 발표되었다. 바라는 현재까지도 계속해서 선보이고 있으며 소녀에서 중년 부인에 이르기까지 모든 연령층에게 사랑을 받으며 페레가모를 대표하고 있다.

1960년 살바토레 페레가모가 사망한 후 현재는 아내인 완다Wanda와 여섯 명의 자녀들이 가업을 이어받아 브랜드를 운영하고 있다. 페레가모는 신발 제작 외에도 패션과 관련된 기타 사업에 참여하여 1996년 7월에는 웅가로 향수 사업권을 획득하였으며, 1997년 3월에는 세계적인 보석업체인 불가리의 향수, 화장품에 대한 합작 계약을 맺었다.

살바토레 페레가모는 구두 제작으로 시작하여 의류 및 향수 사업으로까지 브랜드를 확장해가며 세계적인 토털 브랜드로 발돋움하여 그 명성을 전 세계에 떨치고 있다. 2008년에는 창립 80주년 기념행사를 열었다.

Brand Concept

페레가모는 열정을 지닌 구두 예술가로 구두 제작을 미학적 완벽성과 기능을 결합한 하나의 예술로서 동경하였다. "디자인은 모방할 수 있을지라도 편안한 착용감은 모방할 수 없다"라고 말할 만큼 페레가모는 창조적이면서도 편안함을 추구하였고, 모든 고객의 발 모양을 조사하여 정상적인 발을 가진 고객은 단 1%에 불과하다는 것을 발견하였다. 페레가모 구두의 특징은 편안함 외에도 고급스러움과 우아함과 미학적인 아름다움에 있다. 유행에 치우치지 않고 가볍지 않으면서도 현대적 감성을 잃지 않는 디자인이 페레가모가 오랫동안 사랑받는 이유이다. 제품에 사용되는 소재는 엄격한 검증 및 관리에 의해 선택된다. 최고의 소재는 페레가모가 '메이드 인 이탈리아Made in Italy'의 리더가 될 수 있었던 요인이다.

Brand Identity

Brand Name & Logo

'바라Vara'는 리본 모양을 한 페레가모의 대표 로고로서 여성스러움과 세련된 브랜드 이미지를 잘 반영하고 있다. 너무 스포티하지도 지나치게 우아하지도 않은 스타일의 바라는 다양한 색상과 아이디어로 꾸준히 제작되고 있다. 최근에는 니켈 장식과 에나멜 소재로 제안되어 커다란 반향을 일으켰다.

'간치니'는 살바토레 페레가모 구두와 가방의 메인 테마이며 이탈리아어로 '고리'

사진 2 | 페레가모 로고

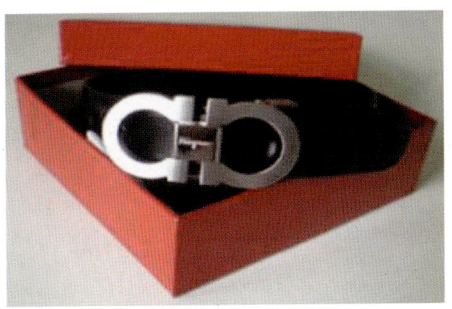

사진 3 | 바라 로고

사진 4 | 간치니 로고를 사용한 벨트
사진 5 | 간치니 로고를 사용한 남성 구두

란 뜻이다. 조개를 연상시키는 두 개의 말발굽 모양인 간치니 로고는 페라가모의 독창성을 잘 표현하며, 페레가모 제품 디자인에 폭넓게 쓰이고 있다. 심플하고 세련된 품위를 표현하는 상징적 마크이다.

Brand Strategy

Product

_상품 라인 및 특징

페레가모는 신발 및 가방 제품을 비롯하여 남성복과 여성복, 향수 라인을 전개하고 있으며 라이선스를 통해 아이웨어와 시계를 제작 및 판매하고 있다. 여성 구두를 주로 생산하는 페레가모는 핸드백과 같은 패션소품에서도 인기를 더해가고 있다.

살바토레 페레가모에서 제작되는 모든 상품과 전통적인 공예품은 뛰어난 품질, 시대를 뛰어넘은 우아함과 기술혁신을 자랑하며, 이는 브랜드의 최고 가치와 세계적인 인지도를 완성한다. 살바토레 페페가모의 '메이드 인 이탈리아 Made in Italy' 라는 성공적인 스토리는 최고 품질의 재료, 제작과정, 이미지, 컬러와 디자인으로부터 비롯되며, 또한 창조적인 발전은 장인정신이 뒷받침되는 오랜 기간의 노하우와 문화를 배려한 섬세한 감각에 의해 만들어졌다.

페레가모는 뛰어난 디자인의 고급 구두를 만들기 위해 엄격하게 품질을 관리하고 있으며 현재까지도 134가지 신발 제조공정 중 중요한 몇몇 단계는 아직도 수작업

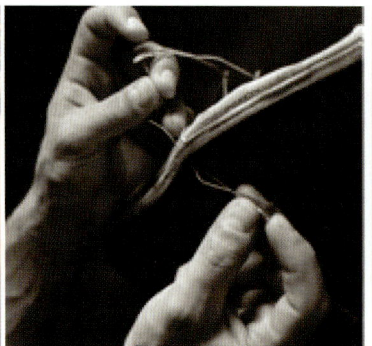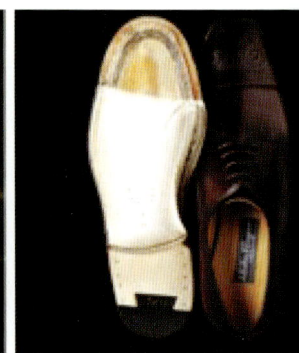

사진 6 | 수작업 구두 생산 시스템

을 고수하고 있다. 단 신발의 뒷마무리는 기계바느질에 의존한다. 손바느질보다 기계바느질이 빠르고 정확하기 때문이다. 전문 기술자와 기계를 적절히 활용한 생산방식은 페레가모의 생산량을 지속적으로 늘릴 수 있는 원동력이 되었다. 페레가모는 1년에 1천 8백만 켤레를 생산하며 대부분이 여성용 구두이다.

_대표 상품

'보이지 않는 샌들 Invisible sandal'은 페레가모에게 니만 마커스상을 안겨준 상품이다. 이 샌들은 1947년 페레가모가 직접 디자인한 것으로 투명한 나일론실 같은 요소의 계속적 매듭으로 구성되어 있다. 이 샌들은 발을 그대로 드러내는 과감한 디자인이어서 잘 팔리지 않았다고 하는데, 당시 이 신발의 가격은 30달러로 석탄 4톤을 살 수 있는 가격이라고 전해진다.

바라 장식이 달린 구두는 1990년대를 대표하는 최고의 히트 아이템이다. 송아지가죽, 광택이 나는 가죽, 악어가죽 프린트, 도마뱀가죽 프린트 등 4가지 요소로 제작되며 매 시즌 새로운 컬러로 다양하게 선보이고 있어 색상별로 수집하는 고객이 있을 정도이다. 살바토레 페레가모의 창의적이고 실험적인 정신은 구두에 사용되는 색채의 다채로운 양상에서도 확인할 수 있으며 특히 바라 제품에서 그의 색채 사용이 두드러진다.

사진 7 | 보이지 않는 샌들
사진 8 | 무지개색을 사용한 다양한 색상의 바라 구두

Price

사회 전반적으로 구두에 대한 관심 증가에 따라 경쟁 제화 브랜드들의 인기가 증가하고 있다. 그 중에는 크리스찬 루부탱, 지미추, 마놀로 블라닉 등의 100~400만 원대의 고가 브랜드들이 주를 이룬다. 대량생산되어 유통되고 있는 살바토레 페레가모 구두들의 가격은 보통 50~100만 원대를 이루고 있다. 하지만 주문 제작으로 이루어지는 수제화는 디자인과 재료에 따라 가격이 천차만별이며 타 브랜드보다 고가에 판매되고 있다. 페레가모는 클래식한 느낌의 옷들이 대부분이었지만, 최근에는 다양한 변화를 시도하고 있다. 코트는 150만 원대에서 400만 원대이고 니트 스웨터는 30만 원대에서 50만 원대이다. 페레가모의 실크 블라우스는 아름다운 무늬가 프린팅되어 고상한 느낌을 주고, 가격대는 50만 원대에서 80만 원대이다.

Place

_유통망

페레가모는 전 세계적으로 유럽, 미주, 아시아 등 45개국 주요 도시에 약 1,200개의 부티크를 운영하고 있다. 라이선스로 제작되는 아이웨어와 시계를 제외한 살바토레 페레가모의 라벨이 부착된 모든 제품은 이탈리아에서 생산되며 오랜 전통과 장인정신을 바탕으로 한 유통 시스템을 추구하고 있다. 개인의 취향과 라이프스타일에 따라 주문 제작하여 만드는 수제 유통 방식은 페레가모의 전통을 지켜주는 시스템이다.

_주요 플래그십 스토어

페레가모의 주요 플래그십 스토어는 뉴욕과 이탈리아, 런던의 매장이다. 우리나라에도 서울 청담동의 럭셔리 지역에 페레가모의 플래그십 스토어가 위치하고 있다. 페레가모 매장은 전반적으로 흰색 석재와 밝은 색의 목재로 건축되어 있어 도시적이고 세련된 분위기를 느낄 수 있다.

사진 9 | 뉴욕의 플래그십 스토어
사진 10 | 이탈리아의 플래그십 스토어
사진 11 | 런던의 플래그십 스토어
사진 12 | 서울의 플래그십 스토어

Promotion

살바토레 페레가모와 할리우드 스타

할리우드가 없었다면 페레가모의 성공은 어려웠거나 늦어졌을지도 모른다. 살바토레 페레가모는 16세에 산타 바바라에서 작은 규모의 할리우드 부츠 샵을 열었다. 당시 인기 여배우들이 그의 구두를 맞춤식으로 구매하면서 삽시간에 그의 솜씨는 유명세를 타게 되었다. 당대의 배우들과 함께 그가 창조해 낸 스타일의 구두는 시대의 유행을 창조하면서 페레가모 신화를 이루는 데 지대한 공헌을 하였다. 영

사진 13 | 영화 〈7년만의 외출〉 중 마릴린 먼로의 페레가모 신발

화 〈7년만의 외출〉에서 지하철 통풍구 위에서 치맛자락을 날리는 마릴린 먼로의 섹시한 구두 역시 페레가모의 손에 의해 만들어졌다.

_독특한 광고 스타일

페레가모의 지면 광고는 셀러브리티들의 모습을 파파라치가 촬영한 듯한 이미지를 담고 있다. 이와 같은 독특한 스타일의 광고는 할리우드 스타와의 인연이 페레가모를 알리는 데에 중요한 역할을 했음을 알 수 있다.

사진 14 | 페레가모의 지면 광고

_80주년 기념 전시회

살바토레 페레가모 80주년 기념 전시회가 2008년 3월 30일에서 5월 7일까지 "이볼빙 레전드 EVOLVING LEGEND"란 이름으로 중국 상하이 현대미술관 Moca에서 개최되었다. 2005년 문을 연 상하이 현대미술관의 전시회는 페레가모의 명성에 걸맞게 많은 볼거리를 제공하였다. 1층의 전시장 입구를 들어서면 미국 할리우드 유명 스타들이 80년 전부터 당시 영화 촬영 및 실제로 착용하던 구두의 모델, 가방 등이 전시되었고, 전시회장을 계속해서 들어가면 가방, 구두 제작에 필요한 도구,

사진 15 | 페레가모 전시회에 진열된 구두

사진 16 | 페레가모 전시회

가죽재료, 안감, 구두굽, 스케치도안 등이 전시되었다.

_박물관

살바토레 페레가모의 박물관은 1289년에 지어진 전형적인 중세의 건물로 현재 페레가모의 본점인 동시에 박물관으로 사용되고 있는 팔라초 스피니 페로니 Palazzo Spini Ferroni에 위치하고 있다.

사진 17 | 페레가모 박물관   사진 18 | 페레가모 박물관에 진열된 구두들

1층에는 구두, 핸드백, 여성복, 남성복, 액세서리 매장이 있고, 2층에 위치한 박물관은 1995년 페레가모의 가족들에 의해서 문을 열었다. 박물관은 페레가모 브랜드의 역사를 비롯해 창립자인 페레가모의 일생과 그의 작품들을 대중들에게 공개하기 위해 기획되었다. 현재 이곳에서는 1929년에서 1964년까지 페레가모의 작품을 새로 복원하여 전시하고 있다. 살바토레 페레가모의 유작인 일만 켤레 이상의 구두 컬렉션이 5개의 방에 나뉘어 전시되어 있으며, 페레가모 구두의 특성을 살려 제작연도의 구분 없이 소재별로 분류하여 소재에 대한 자세한 설명도 들을 수 있다.

Web Communication

웹사이트 첫 페이지는 페레가모 로고와 함께 언어를 선택하는 페이지가 등장한다. 자신의 언어를 선택하면 다음 페이지로 넘어가고 경쾌한 노래가 흘러나온다. 페레가모 웹사이트에서 흘러나오는 음악은 사이트를 방문한 사람들에게 흥을 주고, 웹서핑 동안 지루하지 않게 해준다.

페레가모의 광고사진이 등장하고 상품이 카테고리별로 잘 분류되어 있어서 소비자의 필요와 선택에 의해 여러 상품을 둘러볼 수 있으며, 페레가모의 장인정신이 깃든 신발의 수작업 공정도 볼 수 있다. 매장으로의 접근이 용이하도록 각 나라별 매장의 위치도 자세히 나타나 있다.

Key Success Factors

1. 끊임없는 실험정신

페레가모의 사업 성공에 가장 중요하게 작용한 첫 번째 비밀은 '착용감 좋은 구두'였다. "모든 구두는 개개인에 맞게 연구되고 생산되어야 한다"라는 살바토레 페레가모의 생각은 끊임없는 실험정신으로 이어졌다. 그가 편안한 구두를 제작하기 위해 UCLA 대학에서 해부학을 전공하면서 가장 중점을 두었던 것은 한사람 한사람 개개인의 발에 맞는 신발의 제작이었다. 당시 발과 신발의 역학관계를 풀어내 과학적인

사진 19 | 페레가모 웹사이트 www.salvatoreferragamo.it

신발을 만드는 데 주력하였다. 또한 그는 사람이 서있을 때 무게중심이 수직으로 내려와 하중이 발바닥의 아치 부분에 실린다는 것을 발견하였다. 살바토레 페레가모가 만든 혁신적인 구두축의 장심은 발의 아치 부분을 지탱하여 발이 반전된 추와 같이 움직이도록 도와준다. 페레가모의 구두제작 정신은 사용자에게 가장 알맞은 것이 무엇인지 살펴보고 이를 가장 편하게 사용할 수 있게 하는 것이라 할 수 있다. 이와 같은 페레가모의 끊임없는 실험정신은 페레가모에서 제작되는 모든 상품과 전통적인 공예품이 시대를 초월한 우아함과 기술혁신을 자랑하며 최고의 브랜드 가치와 세계적인 인지도를 갖도록 하였다.

2. 가족경영 방식을 통한 전통의 고수

살바토레 페레가모의 장인정신은 3대째 이어져 내려오고 있다. 페라가모는 가족경영 방식을 고수하고 있는데, 그 이유는 가족이라는 특수 상황 때문에 원칙이나 방향이 비슷하며 진행하고 있는 사항이나 아이디어에 대해서 항상 토론할 수 있기 때문이라고 한다. 살바토레 페레가모가 사망한 이후에도 그의 가족들은 살바토레가 해부학 연구를 토대로 신발을 제작하던 과정을 현재까지도 그대로 따르고 있으며, 1920년대 초부터 한 모델당 100여 개의 사이즈를 제작하는 등 수제화 맞춤 제작에 대한 비전도 오랫동안 현실화해오고 있다.

Brand Future

1. 창의적이고 세련된 디자인과 장인정신의 유지

살바토레 페레가모는 100여 년의 전통을 바탕으로 신발제조를 주축으로 남녀 기성복, 핸드백, 액세서리, 벨트, 와인 등으로 사업을 확대했고, 전 세계인의 사랑을 받는 국제적인 토털 브랜드로 성장했다. 페레가모는 특별한 변화를 시도하지는 않는다. 즉 세계적인 타 브랜드들이 품목별로 라이선스를 갖고 상품을 생산해 판매하는 것과 달리 페레가모는 가족경영 체제를 고수하며, 판매망을 확충하기보다는 고유의 품질과 장인정신의 이미지를 유지하기 위해 직접 생산하는 방식을 고집한다. 이렇듯 혁신적인 변화는 없지만 페레가모만의 창의적이고 세련된 디자인과 장인정신의 고수를 통해 현재에도 그리고 미래에도 전세계의 럭셔리 브랜드로서의 입지를 유지해야 할 것이다.

2. 새로운 컨셉의 스토어와 다양한 브랜드 커뮤니케이션 프로젝트

페라가모의 편안함과 투자 대비 합당한 가치를 이용하여 젊은 고객을 더 많이 확보할 수 있도록 독특하고 새로운 이미지를 전달하는 스토어 전개와 다양한 브랜드 커뮤니케이션 프로젝트를 기획하면 좋을 것으로 생각된다.

페라가모의 독특한 브랜드 이미지를 유지하고 다양한 제품 라인별 차별화된 컨셉과 스토리를 효과적으로 커뮤니케이션함으로 써 소비자들에게 끊임없이 새로운 가치를 제공해야 할 것이다.

새로운 변화의 시도

지난 1백여 년간 전통을 지켜오며 그 속에서 변형과 창조를 거듭하며 과거와 현대를 잇는 작업에 몰두해온 페레가모가 이제 그 철학 속에 '모던함'과 '발랄함'을 녹여내는 작업에 착수했다. 살바토레 페레가모가 타계한 후 '발끝부터 머리까지'라는 슬로건을 내걸고 대대적인 사업 확장에 나선 페레가모 그룹은 1백여 년을 이어온 전통에 모던한 시티 감각을 더하기 위해 새로운 디자이너 영입에 착수했다. 그들의 변화를 선도할 디자이너는 그렘 블랙Graeme Black으로 그는 존 갈리아노의 어시스턴트, 아르마니 여성복 디자이너를 거쳐 2002년 페레가모에 합류했다.

1967년 스코틀랜드에서 태어난 그렘 블랙은 에든버러의 패션 디자인 스쿨을 졸업한 후 런던에서 활동을 시작했다. 2003 S/S 컬렉션을 발판으로 페레가모 디자이너로서 화려한 신고식을 치른 그렘은 봄 여름에 맞게 가벼운 가공처리를 한 스웨이드와 가죽을 소재로 전통적인 레더 하우스의 명성을 성공적으로 선보였다. 크림색, 화이트, 그린, 쪽빛 짙은 블루 등을 사용해 어떤 색과도 무난하게 코디할 수 있도록 한 것이 가장 큰 특징이라고 할 수 있으며, 도시적이면서도 토속적이고, 남성스러우면서도 여성스러운 디테일을 조화시킨 최고의 컬렉션이라는 찬사를 받기도 했다. 작가 아이비 컴튼 버넷Ivy Compton Burnett은 "우리는 우리가 생각하는 것보다 또는 남들과 달라야 하는 만큼 남들과 다르지 못하다"고 말한 적이 있다. 이 말에 영감을 얻은 그렘 블랙은 모던하면서도 자기 자신을 잘 표현해주는 스타일을 즐기는 발랄하고 세련된 여성에 디자인의 초점을 맞췄다. 그는 이러한 여성은 매혹적인 여성미를 추구하면서 동시에 토속적인 감성을 불러일으키는 스타일을 좋아할 것이라는 결론을 내렸다. 하지만 언제나 그랬듯이 혁신적인 감각과 세심한 디테일의 바탕에는 일관성과 우아함을 유지하는 것을 잊지 않았다.

오늘날에는 해마다 수십여 개의 신규 브랜드가 탄생하고 브랜드가 성공하면 곧바로 스포츠, 아동복, 언더웨어 등 다양한 라인들이 쏟아진다. 페레가모는 오늘날 패션 마켓에서 새로운 라인을 만들거나 디자인 컨셉을 바꾸는 대신 클래식한 컨셉을 일관되게 유지하는 브랜드 전략을 추구한다는 점은 지극히 고집스러워 보인다. 하지만 반짝 떴다 사라지는 많은 브랜드들과 달리 흔들림 없이 1백여 년을 지켜온 저력은 바로 그 지독스런 고집이 있었기에 가능한 것이라 생각된다.

http://luxurysunglass.com

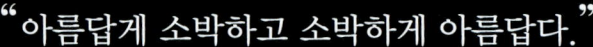
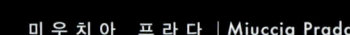

"아름답게 소박하고 소박하게 아름답다."
미우치아 프라다 | Miuccia Prada

PRADA | 프라다

About PRADA

미우치아 프라다는 1949년 이탈리아 롬바르디아주 밀라노에서 태어났다. 1978년 대학을 졸업한 후 할아버지 마리오 프라다가 운영하던 가죽 사업을 이어받았다. 1985년 프라다는 포코노 나일론 소재로 만든 토트백이 큰 성공을 거두면서 사업에서 큰 변화를 맞게 된다. 토트백은 어느 옷에나 어울리는 실용적인 나일론 가방으로, 새로운 패션 트렌드를 형성하여 패션업계에 그녀의 이름을 알리는 계기가 되었다. 1989년부터는 여성복 사업을 시작하였으며, 1993년에는 10대 후반과 20대 초반을 겨냥한 미우미우, 1994년 남성복 워모, 1997년 언더웨어 프라다 인티모, 1998년 프라다 스포츠웨어를 출시하면서 사업 영역을 확장하였다. 그녀의 디자인은 평범하면서 고급스럽고 세련된 미니멀리즘의 경향을 보이며 독특한 소재로 품격 있고 지적인 분위기를 풍긴다. 실용적인 소재를 이용한 나일론 파카, 무릎 길이의 치마, 가는 벨트, 개버딘 밀리터리 코트 등은 패션계의 유행 경향과 상관없는 안티 룩의 특징을 보여준다.

History

_Timeline

1913	프라다 신화의 진원지인 마리오 프라다 가죽제품 수입매장 오픈
1978	마리오의 손녀딸인 미우치아 프라다가 3번째 대표주주가 됨, 가방뿐 아니라 슈즈 및 의류 분야에도 진출 시작
1985	프라다 백 시작, 구두 디자인으로 그 영역을 확대하여 획기적인 전환점 마련
1989	새로운 여성복 라인 탄생
1993	좀더 발랄하고 생동감 넘치는 젊은 여성들을 위한 미우미우가 고객층을 두루 수용한 10대 후반과 20, 30대의 토털 패션 브랜드로 성장
1994	오스카 패션상 수상. 20대 남성들을 겨냥한 프라다 남성복 런칭
1996	프라다의 대명사라 할 수 있는 역삼각형의 로고 플랫이 달린 나일론 가방 대히트 미니멀리즘을 중심으로 중성적인 이미지와 제복 스타일에 초점
1997	오리엔탈 아방가르드, 페미니즘의 극대화, 클래식을 벗어난 아방가르드 실험 언더웨어인 프라다 인티모 런칭
1998	프라다 스포츠웨어 출시
1999	헬무트 랭과 질 샌더, 영국의 구두회사 처치 앤 코 인수 LVMH와 함께 펜디 공동 인수
2000	아이웨어 분야에서 럭소티카 그룹과 라이선스 계약
2001	12월 펜디를 LVMH 그룹에 매각
2003	처치 그룹을 에퀴녹스에 매각
2004	화장품 분야에서 스페인 퓨이그 그룹과 조인트 벤처 계약
2005	프라다 SPA 설립
2006	LG 전자와 함께 프라다 폰 런칭
2007	9월 아제딘 알라이아를 창업 다지이너 아제딘 알라리아에게 매각
2008	프라다 '인퓨전 드 옴므' 향수 런칭

사진 1 | 프라다 2008 리조트 컬렉션

20세기 초 새로움에 대한 강한 지적 호기심과 열정, 독창적 사고방식을 갖고 있던 마리오 프라다Mario Prada는 젊은 시절부터 세계 각국을 누비고 다녔다. 여행을 통해 세계를 바라보는 시야와 경험을 넓힌 마리오 프라다는 유럽과 미국 여행을 마치고 돌아오면서 이탈리아 밀라노에 최고 품질의 가죽제품 전문매장을 오픈하기로 결심하게 된다. 그는 1913년에 밀라노의 두 곳에 가죽제품 수입매장을 오픈하였고 이것이 바로 오늘날 프라다 신화를 만들어낸 진원지가 되었다. 그때 오픈한 매장 중 갤러리아 아케이드에 위치한 매장은 현재까지도 성공적으로 운영되고 있다.

1978년 마리오의 손녀딸인 미우치아 프라다Miuccia Prada는 프라다의 3번째 대표주주가 되어 가방뿐 아니라 슈즈, 의류 분야에도 진출하기 시작하였다. 미우치아 프라다는 할아버지가 트렁크를 감싸 보호하는 데 썼던 포코노 나일론으로 1978년 그 유명한 프라다의 토트백을 내놓았다. 당시만해도 가방 소재로는 가죽이 일반적이었다. 그러나 미우치아는 기존의 틀을 깨고 고급스러움과는 거리가 멀게 느껴지던 나일론 소재로 만든 지퍼백을 선보였다. 형태가 고전적이었던 이 가방은 나일론 소재로 제작되어 현대적인 멋과 장인정신이 완벽하게 어우러진 제품이었음에도 불구하고 고객들의 반응은 시큰둥했다. 튀는 멋도 없는 너무나 심플해서 단조롭기까지 한 디자인이 시기상조였던 것이다. 그러나 뚜렷한 확신을 가지고 하고자 하는 일을 끝까지 추진해 나가는 사람이 바로 미우치아였다. 그녀는 뜻을 굽히지 않고 불확실한 제품을 계속 생산하였고 결국 그녀의 가방은 시즌이나 스타일에 관계없이 애용할 수 있는 이상적인 것으로 인정받아 1978년부터는 패션계에서 각광을 받게 되었다. 현재는 프라다의 대표적인 상품으로 인식되고 있지만 당시로서는 충격적인 시도가 아닐 수 없었다.

사진 2 | 미우치아 프라다

1990년대 들어 차츰 프라다 나일론 가방의 보유자가 늘어나기 시작했고, 유행과 더불어 패션도 바뀌었다. 울이나 면, 린넨 등과 같은 천연적인 소재에서 벗어나 각종 합성소재를 이용한 패션의 등장은 프라다의 나일론 가방 판매를 부추기는 결과를 낳았다. 1995년에는 남성 컬렉션을 발표하였고, 1996년에는 프라다의 대명사라 할 수 있는 역삼각형의 로고 플랫이 달린 나일론 가방을 대히트시켰다. 1999년 이후에는 질 샌더를 인수하였으며 현재 프라다 그룹은 거대한 브랜드 제국으로서의 지위를 굳히고 있다.

Brand Concept

'패션계의 거장'이라고 불리는 프라다는 편하고 세련된 옷을 만들어내는 브랜드다. 드러나는 트렌드를 만들기보다는 언제나 자신만의 미니멀리즘에 입각하여 모던하고 실용적인 디자인을 선보인다. 프라다는 장식을 최대한 배제한 미니멀 룩을 컨셉으로 하고 있으며 실용적 디자인에서 풍겨 나오는 모던한 느낌이 화려한 장식미를 뽐

사진 3 | 프라다 가방 광고

내는 여타 제품에 비해 차별화된다. 프라다 패션이 지닌 최고의 강점은 미세한 색상 배합, 섬세한 소재, 그리고 엄격한 퀄리티 관리로 요약될 수 있다.

프라다는 실용성에 초점을 둔 자신만의 스타일을 만들어가고 있다. 외관상으로는 화려하지 않지만 실용적이고 한순간의 유행이라기보다는 두고두고 편하게 입고 활용할 수 있는 옷과 액세서리를 만든다. "프라다를 사는 사람들은 다른 사람이 아닌, 자신들을 위해 사고, 그들이 자신에 대해 편하고 좋은 느낌을 갖게 한다"고 미우치아 프라다는 말했다.

사진 4 | 프라다 나일론 가방

Brand Identity

프라다는 튀지 않고 평범하면서도 어딘가 모르게 고급스럽고 세련된 브랜드 아이덴티티를 가지고 있다. 프라다의 제품은 특별한 소수의 여성들이 아닌, "보통 여자"들을 위한 옷이며 여성의 아름다움이 상품화되지 않으면서 현대적이고 우아한 여성으로 보일 수 있는 디자인을 담고 있다. 이는 미우치아 프라다 스스로가 자신이 필요한 옷을 자신만의 우아함과 평화로운 분위기를 담아 만들어내기 때문이다.

Brand Name & Logo

밀라노 컬렉션에서 활동하는 이탈리아의 세계적인 패션 브랜드인 프라다는 창시자인 마리오 프라다의 이름을 딴 브랜드이다.

사진 5 | 프라다 로고   사진 6 | 삼각 스틸 로고   사진 7 | 황실 로고

Brand Strategy

Product

_상품 라인 및 특징

프라다는 핸드백과 슈즈 라인을 중심으로 남여 기성복과 액세서리 라인을 갖추고 있다. 전체 매출 중 가방과 핸드백이 차지하는 비율은 44%이며 슈즈는 16%를 차지한

사진 8 | 프라다의 포코노 나일론 토트백
사진 9 | 프라다 스니커즈

다. 여성복과 남성복은 각각 22%와 14%를 차지한다.

프라다 가방의 특징으로는 포코노 나일론 소재를 들 수 있다. 이 소재는 프라다의 상징이 되었다. 현대적인 세련미와 실용성을 갖춘 소재의 핸드백으로 1990년대부터 꾸준한 사랑을 받고 있으며, 포코노는 매년 새로운 컬렉션의 소재로 사용되면서 프라다의 아이덴티티를 강화해 나가고 있다.

1990년대 후반에 선보인 스포츠 라인은 '레드 스트라이프' 로고로 잘 알려져 있다. 프라다 스포츠는 하이테크 소재를 사용하여 기능성을 높이고, 수수하면서도 소박한 디자인에 붉은색 줄을 이용한 강한 포인트로 전 세계 레포츠인의 사랑을 한몸에 받았다. 언제부터인가 남성들이 정장에 구두가 아닌 운동화를 신으면서 남녀노소 할 것 없이 유행한 스니커즈가 바로 프라다에서 기원하였다. 스니커즈는 언제 어디서든지 잘 어울리는 실용적인 디자인이라는 프라다의 철학이 아주 잘 표현된 창조적인 아이템 중 하나이다.

사진 10 | 프라다 액세서리 광고

　　프라다의 세련되고 실용적인 아이덴티티를 담고 있는 특별한 아이템들로 구성된 액세서리 라인은 프라다 제품의 유통망 확대에 중심이 되고 있다. 액세서리 라인은 미우치아 프라다가 가장 정열을 쏟는 상품 라인이다.

_브랜드 확장

프라다는 전통적으로 20대 후반 및 30대를 타깃으로 하는 브랜드이다. 1990년대 중반 명품 소비층이 더 어린 계층으로 확대되는 것을 목격한 미우치아 프라다는 10대 후반에서 20대 초반 여성을 위한 하위 브랜드를 런칭하였다. 자신의 이름을 딴 미우미우가 그것이다.

　　미우미우의 디자인은 더욱 어려지고 로맨틱해졌지만 프라다가 가지고 있는 고유의 디자인 아이덴티티를 계속 유지하고 프라다와 동일한 유통채널을 사용함으로써 프리미엄 이미지가 희석되지 않도록 하였다. 무엇보다도 대상 고객을 확장시킴으로써 어릴 때부터 프라다 이미지를 소비자에게 노출시켜 향후 이 고객층이 20~30대로 성장하였을 때 자연스럽게 미우미우에서 프라다로 이동하게 되는 효과를 노린 것이다. 브랜드는 하위 브랜드를 통해 젊고 파격적인 디자인을 시도하는 등 참신한 이미지를 보강할 수 있어 기존 브랜드의 진부화를 막을 수 있다.

사진 11 | 미우미우 광고 사진

Price

프라다는 높은 가격과 품질로 브랜드 이미지를 고급화하고 일반인들이 쉽게 구매할 수 없는 프라다만의 가치를 창출하였다.

프라다의 대표 상품군인 여성용 가방과 지갑류는 포코노 나일론 소재의 경우 30만 원대에 판매되고 있으며 가죽 장지갑의 경우는 40만 원대이다. 프라다 핸드백의 가격대는 100만 원대에서 300만 원대 사이이며 고품질을 선호하는 소비자들의 큰 호응을 얻고 있다. 프라다 코트는 200만 원대에서 300만 원대이고 특히 패딩 코트가 많은 사랑을 받고 있다. 바지는 면과 린넨, 실크와 포코노 나일론 등 다양한 소재를 사용한 심플하고 베이직한 스타일이 많다. 가격은 30만 원대에서 80만 원대로 비교적 저렴하고, 셔츠는 30만 원대에서 60만 원대를 이룬다.

프라다는 지난 2008년 크리스마스를 맞이하여 어른을 위한 장난감인 테디 컬렉션에 원숭이와 팬더를 추가한 리미티드 컬렉션을 선보였다. 다양한 컬러의 주얼리를 매달고 한층 럭셔리해진 트릭Trick들은 컬러풀한 하트와 삼각형 메탈 로고를 가슴에 달고 있으며 20만 원대에 판매되었다.

사진 12 | 프라다의 리미티드 에디션 테디 베어와 팬더

Place

_유통망

프라다는 현재 전 세계에 307개의 매장을 운영하고 있다. 1990년대 이후부터 밀라노와 파리, 마드리드, 뉴욕, 로스앤젤레스, 홍콩, 도쿄, 시드니 등 전 세계 주요 도시에 프라다 단독매장을 열기 시작하였고, 명품의 떠오르는 시장인 동남아시아 지역의 비즈니스를 직접 관리하기 위해 IPI FAR EAST LTD를 설립하고 본사와 동일한 방식의 디스플레이를 통한 이미지 관리부터 구입정책, 가격정책을 총괄 지휘하고 있다. 또한 아시아 지역은 물론 홍콩, 대만, 마닐라, 쿠알라룸푸르 등 주요 도시에 IPI FAR EAST LTD와 JOYCE BOUTIQUE LTD의 합작회사인 JIPI CO. LTD에서 프라다 매장을 위임하여 관리하고 있다.

프라다는 주요 매장에 유비쿼터스 컴퓨팅 개념을 도입하여 고객 마케팅을 전개하고 있으며, 2001년 12월에 뉴욕의 소호Soho 거리에 오픈한 에피센터Epicenter Store 매장에서는 고객 프로파일이 들어있는 카드를 발행하여 매장의 특정 지역을 지날 때 고객의 취향에 맞는 상품을 안내하고 있다. 무선단말기를 사용하여 점원에게도 고객이 원하는 상품의 실시간 재고현황 파악이 가능하게 하여 효과적인 CRM이 가능하다.

사진 13 | 뉴욕 소호의 프라다 매장 전경과 매장 안의 광경

사진 14 | 뉴욕 소호의 프라다 매장 전경과 매장 안의 광경

사진 15 | 뉴욕 소호의 프라다 매장 전경과 매장 안의 광경

_주요 플래그십 스토어

프라다는 21세기를 맞이하여 도시, 건축, 문화와 관계를 맺고 건축적 마케팅 전략을 펼치기 시작하였다. 이와 같은 컨셉 아래 세워진 매장들은 에피센터로 명명되었고 기존의 그린민트 색조의 프라다 매장들과 차별화되어 프라다의 창의성이 총집결되어 있다. 프라다의 에피센터는 건축물 자체를 심볼화하여 브랜드 아이덴티티 강화에 기여한다. 기존의 이미지에 안주하기보다는 끊임없이 변신을 추구하며 체험 마케팅과 감성 마케팅으로 고객들을 유인한다.

프라다 매장 중 그 규모가 가장 큰 뉴욕의 소호 매장은 2001년 오픈 전부터 화제가 되었다. 이 매장은 오픈한 지 8년이 지난 오늘도 뉴욕에 가면 반드시 들러야 할 명소 중 하나로 꼽히며 예전의 구겐하임 미술관 건물을 인수하여 세워졌다. 이곳은 단순히 옷을 파는 매장이라기보다는 미래 과학 전시장이라고 해도 과언이 아닐 정도로 최첨단 시스템을 자랑하고 있다. 피팅룸은 커다란 반투명 스크린으로 되어 있고, 스크린 안에 들어서는 순간 정면에 있는 화면을 통해 본인의 전신과 뒷모습, 옆모습을 볼 수 있다.

일본의 오모테산도에 위치한 프라다 에피센터는 건물 자체가 유리와 지지대로만 이루어져 있어 상당히 독특한 느낌을 준다. 올록볼록한 느낌까지 가미되어 밤이 되면 뛰어난 야경을 자랑하고 있다.

밀라노 패션 거리 몬테나폴레오네에 위치한 프라다 매장의 본점은 절대 그냥 지나칠 수 없는 곳이다. 몬테나폴레오네 매장에서는 의류에서부터 액세서리까지 토털룩을 선보이고 있으며 가장 눈길을 끄는 곳은 바로 '메이크업 공간'이다. 이 매장은 또한 컴퓨터를 통해 고객 자신에게 가장 적합한 제품을 선택할 기회를 제공하면서 토털 매장의 진수를 유감없이 보여주고 있다.

Promotion
_건축적 마케팅

프라다는 21세기를 맞이하여 마케팅의 초점을 건축적 마케팅에 맞추고 있다. 상점 간의 다양성, 한 상점 내 공간의 다양성, 배타성, 가변성, 친밀감을 유지할 수

사진 16 | 일본 오모테산도 프라다 에피센터

사진 17 | 밀라노 갤러리아 아케이드 프라다 매장

있는 서비스, 비상업적 문화 이미지 등이 프라다의 건축적 마케팅의 기본 전략이다.
　프라다의 새로운 마케팅 프로그램은 사회의 변화에 따른 상업시설의 변화와 현대의 복합적인 상황을 건축에 담아내고 있다. 따라서 매장은 단순히 상거래의 기능을 넘어 도시에서 일어나는 상황들을 담아내는 장이 되고 있으며, 프라다를 상징하는 공간 내에서 제품디자인을 작품으로 감상하고 문화로 즐길 수 있도록 승화시키기 위한 노력을 하고 있다.

_영상물을 통한 혁신적 마케팅

프라다는 '프라다 인퓨전 드 옴므The Infusion d'homme of PRADA' 단편영화 프로젝트를 통해 국가별로 젊은 영화감독을 선정하고 실험적이고 혁신적인 영상물 아홉 편을 제작하였다. 프라다의 두 번째 남성 향수인 '인퓨전 드 옴므Infusion d'Homme'를 출시하면서 기획된 이 프로젝트에서는 상상 속에서의 인퓨전 드 옴므 향수의 이미지를 표현하고,

사진 18 │ 〈프라다 인퓨전 드 옴므〉 단편영화 프로젝트

상업적이지 않은 미래지향적인 내용의 단편 스토리를 원했다. 2008년 6월 말 2009 프라다 남성복 컬렉션이 끝나고 상영된 아홉 편의 작품들은 스토리보다는 감각적인 비주얼과 음악으로 시선을 사로잡았다. 이 아홉 작품은 프라다 웹사이트에서 감상할 수 있다.

_프라다와 현대자동차의 콜래버레이션

현대자동차는 세계적인 명품 브랜드인 프라다와 '제네시스 스페셜 에디션' 세 대를 공동 개발하였다. 프라다의 디자인을 통해 재탄생될 세 대의 차량 중 한 대는 2009년 4월 서울모터쇼에서 처음으로 공개되었고 이후 현대자동차 양재동 사옥에 전시될 예정이며, 나머지 두 대는 4월부터 서울 경희궁에서 열리는 프라다 트랜스포머 프로젝트에서 현장 경매를 통해 판매될 계획이다. 수익금 전액은 현대 자동차와 프라다가 공동명의로 자선단체에 기부할 예정이라고 한다. 제네시스 스페셜 에디션을 위해 프라다의 디자인팀은 이탈리아의 토스카나 지방에 위치한 디자인 센터에서 4개월간의 디자인 변경 작업을 진행하였다. 이 과정에서 프라다 특유의 패션 소재와 디자인 감각을 적용한 새로운 형태의 특별한 차량이 탄생되었다. 이 모든 과정은 현대자동차 남양연구소의 연구진과 프라다 디자이너들과의 긴밀한 협조를 통해 이루어졌다.

사진 19 | 현대자동차의 제네시스

_문화활동 후원

프라다는 단지 옷을 팔기보다는 하나의 문화를 팔고자 하여 자신들이 가진 자원을 이용하여 문화 예술 전반에 아낌없는 투자를 하고 있다. 자신들의 브랜드 아이덴티티를 기반으로 그것을 더욱 고양시켜줄 수 있는 문화단체와 예술가를 후원하고, 이를 바탕으로 패션을 더욱 풍성하게 만들었다. 프라다는 텍사스 한복판에 '프라다 마파Prada Marfa'라는 이름의 황당한 상점을 짓는 공간 예술 활동을 후원하고 프라다 파운데이션이라는 예술후원 단체를 설립하여 문화예술의 진흥에 힘쓰고 있다. 또한 밀라노 외곽의 공장 지역을 개조하여 세계적인 건축가 렘 쿨하스Rem Koolhass의 지휘 아래 대규모 아트센터를 건설하고 있다.

사진 20, 21 | 프라다가 후원하고 있는 텍사스의 상점

_프라다의 스커트 전시회

2004년 도쿄 아오야마에서 첫 번째로 막을 연 프라다의 스커트 전시회는 이듬해 중국 상하이에서 두 번째 전시회를 열었고 이후 뉴욕에 이어 로스앤젤레스에서 그 네 번째 전시회를 가졌다. 미우치아 프라다는 1988년부터 2006년 시즌까지 광대한 컬렉션을 선보이면서 자신만의 화려한 예술성과 창조성을 스커트로 표현해냈다. 이 전시회는 창조적인 발상의 저장고인 네덜란드 로테르담에 있는 AMO와 건축디자인 사무소인 OMA에 의해 전개

사진 22 | 대규모 아트센터의 구조물

사진 23 | 2006년 9월 프라다 스커트 전시회   사진 24 | 중국 상하이의 프라다 스커트 전시회

되었다. 일상에서 친숙하게 여겨지던 스커트를 기발한 전시물들을 이용해 선보임으로써 귀중한 소장품으로 느끼게 했다.

Web Communication

프라다의 웹사이트에서는 예술적인 사진 100장을 사이트 왼편에 있는 PDF 아이콘을

사진 25 | 프라다 웹사이트 www.prada.com

클릭하여 볼 수 있도록 제공하고 있다. 프라다의 런웨이, 광고 캠페인, 제품의 디테일 사진들을 세계적인 건축가 렘 쿨하스의 디자인 팀인 AMO가 컴퓨터 작업을 통해 리터치하여 팝아트적인 느낌을 가미했다.

Key Success Factors

1. 엄격하고 세심한 제작 과정

프라다는 특유의 친숙함으로 하나의 작품이 탄생하기까지의 모든 과정에 엄격하고도 세심한 주의와 정성을 기울인다. 장인정신에서 우러나오는 꼼꼼함과 엄격성으로 디자인에서 완성에 이르는 모든 과정을 관리함으로써 예술작품에 버금가는 완벽한 제품을 탄생시킨다는 것이 프라다의 아름다움을 낳는 비결이다.

2. 본사 관리 체계를 통한 직접적 통제

프라다 그룹의 베르텔리(Patrizio Bertelli) 회장의 원칙은 '직접적인 통제'이다. 따라서 프라다 제품에 대한 이미지 관리와 구입정책, 가격정책의 기본 원칙은 모두 밀라노에 있는 프라다의 본사인 I. P. I. S. P. A 이탈리아에서 결정한다. 이는 프라다의 패션정신을 보다 일관되게 전달하기 위함이고 따라서 일체 라이선스 계약을 맺지 않는다. 프라다 제품의 모든 디자인과 제작은 본사를 통해 진행되기 때문에 시중에 나온 제품들은 오리지널이 아니면 모조품이다.

3. 절제된 젊은 감각

프라다는 유독 젊은 팬들이 많다. 이는 일정 수준 이상의 구매력을 갖춘 중년층이 주요 고객인 다른 럭셔리 브랜드와 차별화된다. 젊은이들이 프라다 제품에 끌리는 이유는 무엇보다 고급스러움과 절제된 아름다움 때문이다. 여기에 최고의 품질을 추구하면서도 패션모델을 위한 것이 아닌 일상생활에서 편안하게 착용할 수 있는 제품을 만드는 점이 큰 매력으로 작용했다.

지난 1998년 외환위기를 거치면서 국내 대학가에 프라다 백팩을 메고 다니는 여대생들이 크게 늘었다. 이들이 프라다 백팩을 선호하는 이유는 배낭형 가방인데도 정장이나 캐주얼 모두에 잘 어울리기 때문이다. 명품 가방으로서는 다소 파격적이었던 나일론 소재의 백팩은 나이 들어 보이기는 싫지만 고급스러움을 추구하는 젊은 이들의 감각에 적절하게 맞아떨어져 꾸준히 베스트셀러의 자리를 지키고 있다.

Brand Future

1. 글로벌 자원의 적극적인 활용

프라다는 연 40% 이상의 성장률을 보이며 현재 전 세계 매장에서 연간 7억 5천만 달러의 매출을 올리고 있다. 프라다는 독창성을 중시하기 때문에 디자인을 할 때부터 글로벌 시장의 트렌드와 수요에 맞춰 제품을 기획하거나, 글로벌 시장으로 진출시 현지화 전략을 사용하지 않는다. 그러나 최근 럭셔리 브랜드들이 글로벌 시장의 자원을 적극적으로 활용하면서 비용 감소를 통한 가격적인 이익을 누리거나 특정 지역에 적합한 제품들을 기획하고 생산하면서 브랜드 인지도의 상승 및 보다 많은 이윤 창출 효과를 누리고 있다. 따라서 프라다의 경우에도 저렴한 생산비용을 제공하는 국가의 제품생산 조건과 이탈리아의 기술력을 적절히 통합할 수 있는 방법을 고안해 낸다면 브랜드에 많은 이익을 제공할 수 있을 것이다.

2. 철저한 품질관리와 일관된 브랜드 이미지 유지

최고의 장인정신과 정교한 기술을 계속 유지할 수 있도록 글로벌 생산 시스템을 철저하게 관리해야 하며, 밀라노, 파리, 홍콩, 도쿄 등 주요 도시에 있는 일관된 매장 이미지 및 브랜드 이미지가 유지되도록 글로벌 유통 시스템의 관리도 지속적으로 이루어져야 할 것이다.

프라다 트랜스포머

럭셔리 브랜드 프라다는 2009년 4월 말부터 5월 말까지 서울에서 '프라다 트랜스포머' 프로젝트를 진행한다. 이번 문화 프로젝트는 미술, 영화, 패션 등을 아우르는 프로젝트가 될 것이다. 이 프로젝트는 전 세계 도시 중 서울에서만 진행하며 프라다에서도 최초로 시도하는 것이다.

프라다 트랜스포머 건축물은 서울 경희궁에 크레인을 이용하여 회전이 가능한 구조물로 설계되었다. 4면체의 각 면은 육면체, 십자형, 직사각형 및 원형의 철제 구조물로 4가지 행사 프로그램에 맞는 독특한 공간을 제공하도록 기획되었다. 16세기 조선시대의 역사적 상징물인 경희궁 내에 설치되기 때문에 한국의 역사와 전통에 현대적 요소를 가미하는 의미 있는 프로젝트가 될 것으로 기대된다.

프라다가 아시아 도시 중 유독 서울을 택한 것에는 큰 의미가 있다. 적극적이고 활기찬 서울의 도시적 특성과 이를 뒷받침해주는 서울시정과의 원만한 협조 관계가 서울을 선택한 이유 중 하나다. 프라다 최고 경영자인 파트라지오 베르텔리는 "이 프로젝트는 2009년 프라다의 핵심적인 커뮤니케이션 활동이 될 것이다. 우리가 서울을 선택한 것은 사업성 측면과 문화적 측면에서 모두 빠르게 성장하고 있는 한국의 중요성을 고려했기 때문이다"라고 말했다. 더불어 이번 프로젝트를 이끌고 있는 렘 쿨하스는 "프라다 트랜스포머는 건축물은 움직이지 않는 것이라는 기존의 개념에서 벗어났다. 문화행사의 내용에 따라 자의적으로 변하는 역동적인 유기체적 특성을 보여준다는 면에서 매우 독특하고 흥미로운 구조물이다. 구조물은 내부에서 개최되는 각 프로그램의 필요에 따라 실시간으로 형태를 바꾸며 새로운 공간을 만들어낸다. 이 점에서 건축물의 형태를 바라보는 또 하나의 시각을 제공할 것이다"라고 말했다.

패션비즈, 2008. 10. 9.

" 영국이 낳은 것은 민주주의, 스카치위스키, 버버리이다."
토 마 스 버 버 리 | Thomas Burberry

| 버 버 리

BURBERRY

About BURBERRY ··

버버리는 영국인들이 자랑스럽게 여기는 패션 브랜드이다. 많은 사람들이 코트의 한 종류인 트렌치코트를 '버버리' 라고 부르기도 하는데, 이는 의상의 명칭이 아닌 영국의 대표 패션 브랜드인 버버리의 브랜드 네임이다. 버버리는 1856년 토마스 버버리가 영국의 바싱스토크 지역에 스포츠의류를 파는 의류 매장을 여는 것으로 시작하였다. 이렇게 시작한 버버리는 150년 후 버버리의 상징적 아이템인 트렌치코트를 통해 아웃웨어의 품질과 스타일에 대한 전형을 대표하는 브랜드로 자리잡았다. 20세기 초반 버버리는 파리와 런던에 진출하였고 이로써 세계적인 브랜드로서의 기틀을 마련하였다. 버버리는 지속적으로 브랜드 전통과 브랜드 가치를 이어가면서 소비자의 요구를 충족시키기 위한 노력을 하였다. 버버리는 영국의 품격을 드러내면서도 기능성을 잃지 않는 아웃웨어를 제작하여 성별과 세대를 넘어서 폭넓은 소비자에게 어필하였다.

History

_Timeline

1856	포목점에서 견습생으로 일하던 토마스 버버리가 21살에 영국 햄프셔 지방의 바싱스토크에 소규모의 의류 매장 오픈
1870	소재에 대한 품질과 혁신의 노력으로 명성을 얻기 시작해서 백화점에 진출
1880	통기성과 내구성이 뛰어나고 비바람에 잘 견디는 혁신적인 원단인 개버딘 개발
1891	런던의 웨스트 엔드에 버버리 & 썬즈라는 상호로 매장 오픈
1895	영국군 장교의 공식 군복으로 채택된 트렌치코트의 전신이라 할 수 있는 타이로큰 개발
1901	말을 탄 기사의 로고에 '전진'이라는 뜻의 라틴어 '프로섬'을 결합한 버버리의 새로운 트레이드마크 탄생
1911	노르웨이의 탐험가 아문센이 버버리의 옷으로 무장한 채 남극 탐험
1914	기존의 영국군 장교의 제복에 견장과 D 고리를 부착하여 트렌치코트 개발
1920	버버리의 트렌치코트에 버버리 체크 도입
1955	엘리자베스 3세가 버버리에게 황실 보증서 수여
1989	황태자가 버버리에게 두 번째 황실 보증서 수여
2001	디자이너 크리스토퍼 베일리를 영입하여 브랜드 이미지 변신
2006	온라인을 통한 국제적인 판매망 구축

버버리는 19세기 후반 토마스 버버리Thomas Burberry에 의해 탄생되었다. 영국에서 포목상을 운영하던 토머스 버버리는 개버딘Gabardine 이라는 혁신적인 원단을 개발하여 습한 영국 기후에 적합한 레인코트를 제작했다. 개버딘 레인코트는 우수한 품질과 실용성으로 탐험가를 비롯해 영국 국왕 에드워드 7세의 사랑을 받았다. 개버딘 트렌치코트는 '버버리'라는 명칭으로 불리면서 명품으로 알려지기 시작했다. 버버리 트렌치코트의 견장과 허리띠 등 전형적인 디자인은 제1차 세계대전 때 만들어져 이후 할

사진 1 | 버버리의 전형적인 스타일을 보여주는 향수 광고

리우드 유명 영화배우들이 입으면서 패션의 클래식이 됐다. 현재 버버리는 엘리자베스 여왕으로부터 수여받은 문장과 함께 10년에 한번씩 갱신되는 왕실의 인가를 받으며 영국의 지정상인 Royal Warrantly으로서 명성을 유지하고 있다.

전통 체크, 클래식 라인 등 정통성으로 상징되는 버버리는 1986년 유로통상에 의해 우리나라에 도입되면서 현재는 버버리 코리아가 직진출하여 국내에서 55개 매장을 전개하고 있다. 오랫동안 클래식의 대명사로 사랑을 받았던 버버리는 가장 대표적인 라인인 버버리 런던 Burberry London 을 비롯하여, 버버리 프로섬 Burberry Prorsum, 버버리 스포츠 Burberry Sports, 버버리 키즈 Burberry Kids, 버버리 골프 Burberry Golf 등의 세부 브랜드를 가지고 패밀리 브랜드로서 라인을 확장해왔다. 150년의 오랜 전통을 지니고 있는 버버리는 다소 고루해진 이미지에서 벗어나기 위해 1997년부터 젊고 감각적인 이미지로 변신을 꾀하였다. 이 같은 변화는 여성 CEO 로즈마리 브라보 Rosemary Bravo의 영입과 함께 질 샌더 Jil Sander의 선임디자이너였던 로베르토 메니체티 Roberto Menichetti를 기용하면서 시작됐다.

Brand Concept

버버리의 브랜드 컨셉은 브랜드 아이덴티티와 브랜드 역사의 관계를 살펴봄으로써 알 수 있다. 앞서 말했듯이, 버버리는 영국의 대표 패션 브랜드이다. 이 때문에 버버리는 영국적인 전통과 라이프스타일을 전달하는 데 주력하고 있다. 영국의 고급스러운 전통을 전달하기 위해 화려하지 않은 클래식한 디자인을 많이 사용하며, 버버리의 상징인 트렌치코트는 오랜 시간 거의 같은 스타일을 유지해왔다. 또한 브랜드의 역사를 살펴보면, 버버리는 영국군의 장교 제복으로 사용되던 트렌치코트를 공급해왔다. 따라서 버버리의 의류에는 실용성이 중요한 기준으로 작용한다. 개버딘이라는 혁신적인 원단과 트렌치코트 디자인 자체도 실용성을 도모하는 방향으로 이루어진 것이다. 버버리의 디자인은 이와 같이 실용성을 지향하고 있으면서도 현재의 고객들에게는 스타일 측면에서도 어필하고 있다.

Brand Identity

Brand Name and Logo

버버리라는 브랜드명은 창시자인 토마스 버버리의 이름에서 유래하였다. 이 브랜드명은 앞에서 말했듯이 트렌치코트의 별칭으로 불릴 만큼 영향

사진 2 | 버버리 로고

력 있는 이름이 되었다. 브랜드 로고는 1901년 '전진'이라는 뜻의 라틴어 '프로섬 Prorsum'이 쓰여 있는 깃발을 든, 말을 탄 기사의 모습을 형상화하여 만들어졌다. 이는 버버리의 고유 로고로서 의류를 비롯하여 각종 액세서리에 사용되고 있다.

Brand Color

버버리의 컬러는 트렌치코트의 기본이 되는 베이지 색상이라고 할 수 있다. 베이지 외에 네이비 색상과 검은색이 상품의 기본 컬러로 제공되고 있으며, 그 외에 빨강색 이나 파란색 등의 다양한 베리에이션 Variation을 위한 컬러가 사용되기도 한다. 버버리 의 색감을 논할 때 가장 핵심적인 것은 바로 버버리의 트레이드마크인 버버리 체크 이다. 버버리 체크는 1920년대 트렌치코트의 안감으로 처음 소개되었으며, 그 이후 버버리 전 제품에 사용되는 버버리의 대표적 상징이 되었다.

사진 3 | 버버리의 트레이드마크인 버버리 체크

Package

상품의 포장에는 브랜드의 상징인 브랜드 로고와 버버리 체크가 사용된다. 특히 상징성이 강한 버버리 체크로 되어 있는 버버리 봉투는 소비자들에게 브랜드 아이덴티티의 전달력이 크다. 다른 럭셔리 브랜드들은 대개 상품 패키지에는 브랜드 네임만 제시해놓는데, 버버리는 상징성과 전달력이 큰 버버리 체크를 사용한다.

사진 4 | 버버리의 상품 포장

Brand Strategy

Product

_상품 라인 및 특성

버버리는 대표 아이템인 트렌치코트를 포함하는 의류 라인 외에도 다양한 상품을 생산한다. 버버리의 상품 라인은 버버리 체크를 활용한 우산, 목도리와 같은 액세서리류, 가방, 신발, 가죽소품을 비롯하여 향수, 아이웨어에 이르기까지 다양하다. 폭넓

사진 5 | 버버리 체크를 활용한 다양한 상품

은 상품 라인을 공급하면서 브랜드 아이덴티티를 유지하기 위해 버버리의 트레이드 마크인 체크를 공통적으로 활용한다. 버버리 체크는 앞서 말했듯이 액세서리뿐만 아니라 가방이나 신발의 안감으로도 사용된다. 이렇듯 공통된 디자인 요소를 활용하는 것은 브랜드 전통의 유지에 큰 역할을 한다.

지금까지 버버리는 중후한 중년의 이미지로 알려져 있었으나 다소 침체되었던 1970년대를 거쳐 1980년대에 다시 활력을 되찾아 새로운 이미지로 대중에게 다가섰다. 1997년 질 샌더의 선임디자이너였던 로베르토 메니체티의 기용을 시점으로 2002년 봄 컬렉션부터 이를 계승한 크리스토퍼 베일리Christopher Bailey까지 버버리의 이미지 변신이 시작되었다. '버버리 프로섬'의 '프로섬'은 로고에서도 볼수 있듯이 '전진'의 의미를 가진 라틴어로서 150년 오랜 역사와 전통에서 탈피하여 새롭게 도약하려는 버버리의 의지를 담고 있다.

_대표 상품

버버리의 상징인 개버딘으로 만들어진 트렌치코트는 긴 세월 동안 유행의 변천에도 불구하고 150년의 전통을 고수하면서 '대를 물려 입는 옷'인 클래식의 진수가 되었다. 토마스 버버리는 영국의 시골농부나 목동들이 즐겨 입던 실용적인 작업복에서 착상을 얻어 개버딘이라는 아주 질긴 직물을 만들었고 이 천으로 필드 스포츠를 위한 코트와 재킷을 제작하여 패션계에 공헌한 최초의 영국인이 되었다. 개버딘은 미

사진 6 | 버버리의 새로운 이미지를 반영한 2008 S/S 광고

리 방수 처리를 한 면사를 촘촘히 직조한 후 다시 한 번 방수 처리하여 완벽한 방수가 되고 비나 눈을 맞아도 한기를 느끼지 못할 만큼 보온력이 뛰어나다. 또한 더운 기후에서는 열을 막아 더위가 피부에 닿지 못하게 하는 내수성과 내구성, 통기성 및 단열성이 뛰어난 옷감이다. 개버딘은 탄생과 동시에 스포츠 탐험가들의 사랑을 받았으며 아문젠의 남극 탐험, 알콕 경의 대서양 횡단과 같은 자연을 향한 인간의 도전에 함께하였다. 그 후 '거친 자연으로부터 인간을 보호하는 옷'이라는 토마스 버버리의 패션철학은 현재 버버리사가 생산하는 모든 제품에 반영되고 있다.

Price

버버리의 트렌치코트는 그 원단에 따라 가격대가 다양하다. 가장 기본 라인이 되는 개버딘 재질의 트렌치코트는 버버리의 상징답게 우리나라에서는 200만 원 이상의 가격대에 판매되고 있다. 하지만 그 외의 시즌별 상품은 100만 원대에도 제공되고 있다. 버버리 프로섬은 전통적인 버버리의 기본 제품 라인에 비해 좀더 디자인적 요소가 가미된 상품들이 많다. 버버리 프로섬의 제품은 버버리의 기본 라인보다 높은 가격대에 판매되고 있으며 런웨이 의류는 400만 원을 넘는 고가에 판매된다.

버버리는 특별히 노세일 No-sale 정책을 실시하고 있지는 않다. 우리나라의 경우 S/S와 F/W 시즌별로 세일을 실시하고 있으며, 세일기간에는 최고 40%까지 할인된 상품을 판매한다. 하지만 버버리의 기본적인 트렌치코트 라인은 세일 제외 품목으로 분류함으로써 버버리의 아이덴티티를 상징하는 상품에 대해서는 보호를 하고 있다. 이 밖에 프리미엄 아울렛에서는 이월 상품을 40%에서 60%까지 할인된 가격에 판매하기도 한다.

Place

_유통망

버버리는 다른 럭셔리 브랜드와 마찬가지로 영국, 프랑스, 이탈리아, 독일 등의 유럽과 미국, 아시아 지역에 진출해 있다. 하지만 상당수의 럭셔리 브랜드가 고급 상권에 자리한 플래그십 스토어에 주력을 다하는 데에 비해, 버버리는 각종 대형쇼핑몰이나 백화점에도 쉽게 찾아볼 수 있다. 이는 버버리의 브랜드 가치가 고가의 희소성에 있는 것이 아니라, 클래식하면서도 실용적인 영국 전통 브랜드라는 데에 있기 때문이다. 따라서 고객들은 다른 럭셔리 브랜드에 비해 보다 확대된 영역에서 쉽게 버버리를 접할 수 있다.

_주요 플래그십 스토어

특징적인 플래그십 스토어로는 2004년 미국의 맨해튼 57번가에 문을 연 버버리 매장이 있다. 이는 버버리 매장 중에서 가장 큰 규모로 건축물과 인테리어가 브랜드 고유의 느낌을 전달할 수 있도록 디자인했다. 24,000평방피트 규모의 6층짜리 건물 매장 외관에는 나무조각 공예품의 재료나 모자이크 타일, 유리 등을 이용해 헤링본 무늬와 핀스트라이프를 만들어 버버리 고유의 체크 무늬를 그려넣었으며, 매장 내에 커

사진 7 | 버버리 체크를 형상화한 버버리 플래그십 스토어

피 테이블과 의자 등을 놓아서 편안한 주거 공간의 느낌을 주어 고객들을 유혹하고 있다.

　버버리가 일본에서 두 번째로 오픈한 플래그십 스토어는 오모테산도 지역에 위치하며 2개 층에 6,000평방피트의 규모를 자랑하고 있다. 유럽으로부터 수입되는 버버리 프로섬과 런던 컬렉션이 오모테산도 스토어에서 판매되고 있다. 오모테산도 매장 오픈을 기념하기 위해 다른 곳에서는 접할 수 없는 남성복, 여성복, 액세서리, 아동복, 향수, 시계, 홈 컬렉션이 한정적으로 전시되기도 하였으며 버버리의 트렌치코트를 주문 제작하는 서비스가 실시되고 있다. 이처럼 버버리 플래그십 스토어는 중세의 성을 연상시키는 외관과 전통위주의 인테리어를 통해 사람들에게 단순한 제품이 아닌 버버리라는 브랜드의 정신적 가치를 전달하는 역할을 한다. 또한 타 지역과는 다른 한정된 라인의 제품 공급, 차별화된 서비스가 매장 각각을 지역화시키는 전략으로 사용되고 있다.

Promotion

_영국의 라이프스타일을 보여주는 광고

1970년대 이후 변신에 나선 버버리의 이미지를 가장 잘 나타낸 것은 지면 광고이다. 버버리는 세계 최고의 패션 사진작가인 마리오 테스티노^{Mario Testino}, 스코틀랜드 귀족 출신 모델인 스텔라 테넌트^{Stella Tennant}, 그리고 가장 트렌디한 패션 피플로 뽑힌 케이트 모스^{Kate Moss}를 기용하였다. 흑백사진의 이미지로 버버리의 독특한 아이덴티티를 담고 있는 광고에서 스텔라 테넌트는 당시 임신 7개월의 모습으로 가족의 소중함과 가치, 그리고 영국 귀족의 전통적 이미지를 자연스럽게 표현하면서도 새로워진 버버리의 패션감각을 보여주었다는 평을 받았다. 케이트 모스 역시 아이를 안은 채 남편과 함께하는 가족적인 분위기의 광고를 통해 버버리의 가족적인 브랜드 이미지를 어필하였다. 광고상에서 버버리의 상징인 체크무늬가 사라진 실루엣은 버버리하면 연상되는 트래디셔널함에서 벗어나 트렌디한 아이템과 이미지를 부여하는 계기가 되었다. 이렇게 버버리는 버버리의 핵심 브랜드 속성을 달라진 시장환경에 적합하도록 재구성하는 데에 광고를 강력한 수단으로 활용하였다. 버버리는 점차 중장년층을 위한 브랜드라는 기존의 이미지에서 모든 세대에 적합한 패밀리 브랜드 이미지로의 변화를 꾀하기 위해 품질과 스타일이 가지는 전통과 명성을 강화하는 동시에 실험적 요소들을 조화시키는 감각적 광고를 선보이고 있다.

_영화 속의 PPL

왕족이나 귀족들 사이에서 인기를 끌었던 버버리는 유명 영화에 자주 등장하면서 이를 구입하려는 사람들이 계속해서 늘어났다. 일찍부터 PPL 기법을 활용했던 셈이다. 로버트 테일러^{Robert Taylor}와 비비안 리^{Vivian Mary Hartley}가 열연한 영화 〈애수〉는 1960년대 우리나라에 버버리 열풍을 불게 한 계기가 되었다. 버버리 트렌치코트는 워털루 다리 위에서 남자주인공 로버트 테일러가 과거를 회상하는 인상적인 장면에 계속 등장하면서 사람들의 기억 속에 '로이 열풍'과 함께 깊이 각인되었다. 트렌치코트를 입고 출연한 로버트 테일러의 모습은 자연스럽게 버버리라는 브랜드를 관객들에게

사진 8 | 케이트 모스의 버버리 광고
사진 9 | 스텔라 터넌트의 버버리 광고

떠올리게 하는 촉매제가 되었다. 또한, 〈카사블랑카〉에서는 험프리 보거트^{Humphrey Bogart}의 깃을 세운 버버리 코트가 우수 어린 연기를 더욱 빛내는 조연으로 사용되었다. 이 밖에도 버버리 트렌치코트는 탐정, 스파이, 비즈니스맨을 묘사하는 중요한 소품으로 자리잡았다.

사진 10 | 버버리 트렌치코트를 입은 로버트 테일러와 험프리 보거트

Web Communication

버버리는 브랜드 웹사이트를 통해 미국과 영국을 포함한 유럽 지역의 시장에 온라인 판매를 실시하고 있다. 온라인 판매 외에도 버버리는 다양한 컨텐츠를 제공하고 있는데, 특히 브랜드 역사나 컨셉, 목표와 같은 브랜드에 대한 소개가 매우 상세하게 제공되고 있다. 이는 인터넷을 통해 버버리라는 브랜드에 접근하는 고객에게 보다 나은 브랜드 이미지를 심어주기 위한 전략이라고 할 수 있겠다.

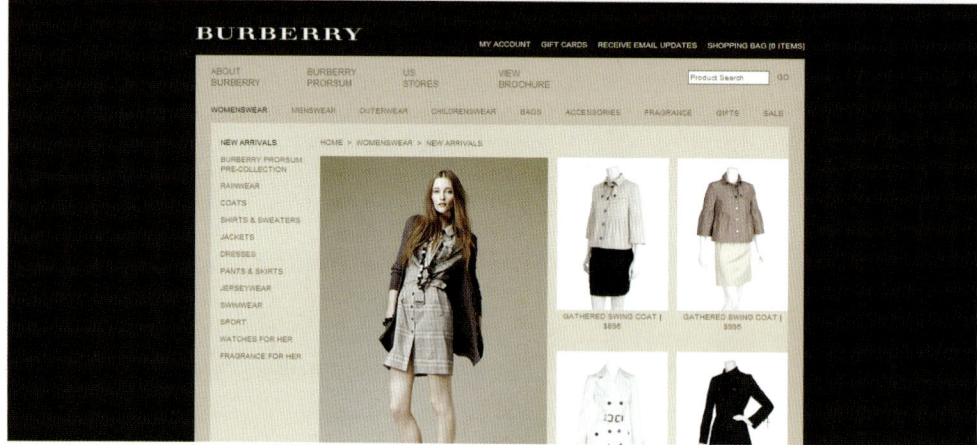

사진 11 | 버버리 웹사이트 www.burberry.com
사진 12 | 버버리의 온라인 스토어

Key Success Factors

1. 버버리 CEO, 로즈마리 브라보

2002년 3월 《월스트리트 저널》은 경제계 및 학계 전문가 11인에게 탁월한 경영능력이 인정되는 '유럽에서 가장 성공한 여성 기업가' 심사를 의뢰하였는데, 영국 버버리의 로즈마리 브라보 회장이 이에 선정되었다. 미국의 뉴욕 출신인 로즈마리는 유명 백화점 삭스 핍스 에비뉴SAKS FIFTH AVENUE의 CEO와 티파니Tiffany&co.의 고문이사를 역임하고 1997년 버버리의 CEO로 영입되면서 매출 부진의 슬럼프로 인한 하향 추세에 있던 버버리에 새 바람을 일으켰다. 1997년 새 CEO의 영입 후, 로즈마리 브라보가 이끈 버버리사가 최근 공개한 2002년 총 매출액은 5억 9360만 파운드(약 1조 1872억 원)로 전년대비 19% 증가하였다. 로즈마리 브라보는 세계적으로 인정받는 명품 브랜드가 되는 것을 목표로, 브랜드 이미지 쇄신을 위하여 강력한 개조를 시도하였다. 로즈마리 브라보는 영국 내 버버리의 생산공장을 모두 폐쇄하고 아시아권의 노년층 중심의 판매망을 막았으며, 낮은 가격대의 라인을 없앴다. 또한 버버리의 150년 전통을 여전히 계승하면서 디자인 혁신을 도모하고, 철저한 고객과 품질관리 그리고 기존의 이미지를 없앤 새로운 광고를 도입하여 버버리의 새로운 재도약에 기여하였다.

2. 버버리의 전통의 계승과 디자인 혁신

세계적인 브랜드로 자리잡은 프랑스와 이탈리아의 브랜드들과 달리 영국 브랜드들의 지명도는 그 역사와 전통에 비해 상대적으로 낮은 편이다. 프랑스와 이탈리아 기업들이 과감한 패션과 디자인을 도입해 유행을 주도하는 반면, 영국 업체들은 전통적인 디자인을 고집해왔기 때문이다. 하지만 최고경영자인 브라보는 버버리가 가진 전통적이고 고급스러운 이미지를 유지하는 한편 최첨단 디자인을 도입해 품격과 최첨단 디자인을 동시에 추구하는 경영전략을 도입하였다. 브라보 회장은 '버버리 = 체크무늬와 트렌치코트'로 통하는 등식을 과감히 탈피시키고 디자인 부분을 강화하여 버버리를 젊은 감각으로 새롭게 이미지 메이킹했다. 이러한 작업을 위하여 그녀는 150년 전통 영국의 자존심인 버버리를 과감하게 크리스토퍼 베일리Christopher Bailey라는 젊은 디자이너에게 맡겼다. 그는 서른 살의 나이로 버버리 프로섬, 버버리 런던 등 버버리 브랜드의 전 컬렉션 라인을 포함하여 광고와 디스플레이 등 버버리의 세세한 모든 분야를 총괄하고 있다. 베일리는 영국 런던의 유명 디자인 스쿨인 RCAROYAL COLLEGE OF ART 재학 시절 도나 카란Donna Karan에 의해 발탁되었고, 톰 포드Tom

Ford와 구찌 기성복 라인을 전개하는 등 화려한 경력을 바탕으로 전통성의 기본 컨셉을 계승하는 테두리 안에서 혁신을 시도하고 있다. 베일리는 전통 체크무늬를 변형한 새로운 체크무늬를 선보였으며 가죽 등 새로운 소재를 사용하였다. 디자인에 장식단추 등 미적 요소를 가미하면서 젊은 패션 마니아들을 다시 버버리 매장으로 끌어들이는 데 성공하였고, 패션 산업도 다른 비즈니스처럼 계속적인 혁신을 단행하는 것만이 살아남는 전략임을 보여주었다.

사진 13 | 크리스토퍼 베일리

3. 고객과 품질 관리

버버리는 대형 명품 브랜드에서 경험을 쌓은 능력 있는 CEO와 젊고 과감한 디자이너의 영입으로 뿌리깊게 박혀 있던 기존 디자인을 새로운 감각으로 재연출하면서 전통 브랜드의 품격과 최신유행을 자연스럽게 조화시키고 있다. 또한 고객관리와 품질관리, 광고에 있어서도 브랜드 관리에 많은 노력을 보이고 있다. 버버리가 현지법인 체제로 전환하는 것은 엄격한 제품과 가격관리를 통해 브랜드의 이미지를 보호하겠다는 의도이다. 국내 법인 버버리 코리아 설립 이후 잡지 광고에는 "허가 없이 버버리 로고와 고유 체크 무늬를 사용할 경우 우리 측 변호사의 연락을 받게 될 것"이라는 문구를 게재하고 있다. 버버리는 점차 버버리의 전통적인 상징 베이지 체크 품목을 내놓고 있지 않는데, 브랜드의 상징물을 없애면서까지 획기적인 변화를 시도하는 것은 브랜드가 너무 대중화되어 명품으로서의 가치를 잃어감에 따라 명품이라면 당연히 유지해야 할 희소 가치와 브랜드 이미지를 보호하겠다는 의도이다. 그러나 한국 시장의 경우, 버버리가 가지고 있는 베이지, 네이비 블루 색상과 체크무늬의 상징에 대한 국내 소비자의 선호도가 너무 높아 충분한 시간을 가지고 변화를 시도하고 있다. 외국 위조 상품 선호도를 알아보는 국내 조사 결과, 버버리가 1위를 차지하였다. 이에 따라 위조품 제조와 유통의 범람을 막기 위해 버버리사는 상징물인 체크무늬를 점차 없애고 소재 및 디자인을 고급화하는 것으로 차별화된 이미지 보호 전략에 적극적으로 나서고 있다. 또한 가짜 명품 브랜드의 피해를 막고 수익을 극대화하기 위해서 재고관리는 물론 단추와 실 같은 것에 대한 A/S 조차 철저히 관리하고 있다. 또한 버버리는 직원들이 고객에게 수시로 안부전화를 하는 것은 물론이고, 상품에 대한 할인 혜택을 사전에 알려주는 식으로 고객과 좋은 관계를 유지하고 있다. 여기에 신발, 오토바이 재킷, 수영복, 액세서리, 애완견용 제품, 베이비 제품 등으로 상품을 다양화시켜 고객층 기반을 넓혀가 마니아층을 더욱 확보해가고 있다.

4. 혁신적인 제품으로 승부

버버리의 성공에는 개버딘이라는 혁신적인 원단이 큰 역할을 했다. 버버리가 개발한 이 소재는 여름에는 시원하고, 겨울에는 따뜻하며, 세탁이 쉽고 비교적 습기의 영향을 덜 받는 것으로 유명하다. 그런 만큼 비가 자주 내리고 항상 습기가 많아 축축한 영국 기후에는 아주 적합한 옷감이다. 군인은 물론 운동선수, 비행사, 탐험가들에게도 인기를 끌었고 이들의 입을 통해 제품의 우수성이 증명된 버버리는 그 후 여행자는 물론 일반 소비자들도 선망하는 제품으로 자리잡았다. 영국에서 시작된 개버딘의 열풍은 전 세계로 퍼졌으며 거의 모든 계층에서 사랑받는 옷감이 되었다.

5. 왕실 지정 제품이라는 프리미엄

버버리가 명품으로 확고하게 자리를 잡고 일반인들의 인기를 끌게 된 계기는 영국 왕실에 제품을 납품하는 지정상인이 되면서부터이다. 영국 국왕인 에드워드 7세는 대표적인 버버리의 애호가로 널리 알려져 있고

사진 14 | 두 차례 왕실의 보증을 받은 버버리

영국 왕실에 의한 구전 마케팅은 상당한 효과를 거두었다. 당시 세계 최강국이던 영국의 왕실에 상품을 공급하는 지정상인이 됨으로써 버버리는 세계적인 상품으로 굳건히 자리잡는 계기를 마련하게 된 것이다. 영국 국왕이 즐겨 입는다는 사실 그 자체만으로도 세계 어느 곳에서나 높은 가격에 상품을 내놓아도 잘 팔리게 된 주된 이유 중 하나로 꼽힌다.

Brand Future

1. 버버리의 영국적 전통 유지

버버리의 탄생지는 개인적 삶의 의미와 방식을 존중하고 개성을 강조하는 서구사회인 영국이고, 영국의 대표 브랜드인만큼 버버리에는 영국식의 사고와 라이프스타일이 많이 녹아들어 있다. 이는 영국이라는 국가의 품격과 더불어 버버리의 브랜드 가치를 제고하는 데에 시너지 효과를 내는 요소로 작용한다. 영국의 대표 브랜드로서 영국적 전통의 명맥을 이어가는 것은 버버리의 탄생, 성장, 성숙에 있어 공통적으로 적용되는 핵심요소라고 할 수 있으며, 차별화된 브랜드 아이덴티티로 지속적으로 유지해야 할 것이다.

2. 시대의 흐름을 반영하는 디자인 혁신

영국의 대표 브랜드라는 상징성에서 한 걸음 더 나아가 전 세계적인 럭셔리 브랜드로서 사랑을 받기 위해서는 국제적인 정서에 어필할 수 있는 요소를 갖추는 것이 필요하다. 소비자들의 심리가 복잡해지고 욕구가 다양해짐에 따라 전 세계를 상대로 한 브랜드의 성공을 위해서 기업은 이질적 문화권에 대한 이해가 필요하다. 더 나아가 동조성과 개성을 포함한 소비자의 심리를 이해하고 제품개발과 가격정책, 디자인이 조화를 이루는 차원에서 출발해야 할 것이다. 영국적인 전통을 기반으로 한 뚜렷한 브랜드 아이덴티티는 그대로 유지하되, 전 세계의 소비자들을 매료시킬 수 있을 강점의 개발을 위해 보다 확대된 시각을 갖추는 것도 필요할 것이다.

윈스턴 처칠이 사랑한 영국의 국민 브랜드 버버리

"살아 있는 가장 위대한 영국인에게, 런던." 윈스턴 처칠이 생일에 받은 카드의 주소란에 적힌 말이다. 이 문구만 적혀 있어도 그에게 우편물이 배달되었을 정도로 영국인들의 그에 대한 사랑은 남다르다. 2002년 BBC 방송국이 백만 명의 영국인을 조사한 결과 '위대한 영국인' 1위에 28.1%의 지지를 얻으며 처칠이 선정되었다. 그의 서거 약 35년이 지난 시점에서 여전히 국민들의 마음속에 그는 향수 어린 존재로 남아있다. 그는 전쟁을 승리로 이끈 국가의 수장이었고, 정치적으로 뛰어난 웅변가이며, 국민의 마음을 움직인 한 명의 영국인이었다.

윈스턴 처칠의 사진을 보면 그가 버버리의 트렌치코트를 입고 있는 모습이 종종 발견된다. 버버리와 윈스턴 처칠의 공통점은 시대를 막론하고 영국인들이 사랑한 두 가지라는 것이다. "영국이 낳은 것은 의회민주주의와 스카치 위스키, 그리고 버버리 코트"라는 말이 있을 정도로 버버리는 영국을 대표하는 상징적 존재다. 실제로 버버리는 제1차 세계대전 당시 연합군 장교들에게 50만 벌의 개버딘 코트를 만들어 입혔다. 당시 전쟁사령부의 요청에 의해 개발된 이 코트가 요즘도 전 세계 사람들이 즐겨 입는 트렌치코트, 일명 '버버리 코트'의 효시가 되었다.

2007년 2월 영국 웨일스에 있는 버버리의 공장이 중국으로 이전한다는 소식에 이를 반대하는 운동이 각계각층에서 벌어졌다. 영국 노동당 소속 의원들은 "버버리는 우리의 마음을 아프게 하지 말라"고 쓴 대형 발렌타인 카드를 버버리 본사에 보내는가 하면, 찰스 왕세자까지 공장 해외 이전에 유감을 표했다. 버버리를 향한 영국인들의 각별한 애정을 느낄 수 있는 대목이다.

http://www.noblesse.com/v2/Column.do?dispatch=view&id=13472, 2007. 8. 29.

LUXURY
BRAND
MARKETING

자료 출처

Part 1. 럭셔리 마켓 트렌드

사진 출처

그림 1	Snapshot of the U.S. Luxury Goods Market 2007. (2007). Amcham Chile.
그림 2	Dubai investors branch out into French fashion. (2008. 6. 16). HSBC.
그림 3	Luxury brands in China today have a problem. (2005). Added Value.
그림 4	The Cult of the Luxury Brand: Inside Asia's Love Affair with Luxury. (2006). London.
그림 5	'일본 수입명품시장, 재확대 추세' – 2006년도 소매시장규모 1조 2000억엔대–. (2007. 9.27). KOTRA
그림 6	China: The new lap of luxury. (2005). Ernst & Young.
그림 7	Luxury market in china. China luxury market development and prediction report. (2007).
사진 1	http://english.chosun.com/media/photo/news/200701/200701250009_05.jpg
사진 2	http://farm4.static.flickr.com/3019/2812956414_447457d7aa.jpg?v=0
사진 3	http://www.fakesareneverinfashion.com/content/fakes_summit_ny_01.jpg
사진 4	http://joynews.inews24.com/php/news_view.php?g_menu=703110&g_serial=360764
	http://cafe.naver.com/kensei.cafe
	http://blog.naver.com/someday
사진 5	www.maniaon.co.kr
	www.wizwid.co.kr
사진 6	http://www.hebzc.com.cn/gdnr/pw/200703/481.html
	http://www.cfw.com.cn/market/important/200706/12/t20070612_197939.shtml
	http://i1.sinaimg.cn/2008/p/2007-07-12/U2150P461T5D16856F154DT20070712194111.jpg
표 1	'일본 수입명품시장, 재확대 추세' – 2006년도 소매시장규모 1조 2000억 엔대–. (2007. 9.27). KOTRA
표 2	www.forbes.com
표 3	www.businessweek.com

본문 출처

〈국내 명품 시장조사〉(2005. 10), (주)그린월드 발표, 서울.
김연건(2007. 9. 27). 〈일본 수입명품시장, 재확대 추세〉, KOTRA.
김일경(2008. 6. 4). 〈명품, 일본에서 더 이상 안 팔린다〉, KOTRA.
김일경(2008. 9. 29). 〈중저가 의류 H&M의 일본 긴자점 성공이 주는 의미〉, KOTRA.
김준한(2008. 10. 28). 〈일본 해외 명품시장 동향〉, 도쿄 코리아비즈니스센터.
이유정. 김화영(2003. 5). 〈아시아 명품시장의 현황과 전망〉, 광고정보센터.
임형섭(2008. 10. 28). 〈한국인들은 왜 명품에 열광하는가〉, 연합뉴스.
〈Fashion Survey〉, 《W 매거진》(2008. 9), 두산.
Alexander Biesalski(2007). *Brand value– what makes luxury brands valuable*, Brandrating.
Brian Schwarz & Vanessa Wong(2006. 12). "Money talks", *Insight*.
China Report Hall(2007). *China Luxury Market Development and Prediction Report 2007-2008*, Brand Strategy Research Team.
China's luxury Consumers: Moving up the Curve(2008), KPMG.

"Coco Futures", *The economist* (2008. 10. 30).
Dan Voorhis(2008. 1. 13). *Luxury-Goods Sales Boom*, Wichita Eagle.
Fabiana Fonseca & Ronald Verdonk(2005. 9). *Brazil's Booming Luxury Market*, FAS Worldwide.
Global management program on luxury management (2008), ESSEC.
Grail Research(2008. 8). *Trends in China's Consumer and Luxury Goods Markets*, LLC.
Hadyn Shaughnessy(2007. 11. 12). "Leading Luxury Design", *Irish Times*.
http://www.giorgioarmani.com
http://www.louisvuitton.com
Interbrand (2008. 8). "The Leading Luxury Brands 2008", *Businessweek*.
Izaskun Bengoechea(2008). "Global insights 2008: cosmetics & toiletries market", *Euromonitor International*.
Jem bendell & Athony Kleanthous(2008). "Deeper Luxury", *WWF*.
Jessica Bertram. *Delivering the luxury experience*, LOCUM.
Julia Hanna (2004. 8. 16). *Luxury isn't what it used to be*, HBS working knowledge.
"Losing its shine", *The Economist*. (2008. 9. 18).
Millward Brown Optimor(2008). *Top 100 Most Powerful Brands 08*, Bands.
Nick Debnam & George Svinos(2008). *Luxury brand in China*, HongKong, KPMG.
Nick Debnam & George Svinos(2008). *China's luxury Consumers: Moving up the Curve*, HongKong, KPMG.
"Luxury Brands top 10", *Fobes*(2008. 6. 9).
"Luxury market in China"(2007), China luxury Market Development and Prediction Report.
Marie-Louise Gumuchian(2008. 10. 21). "Outlook seen challenging for luxury goods in 2009", *International Herald Tribune*.
Peter Gumbel(2007. 9. 6). "Luxury goes mass market", *Fortune*.
Scott Reeves(2005. 6. 22). "Seven trends in luxury", *Forbes*.
Simon Pitman (2006. 1. 26). "Luxury personal goods makers face mass market challenge", SAS.
Snapshot of the luxury goods market 2007(2007), Amcham chile.
The seven key luxury consumer trends for 2007(2006. 9. 10.), thewisemarketer.com.
Trends in China's Consumer and Luxury Goods Markets (2008. 10), Grail Research.
Xinhua (2008. 11. 2). *China's Luxury Buying Power Emerging Trend*, Shanghai Daily Publishing House.

Part 2 베스트 프랙티스

1. 샤넬 CHANEL

사진 출처

사진 1-1   http://sofysophia.blogspot.com/2006/12/forever-young-classic-chanel-255.html
          http://www.mimifroufrou.com/scentedsalamander/images/Sycomore-Bottle-Chanel- small.jpg
          http://www.erg.be/blogs/huberlant/wp-content/uploads/2006/10/chanel.jpg
사진 1-2   http://www.xdcr.com/mwj/chanel_figure_24.jpg
사진 1-3   http://a.abcnews.com/images/International/ap_chanel153_071208_ssh.jpg
사진 1-4   http://www.ellegirl.co.kr
사진 1-5   http://www.famegame.com/org/96594
사진 1-6   http://www.momist.com/2007_09_07_archive.html
사진 1-7   http://www.flickr.com/photos/lomolicious/2663361397/
사진 1-8   http://www.choice-threads.com/2008_06_01_archive.html
사진 1-9   http://www. runway.blogs.nytimes.com/.../chanel-icon-power/
사진 1-10 http://fashionintelligentsia.wordpress.com/2008/04/07/on-point-karl-lagerfeld/
사진 1-11 http://www.stylehive.com/blog/shoe-of-the-day-chanel-cap-toe-pumps

사진 1-12　http://www.chuhai.hk/images/activity_photo/photo2007/arch/japantour2007/C06s.JPG
사진 1-13　http://farm1.static.flickr.com/33/47976546_a6b7ff0e25.jpg?v=0
사진 1-14　http://www.samsungdesign.net/Fair/ExhibitionReport/content.asp?an=152
사진 1-15　http://www.chanel.com
사진 1-16　http://www.chanel.com
사진 1-17　http://www.angelglam.com/photos/uncategorized/2008/07/26/chanel_allure_sensuel_27781.jpg
사진 1-18　http://www.momist.com/labels/Chanel.html

본문 출처

김민주(2007), 《앞으로 3년 대한민국 트렌드》, 서울: 한스미디어.
미셀 슈발리에 & 제럴드 마짤로보(2007), 《럭셔리 브랜드 경영》, 서울: 미래의 창.
야마다 도요코(2007), 《Made in Brand》, 서울: 디플.
이미숙, 조규화(2007), 〈가브리엘 샤넬의 모더니즘 ? 패션 비즈니스를 중심으로〉, 《패션비즈니스학회지》 1(3), 1-18쪽.
http://blog.naver.com/cobojo/20032621477
http://www.samsungdesign.net/Report/IndustryTrend/Style/content.asp?an=110

2. 구찌 GUCCI

사진 출처

사진 2-1　http://www.gucci.com
사진 2-2　http://www.popculturepost.com/wp-content/uploads/2007/06/tom-ford-movies.JPG
사진 2-3　http://www.fashion-forum.org/images/designers/gucci-logo.gif
사진 2-4　http://cn1.kaboodle.com/hi/img/2/0/0/98/5/AAAAAmkUx8MAAAAAAJhbCg.jpg
사진 2-5　http://us.st11.yimg.com/us.st.yimg.com/I/yhst-13678368918310_1917_55449238
사진 2-6　http://www.buychinawholesale.co.uk/images/gucci%20new%20package.gif
사진 2-7　http://www.webhandbags.co.uk/wp-content/uploads/2008/07/bamboo-handle.jpg
사진 2-8　http://poshtopia.com/images/gucci_130995_black_1.jpg
사진 2-9　http://www.gucci.com
사진 2-10　http://www.gucci.com
사진 2-11　http://zalotka.com/files/2007/11/gucci_envy_me.jpg
사진 2-12　http://www.trackosaurusrex.com/pblog/images/NewGucciBikeandGear.jpg
사진 2-13　http://bahrainidiva.blogspot.com
사진 2-14　http://ravel.webshots.com
사진 2-15　http://www.gucci.com
사진 2-16~18　http://www.gucci.com
사진 2-19　http://fashioncopious.typepad.com
사진 2-20　http://img2.timeinc.net
사진 2-21　http://www.fashionverbatim.net
사진 2-22~27　http://www.gucci.com

본문 출처

김대영(2004), 《명품 마케팅》, 서울: 미래의 창.
김민주(2002), 《마케팅 어드벤처》, 서울: 미래의창.
김상헌·오진미(2003), 《귀족마케팅》, 서울: 청년정신.
김인규(2005), 《황금을 건지는 안경 비즈니스》, 서울: 매일경제신문사.
스티븐 브라운(2006), 《포스트모던마케팅》, 서울: 비즈니스북스.
엄경희(2006), 〈구찌 브랜드 이미지의 브랜드 인지도 평가에 관한 연구〉, 한양대학교 석사논문.
명순영(2003), 《위기를 기회로 바꿔라 - 세계 유명 기업들의 경영혁신 사례 45》, 서울: 매일경제신문사.

이관용(2004), 《아, 그게!》, 서울: 엔사이클로넷.
이재진(2004), 《패션과 명품》, 서울: 살림출판사.
제임스 B. 트위첼(2002), 《럭셔리 신드롬》, 서울: 미래의창.
홍주표, 최선형(2005), 〈브랜드 컨셉에 따른 패션 광고의 표현형식 분석〉, 《생활과학연구논집》, 26(1), 25–43쪽.
한상만, 하영원, 장대련(2007), 《마케팅전략》, 서울: 박영사.
http://www.gucci.com
http://tong.nate.com/eniy673qpsy/6688839
http://www.adic.co.kr/index.do
http://blog.naver.com/kimiusa?Redirect=Log&logNo=150019000724

3. 까르띠에 Cartier

사진 출처

사진 3-1	http://farm1.static.flickr.com
사진 3-2	http://z.hubpages.com
사진 3-3	http://fondation.cartier.com/
사진 3-4	http://kseafile.paran.com/KSEA_5/images/2009/04/03/Q_270176006_29.gif
사진 3-5	http://www.cartier.com
사진 3-6	http://www.perfumestore.co.nz
사진 3-7	http://www.cartier.com
사진 3-8	http://www.nitrolicious.com
사진 3-9	http://www.fahrneyspens.com
사진 3-10~12	http://www.cartier.com
사진 3-13	http://www.watchez.net
사진 3-14	http://www.kaboodle.com
사진 3-15	http://blog.naver.com/allofscent?Redirect=Log&logNo=150022497354
사진 3-16	http://www.cartier.com
사진 3-17	http://blog.naver.com/spceo?Redirect=Log&logNo=20055145898
사진 3-18	http://www.iproceed.com
사진 3-19	http://www.flickr.com
사진 3-20	http://nomadicmonologue.blogspot.com/2008_04_01_archive.html
사진 3-21	http://watches.infoniac.com
사진 3-22	http://a.abcnews.com
사진 3-23	http://www.annamroe.blogspot.com
사진 3-24	http://www.visit4info.com
사진 3-25	http://www.myspace.com
사진 3-26	http://deoksugung.moca.go.kr/
사진 3-27	http://www.cartier.com
사진 3-28	http://www.cartier.jp

본문 출처

미셸 슈발리에 · 제럴드 바짤로보(2007), 《럭셔리 브랜드 경영》, 서울: 미래의 창.
허순범(2008), 〈명품 주얼리 브랜드 구축과 마케팅 관리 전략〉, 《한국공예논총》 11(1), 187–208쪽.
http://blog.naver.com/spceo?Redirect=Log&logNo=20055145898
http://toonsama.tistory.com/8
http://news.chosun.com/site/data/html_dir/2008/10/24/2008102400736.html
http://blog.naver.com/allofscent?Redirect=Log&logNo=150022497354
http://www.cartier.com

http://www.samsungdesign.net/Fair/ExhibitionReport/content.asp?an=161
http://www.watchclub.org

4. 보테가 베네타 BOTTEGA VENETA

사진 출처

사진 4-1	http://www. bottegavenata.com
사진 4-2	http://lovewoven.com/wp-content/uploads/2008/03/tomasmaierbv.jpg
사진 4-3	http://designer-info.blogspot.com
사진 4-4	http://www.sfilate.it/img/bottegag.jpg
사진 4-5	http://www.bottegaveneta.com
사진 4-6	http://www.sfilate.com/fashion/news.cfm?id=10124
사진 4-7	http://www.lartisanparfumeur.blogspot.com
사진 4-8	http://www.onlinestored.blogspot.com/
사진 4-9	http://www.bagcraze.blogspot.com
사진 4-10	http://www.bottegaveneta.com, http://www.gorsuch.com
사진 4-11	http://www.bottegaveneta.com
사진 4-12	http://www.floornature.com, http://www.wallpaper.com
사진 4-13	http://www.fashionbiz.co.kr/WW/?cate=2&sty=T&ste=보테가베네타&idx=107286
사진 4-14	http://www.bottegaveneta.com
사진 4-15	http://www.bottegaveneta.com
사진 4-16	http://www.murjanigroup.com
사진 4-17	http://blog.naver.com/madeleineok?Redirect=Log&logNo=100015211719)

본문 출처

http://en.wikipedia.org/wiki/Bottega_Veneta
http://brandmediaweek.typepad.com/fashionnotebook/bottega_veneta/http://www.iht.com/articles/2008/11/26/style/luxury08-Maier.php
http://www.fashionwindows.com/boutiques/bottega_veneta/default.asp
http://www.fashionbiz.co.kr/BR/?cate=2&sty=T&ste=보테가 베네타&idx=1940
http://www.fashionbiz.co.kr/WW/?cate=2&sty=T&ste=bottega veneta&idx=105057

5. 아르마니 ARMANI

사진 출처

사진 5-1	http://blog.naver.com/dlrhkdgo1?Redirect=Log&logNo=60053337287
사진 5-2	http://www.ameinfo.com/images/news/4/19824-GiorgioArmani.jpg
사진 5-3	http://mrmodernguy.com/2008/06/22/milan-fashion-week-emporio-armani-mens-wear-spring-2009/
사진 5-4	http://www.shadestation.co.uk
사진 5-5	http://www.giorgioarmani.com
	http://www.sibaritissimo.com/armani-collezioni-primavera-verano-2007/
	http://www.raredaily.com/style/the_secret_sample_sale_report/
	http://www.pointeorlando.com/shopping/stores/armani.html
사진 5-6	http://www.bargainorama.ca/index.asp
사진 5-7	http://www.mytrendycorner.com/giarmebiwabl1.html
사진 5-8	http://www.washingtonspaces.com/blog/articles/category/floors-and-ceilings
사진 5-9	http://8tokyo.com/tag/armani
사진 5-10	http://farm1.static.flickr.com/130/348546509_7fd212ff9b.jpg?v=0

사진 5-11	http://www.info-mobile.info/armani-phone-enjoying-built-in-security/
사진 5-12	http://www.grannyschocolate.com/images/armani1719.jpg
사진 5-13	http://www.hintmag.com/shoptart/shoptart_mar07.php
사진 5-14	http://blog.luxuryproperty.com/wpcontent/uploads/image/asian%20luxury%20property/giorgio-armani-bund-shanghai.jpg
사진 5-15	http://mensvogue.typepad.com/clothing__in_her_eyes/images/2008/04/28/2richardgere.jpg
사진 5-16	http://img2.timeinc.net/people/i/2008/startracks/080908/brad_pitt2.jpg
사진 5-17	http://www.samsungdesign.net/News/GlobalInfo/Tradeshows/Content.asp?an=103
사진 5-18	http://www.giorgioarmani.com
사진 5-19	http://www.giorgioarmani.com
사진 5-20	http://www.giorgioarmani.com
사진 5-21	http://www.giorgioarmani.com

본문 출처

미셸 슈발리에·제럴드 마짤로보(2007),《럭셔리 브랜드 경영》, 서울: 미래의 창.
레나타 몰로(2008),《아르마니 패션 제국》, 서울: 문학수첩.
http://en.wikipedia.org/wiki/Giorgio_Armani
http://www.armaniexchange.com
http://www.armanicollezioni.com
http://www.armanihotel.com
http://www.armaniginzatower.com
http://www.fashionbiz.co.kr/RE/?cate=2&sty=T&ste=아르마니&idx=544
http://www.giorgioarmani.com
http://www.samsungdesign.net/News/GlobalInfo/FashionBrands/Content.asp?an=1114

6. 티파니 TIFFANY & CO.

사진 출처

사진 6-1	http://cafe.naver.com/angelheart1004.cafe?iframe
사진 6-2	http://www.tiffany.ca
사진 6-3	http://www.swatchgroup.com
사진 6-4	http://4.bp.blogspot.com
사진 6-5	http://www.tiffany.com/Shared/Images/photo/registry.jpg
사진 6-6	http://www.bagborroworsteal.com
사진 6-7	http://www.tiffany.com
사진 6-8	http://danmee.chosun.com/wdata/photo/news/200509/20050907000019_00.jpg
사진 6-9	http://www.tiffany.com
사진 6-10	http://cache.daylife.com/imageserve/0c6Qbv02wT8vE/340x.jpg&imgrefurl
사진 6-11	http://www.jckonline.com/articles/images/JCK/library/tiffany_Londonflagship.jpg
사진 6-12	http://image.vialuxe.com/NewsImages/020708_Tiffany&Co.jpg
사진 6-13	Noblesse, (2009,5)
사진 6-14	http://imagesearch.naver.com/search.naver?where=idetail&rev=4&query=tiffany%26co%20&from
사진 6-15	http://blog.naver.com/max63kr?Redirect=Log&logNo=110021697632
사진 6-16	http://www.samsungdesign.net/Fair/ExhibitionReport/content.asp?an=156
사진 6-17	http://www.tiffany.com
사진 6-18	http://littlewarhol.fr/toothpaste/tiffanys01.jpg
사진 6-19	http://2.bp.blogspot.com

본문 출처

김대영(2004), 《명품 마케팅》, 서울: 미래의 창.
미셸 슈발리에 · 제럴드 마짤로보(2007), 《럭셔리 브랜드 경영》, 서울: 미래의 창.
번트 H. 슈미트(2002), 《체험마케팅》, 서울: 세종서적.
제임스 B. 트위첼(2003), 《럭셔리 신드롬》, 서울: 미래의 창.
파멜라 덴지거(2006), 《매스티지 마케팅》, 서울: 미래의 창.
http://cafe.naver.com/luxtion.cafe?iframe_url=/ArticleRead.nhn%3Farticleid=49
http://cafe.naver.com/angelheart1004.cafe?iframe_url=/ArticleRead.nhn%3Farticleid=3965
http://www.samsungdesign.net/Fair/ExhibitionReport/content.asp?an=156
http://www.simonsearch.co.kr/story?at=view&azi=20444
http://www.ikissyou.com/IKY_Micro/BrandHistory.asp?intIdx=99&vBrandIdx=111

7. 에르메스 HERMES

사진 출처

사진 7-1	http://i11.photobucket.com
사진 7-2	http://bymin.hihome.com
사진 7-3	http://www.bagsnob.com
사진 7-4	http://hommeboy.wordpress.com
사진 7-5	http://www.hermes.com
사진 7-6	http://www.saddlesource.com
사진 7-7	http://blog.fashionpoint.ca/wp-content/uploads/2008/07/scarf.jpg
사진 7-8	http://blog.naver.com/someday70?Redirect=Log&logNo=60032633951
사진 7-9	http://www.bagbliss.com
사진 7-10	http://www.cnreplicas.com
사진 7-11	http://www.bagsnob.com
사진 7-12	http://blog.naver.com/hongjig?Redirect=Log&logNo=140006375317
사진 7-13	http://koreafilm.co.kr
사진 7-14	http://www.heraldbiz.com
사진 7-15	http://www.hermes.com
사진 7-16	http://life.joins.com/shopping/news/photo_article.asp?total_id=3388289
사진 7-17	http://weekly.hankooki.com

본문 출처

http://cafe.naver.com/uajjanginnaver.cafe?iframe_url=/ArticleRead.nhn%3Farticleid=6
http://weekly.hankooki.com
http://www.hermes.com
http://www.samsungdesign.net/News/GlobalInfo/Tradeshows/Content.asp?an=161
http://www.donga.com/fbin/output?n=200901150025

8. 루이 비통 LOUIS VUITTON

사진 출처

사진 8-1	http://tfile2.nate.com/dndirect.asp?fi=3594760&sz=4267&of=img4C9%2Ejpg&fp
사진 8-2	http://www.polyvore.com/cgi/img-thing?.out=jpg&size=l&tid=936291
사진 8-3	http://imagesearch.naver.com/search.naver?where=idetail&rev=4&query=%B7%E7%C0%CC%BA%
사진 8-4	http://www.flickr.com

사진 8-5~8   http://blog.naver.com/bab3927?Redirect=Log&logNo=120041135888
사진 8-9   http://pds.neomoney.co.kr/contents/contents.fpcenter.image/rui3.jpg
사진 8-10   http://blog.naver.com/tntny?Redirect=Log&logNo=70016771446
사진 8-11   http://pds8.egloos.com/pds/200802/16/44/e0080644_47b6b8ff94001.jpg
사진 8-12~13 http://gall.dcinside.com/list.php?id=louisvuitton&no=957
사진 8-14~15 http://blog.naver.com/jinsub0707?Redirect=Log&logNo=140010341783
사진 8-16   http://imagesearch.naver.com/search.naver?where=idetail&rev=4&query=%B7%E7%C0%CC%BA%
사진 8-17~18 http://www.heraldbiz.com/SITE/data/html_dir/2008/09/05/200809050239.asp
사진 8-19   http://pds.neomoney.co.kr/contents/contents.fpcenter.image/rui5.jpg
사진 8-20   http://e4u.ybmsisa.com/images/ProductIMG/cmall/sports_lecture_m003.gif
사진 8-21   http://blog.naver.com/fashionmil?Redirect=Log&logNo=40054650710
사진 8-22   http://www.louisvuitton.com

본문 출처

〈마켓파워 분석-명품의 조건은? "브랜드보단 품질"〉《한국경제》 2007. 5. 14.
http://www.hankyung.com/news/app/newsview.php?aid=2007051308191&intype=1
http://youngminc.com/616
http://blog.naver.com/myjin072?Redirect=Log&logNo=90035029313
http://blog.naver.com/animagreen?Redirect=Log&logNo=120050392874
http://kin.naver.com/open100/db_detail.php?d1id=5&dir_id=50203&eid=FXIVuMIC0vFaXhaeg12XiE
http://blog.naver.com/always7694?Redirect=Log&logNo=60001423625

9. 토즈 TOD'S

사진 출처

사진 9-1   http://www.wwd.com
사진 9-2   http://www.tods.com
사진 9-2~5   http://www.tods.com
사진 9-6   http://www.kitmeout.com
사진 9-7~8   http://www.tods.com
사진 9-9   http://thedailychronicleshow.blogsome.com
사진 9-10   http://www.mydailylook.com
사진 9-11   http://www.thestylegroup.com
사진 9-12   http://www.wholesalerscatalog.com
사진 9-13   http://www.eluxury.com
사진 9-14   http://www.tods.com
사진 9-15   http://www.todsgroup.com
사진 9-16   http://www.karlbunyan.co.uk
사진 9-17   http://flickr.com
사진 9-18   http://www.tods.com
사진 9-19   http://www.ebn.co.kr
사진 9-20   http://www.noblesse.com
사진 9-21~23 http://weekly.hankooki.com
사진 9-24~25 http://www.tods.com

본문 출처

http://cafe.naver.com/fashionmerchandising
http://www.tods.com

10. 페레가모 Salvatore Ferragamo

사진 출처

사진 10-1	http://cfs11.blog.daum.net/image/5/blog/2008/07/03/09/08/486c1893aafe8&filename=s02.jpg
사진 10-2	http://www.salvatoreferragamo.com
사진 10-3	http://cafe.naver.com/luxtrend
사진 10-4	http://www.milano.x-y.net/net/671041.jpg
사진 10-6	http://blog.naver.com/ilmaremi?Redirect=Log&logNo=90014999368
사진 10-7	http://www.salvatoreferragamo.com
사진 10-8	http://assets.slate.wvu.edu/resources/32/1215892397_md.JPG
사진 10-9	http://image.elle.co.kr/ElleContent/Brand/information/133.200712271513/0712_prada_store_hk_01.jpg
사진 10-10	http://cafe.naver.com/08dreamchallenger.cafe?iframe_url=/ArticleRead.nhn%3Farticleid=261
사진 10-11	http://3.bp.blogspot.com/_FoXyvaPSnVk/R2LXo8oPxAI/AAAAAAAAdhQ/OMhVpT6A_yE/s400/Carscoop_Maserati_SLG2.jpg
사진 10-12	http://blog.naver.com/hammer16?Redirect=Log&logNo=110017428304
사진 10-13	http://www.walkholic.com/images/0/08/명품신발이야기1.jpg
사진 10-14	http://frillr.com/files/images/Salvatore%20Ferragamo%20Spring-Summer%202008%20Ad%20Campaign.preview.jpg
사진 10-15	http://cafe.naver.com/tatory.cafe?iframe_url=/ArticleRead.nhn%3Farticleid=173
사진 10-16	http://cafe.naver.com/08dreamchallenger.cafe?iframe_url=/ArticleRead.nhn%3 Farticleid=42
사진 10-17~18	http://blog.naver.com/kimiusa?Redirect=Log&logNo=150021106195
사진 10-19	http://www.salvatoreferragamo.it

본문 출처

김대영(2004). 《명품마케팅》, 서울: 미래의 창.
김병희(2004). 《라이프스타일과 명품》, 서울: DAEHONG communications.
http://blog.naver.com/kimiusa?Redirect=Log&logNo=150021106195
http://blog.naver.com/parnassian?Redirect=Log&logNo=60009945614
http://cafe.naver.com/08dreamchallenger.cafe?iframe_url=/ArticleRead.nhn%3Farticleid=41
http://blog.daum.net/job-camp/2515056
http://cafe.naver.com/luxurybuy.cafe?iframe_url=/ArticleRead.nhn%3Farticleid=4

11. 프라다 PRADA

사진 출처

사진 11-1	http://frillr.com/files/images/Prada%20Resort%202008%20Campaign.preview.jpg
사진 11-2	http://www.fashionbiz.co.kr/images/WW/AR/1%20(11).JPG
사진 11-3	http://imagesearch.naver.com/search.naver?where=idetail&rev=4&query=PRADA
사진 11-4	http://www.fashionbiz.co.kr/WW/?cate=2&sty=T&ste=프라다&idx=110612
사진 11-5	http://imagesearch.naver.com/search.naver?where=idetail&rev=4&query=PRADA
사진 11-6	http://imagesearch.naver.com/search.naver?where=idetail&rev=4&query=PRADA
사진 11-7	http://imagesearch.naver.com/search.naver?where=idetail&rev=4&query=PRADA
사진 11-8	http://img.nawayo.com/midium/67/1280329194.jpg
	http://cfs.u-luxury.com/shopimages/obelisk/0160010001672.jpg
사진 11-9	http://cafe.naver.com/bagzio.cafe?iframe_url=/ArticleRead.nhn%3Farticleid=13
사진 11-10	http://cafe.naver.com/trendyseller.cafe?iframe_url=/ArticleRead.nhn%3Farticleid=161
사진 11-11	http://imagesearch.naver.com/search.naver?where=idetail&rev=4&query
사진 11-12	http://www.simonsearch.co.kr/story?at=view&azi=160274
사진 11-13~15	http://www.gqkorea.co.kr/departments/department_view.asp?ins_no=126
사진 11-16	http://www.uccp.biz/355

사진 11-17   http://elle.co.kr
사진 11-18   http://elle.co.kr/fashion/brandView.html?gotoPage=6&AI_IDX=4464
사진 11-19   http://imagesearch.naver.com/search.naver?where=idetail&rev=4&query=
              %C7%C1%B6%F3%B4%D9%20%C1%A6%B3%D7%BD%C3%BD%BA&from
사진 11-20~22 http://cafe.naver.com/cultureplanning.cafe?iframe_url=/ArticleRead.nhn%3Farticleid=2
사진 11-23   http://www.simonsearch.co.kr/story?at=view&azi=69940
사진 11-24   http://www.chosun.com/culture/news/200505/200505260210.html
사진 11-25   http://www.prada.com

본문 출처

문달주 · 허웅(2006), 〈문화마케팅을 활용한 명품브랜드 이미지 구축에 관한 연구〉, 《광고학연구》 17(2), 59-82쪽.
박성신(2008), 〈공간디자인 마케팅의 전략적 효과에 관한 연구〉, 연세대학교 박사논문.
전인수 · 김은화(2006), 《브랜드 명품화의 3단계모델: PPCA모델》, 서울: 위즈덤하우스.
http://blog.naver.com/coffeemill?Redirect=Log&logNo=20053779362
http://cafe.naver.com/club8mile.cafe?iframe_url=/ArticleRead.nhn%3Farticleid=982
http://blog.naver.com/icoordim?Redirect=Log&logNo=60470444
http://blog.naver.com/jhyunx?Redirect=Log&logNo=56754244
http://cafe.naver.com/ganjistyle.cafe?iframe_url=/ArticleRead.nhn%3Farticleid=13
http://old.eyedaq.com/eyenews/view_news.php?id=69&code=n_info2&start=0&keykind
http://danmee.chosun.com/site/data/html_dir/2008/01/19/2008011900475.html
http://blog.naver.com/the_elp?Redirect=Log&logNo=90037675022

12. 버버리 BURBERRY

사진 출처

사진 12-1   http://freakytrigger.co.uk/ft/2006/12/the-advert-calendar-of-advent-7-burberry-smellies/
사진 12-2   http://www.sfilate.it/img/burberri3.jpg
             http://www.marketingweek.co.uk
사진 12-3   http://www.burberry.com
             http://cafe.naver.com/club8mile.cafe?iframe_url=/ArticleRead.nhn%3Farticleid=977
사진 12-4   http://www.ioffer.com/offer_transactions/show/4154236
사진 12-5   http://www.samsungdesign.net/Report/Report/content.asp?an=323
사진 12-6   http://blog.naver.com/ybh820518?Redirect=Log&logNo=40057460556
사진 12-7   http://www.tanka.co.uk
             http://www.samsungdesign.net/Report/Report/content.asp?an=320&conn_seq=003001
사진 12-8   fashionbox.17.forumer.com
사진 12-9   http://www.vogue.co.uk
사진 12-10   http://flickr.com
             http://www.britannica.com
사진 12-11   http://www.burberry.com
사진 12-12   http://www.burberry.com
사진 12-13   http://blog.naver.com/ta7048/40058498224
사진 12-14   http://www.burberry.com

본문 출처

미셸 슈발리에 · 제럴드 마짤로보(2007), 《럭셔리 브랜드 경영》, 서울: 미래의 창.
전수영 · 이선재(2005), 〈버버리 패션명품 소비자의 동조성과 개성에 관한 연구〉, 《복식》 55(3), 136-147쪽.
전수영(2005), 〈버버리 패션 상품에 대한 소비자 특성과 구매 행동 연구〉, 숙명여자대학교 석사논문.

설현정(2004. 4. 3). 〈'버버리' 젊음의 색을 입히다〉. 《한국경제》.
자료출처 http://www.hankyung.com/news/app/newsview.php?aid=2004040254121&intype=1
유병연·안상미(2008. 4. 17). 〈버버리 '이유있는 부활' 명품 대중화 전략 버리고 고급화〉. 《한국경제》. 자료출처
http://www.hankyung.com/news/app/newsview.php?aid=2008041687491&intype=1
http://www.burberry.com
http://www.firstviewkorea.com
http://www.samsungdesign.net/Report/Report/content.asp?an=323
http://www.samsungdesign.net/include/report_print.asp?tablename=SPECIALREPORT&an=320&conn_seq

LUXURY BRAND MARKETING